Stefan Schweyer

GOTTESDIENST

verstehen – gestalten – feiern

Grundlagen und praktische Impulse

2. Auflage 2023

BRUNNEN
Verlag GmbH · Giessen

Sofern nicht anders angegeben, sind Bibelzitate der Bibel nach Martin Luthers Übersetzung, revidiert 2017, © 2016 Deutsche Bibelgesellschaft, Stuttgart, entnommen.

MIX
Papier | Fördert gute Waldnutzung
FSC® C083411
www.fsc.org

2. Auflage 2023

Lektorat: Henrik Homrighausen, Uwe Bertelmann
Umschlagfoto: Adobe Stock
Umschlaggestaltung: Jonathan Maul, Brunnen Verlag
Satz: Brunnen Verlag
Druck: CPI books GmbH, Leck
Gedruckt in Deutschland
ISBN Buch 978-3-7655-2124-9
ISBN E-Book 978-3-7655-7624-9
www.brunnen-verlag.de

Ein intensiver Gottesdienst ist ein starkes Gemeinschaftserlebnis. Stefan Schweyer hat mit seinen Publikationen und seinen Gottesdienstseminaren einen sehr wertvollen Beitrag dazu geliefert. Er betont, dass wir nicht alleine Gottesdienst feiern können, und dass der Gottesdienst ein vorzüglicher Begegnungsort mit Gott ist. Schon zahlreiche Gemeinden haben von diesen Impulsen profitiert. Das Gottesdienst-Praxisbuch wird für die freikirchlichen Gemeinden sehr hilfreich sein.

Peter Schneeberger, Präsident Freie Evangelische Gemeinden Schweiz (FEG) und Dachverband Freikirchen.ch

Stefan Schweyers anschaulichen und bereichernden Impulse haben unsere Worship-Musiker angeregt, die eigenen Vorstellungen und Erwartungen an einen Gottesdienst zu reflektieren und ihren eigenen Beitrag in einem größeren Kontext zu verstehen. Ich empfehle sein Buch allen, die mit Gottesdienstgestaltung zu tun haben.

Pfr. Matthias Pfaehler, Gellertkirche, Evangelisch-reformierte Kirche Basel-Stadt

Stefan Schweyer versteht es, eine umfassende Gottesdienstlehre auf inspirierende und zeitgemäße Weise zu vermitteln. Er verbindet dabei theologischen Tiefgang mit relevanten Impulsen für die Gemeindepraxis. Dieses Buch wird eine wichtige Quelle der Inspiration für all jene sein, die sich mit Leidenschaft und Herz in Gottesdienste investieren.

Susanne Hagen, Musikerin, Studiengangsleiterin BA Theologie & Musik, Theologisches Seminar St. Chrischona (TSC)

Durch seine verbindende Art bricht Stefan Schweyer die Paradigmen von freikirchlichen und landeskirchlichen Praktiken auf und setzt diese, ohne sie abzuwerten, in den größeren biblischen Kontext. Gleichzeitig schärft er das Verständnis, dass ein guter Gottesdienst auch mit wenig Ressourcen möglich ist, was insbesondere kleineren Gemeinden den Druck nimmt, sonntags immer ein vielseitiges und qualitativ hochwertiges Programm zu bieten. Wie Stefan über den Gottesdienst lehrt und schwärmt, ist für jeden Pastor, Gottesdienst-Moderator und Lobpreisleiter augenöffnend, herausfordernd und vor allem beflügelnd.

Dän Zeltner, Pastor und Musiker, Leiter One Heart Worship Academy

Stefan Schweyer hat uns in Seminaren nicht einfach sein Ideal übergestülpt, sondern mit viel Empathie die Gemeinde und ihre Anliegen in seine Überlegungen mit einbezogen.

Daniel Kilchör, Gemeindeleiter FMG Uster; Regionalleiter Vereinigung Freier Missionsgemeinden (VFMG)

Der Gottesdienst der Zukunft findet seinen Höhepunkt in der Anbetung Gottes, vor seinem Angesicht, in der Ewigkeit. Dieser Gedanke, aus einem Vortrag von Stefan Schweyer, fasziniert und zeigt auf, dass die Praxis des Gottesdienstes hier und jetzt, eine „himmlische" und ewige Perspektive trägt. Stefan versteht es, die ganz praktischen Aspekte in der Umsetzung unserer verschieden Gottesdienstformen mit diesem einenden Gedanken zu verbinden; zur Ehre und Anbetung Gottes!

Pastor Marco Hofmann, Präsident Schweizerische Pfingstmission (SPM)

Hier wird nicht einfach ein „neues Gottesdienstmodell" vorgestellt. Es gelingt Stefan Schweyer ausgezeichnet, bei der bestehenden Tradition anzuknüpfen und einerseits liebevoll Schwächen aufzuzeigen und andrerseits die Stärken zu fördern. Das Buch wird den Gemeinden helfen, den Gottesdienst bewusster zu gestalten und genussvoller zu feiern – zu Gottes Ehre und zur Erbauung der Gemeinde.

Thomas Wohler, Pfarrer Freie Kirche Uster und Leiter Reformiertes Seminar

Stefan Schweyers Ausführungen zum Gottesdienst sind im wahrsten Sinn des Wortes horizonterweiternd: Er beleuchtet den Gottesdienst sowohl in seinem ganz konkreten zeitlichen Umfeld wie auch in seiner kosmischen Dimension. Dadurch erhält jeder Gottesdienst seine Würde und Bedeutung als Ort der Gottesbegegnung, und jedes Lied wird zu einer Antwort an Gott. Für uns als Gemeinde waren die Seminare mit Stefan Schweyer grundlegend und wegweisend zugleich. Ich freue mich sehr auf das Buch!

Dr. Matthias Wenk, Pastor BewegungPlus, Theologe, Dozent am IGW

Inhaltsverzeichnis

Auftakt:
Gottesdienste lassen mich nicht kalt

Es ist Sonntagmorgen. Ich mache mich auf den Weg in den Gottesdienst. Zu Fuß dauert es gute 20 Minuten. Mir gehen viele Gedanken durch den Kopf. Was erwartet mich? Wer predigt? Worüber wird die Predigt sein? Wer musiziert? Wie ist die Liedauswahl? Welche Personen treffe ich an? Mit wem würde ich gerne beim Kirchenkaffee plaudern? Ich denke an vergangene Gottesdienste und merke: Gottesdienste machen etwas mit mir. Sie lassen mich nicht kalt. Gottesdienste sind für mich eine emotionale Erfahrung: Manchmal bin ich tief berührt, manchmal enttäuscht – manchmal kann ich mich gut ins Singen und Beten einklinken, manchmal finde ich den Draht zum gottesdienstlichen Geschehen nicht – manchmal freue ich mich über Gaben, die zum Einsatz kommen, und manchmal regt mich eine unsensible oder oberflächliche Gestaltung fürchterlich auf – manchmal spüre ich die Nähe Gottes, manchmal empfinde ich eher seine Abwesenheit.

Wenn ich in diesem Buch über Gottesdienste schreibe, mache ich das nicht aus sicherer Distanz oder unbeteiligt – sondern als direkt Betroffener. Schon von Kind auf habe ich Gottesdienste mitgefeiert. Als ehrenamtlicher Mitarbeiter habe ich viele Gottesdienste mitgestaltet. Als freikirchlicher Pastor war ich für Gottesdienste verantwortlich. Die Freude und das Leiden am Gottesdienst haben mein Interesse geweckt, mehr über Gottesdienst nachzudenken. Für mich war es ein besonderes Geschenk, dass ich die Gelegenheit erhalten habe, freikirchliche Gottesdienste intensiv zu erforschen.[1] Parallel dazu war ich mit zahlreichen Gemeinden unterwegs, um in Workshops an der Gottesdienstkultur zu arbeiten. Viele Überlegungen in diesem Buch stammen aus der Forschungs- und Seminartätigkeit. Auf diesem Weg haben mich Gespräche mit Kolleginnen und Kollegen aus dem kirchlichen und wissenschaftlichen Umfeld enorm inspiriert und mir einen weiten Blick in die Gottesdienstlandschaft eröffnet. Ein besonderer Dank gehört meiner Frau Lea Schweyer, die als Erste das Manuskript gelesen und mit mir diskutiert hat. Meinem Doktoranden Henrik Homrighausen danke ich für das umsichtige Lektorat, dem Brunnen Verlag und besonders Uwe Bertelmann für die wertschätzende und kompetente Begleitung.

Aus Gründen der besseren Lesbarkeit wird im Folgenden zumeist das generische Maskulinum verwendet, also z. B. „Gottesdienstleiter“. Die Entscheidung für diese Schreibweise beinhaltet keine Wertung. Bei konkreten Beispielen wechseln sich männliche und weibliche Gottesdienstleiter ab. In der Sache sind natürlich immer beide Geschlechter gemeint.

Es ist meine Hoffnung und mein Wunsch, dass das Buch hilft, mit neuer Freude Gottesdienste zu gestalten und zu feiern. Zusätzlich zu den konkreten Praxistipps, die im Buch enthalten sind, findet man ergänzende Materialien wie Texte oder Videos auf der Homepage www.schweyer.ch/gd. Dort finden sich auch Reflexionsfragen zu den einzelnen Kapiteln, die das Gespräch anregen können, wenn Gottesdienst-Teams in einer Gemeinde dieses Buch miteinander durcharbeiten – wozu es sich sehr eignet. Aber auch wer sich im Gottesdienst in der Rolle des feiernden Teilnehmers wiederfindet, wird hoffentlich durch die Lektüre des Buches ein vertieftes Verständnis des Gottesdienstes gewonnen haben und dann noch intensiver mitfeiern und Gott begegnen können.

Im Juni 2021
Stefan Schweyer

I. Gottesdienst verstehen

Was ist Gottesdienst? Was geschieht, wenn wir Gottesdienst feiern? Es ergibt Sinn, sich solchen Fragen zu stellen (→ Teil I), bevor wir überlegen, wie wir Gottesdienste gestalten können (→ Teil II).

Im ersten Kapitel schauen wir uns das „große Bild“ vom Gottesdienst an. Dieses „große Bild“ stellt die theologische Basis dar und bildet damit die Grundlage für viele weitere Überlegungen. Im Anschluss an biblische Texte und kirchliche Traditionen überlegen wir uns dann, welche Elemente zum Gottesdienst gehören (→ Kapitel 2) und wie sie sinnvoll angeordnet werden können (→ Kapitel 3). In den weiteren Kapiteln widmen wir uns Themen, die nicht nur, aber besonders in freikirchlichen Kontexten bedeutsam sind:

- Was bedeutet das Allgemeine Priestertum für den Gottesdienst? Kann jeder alles tun? Oder gibt es spezifische Rollen und Aufgaben? (→ Kapitel 4).
- Wie spontan oder geplant soll der Gottesdienst sein? (→ Kapitel 5).
- Richtet sich der Gottesdienst an die Gemeinde oder an Suchende? Ist der Gottesdienst eine missionarische Gelegenheit? (→ Kapitel 6).
- Welche Bedeutung haben Online-Gottesdienste? Wie digital kann Gottesdienst sein? (→ Kapitel 7)
- Wie verhält sich der sonntägliche zum alltäglichen Gottesdienst? Welche Bedeutung hat der Gottesdienst für mein Leben unter der Woche? (→ Kapitel 8).

Kapitel 1 „Gottesdienst" – was ist das?

Wenn wir hier von „Gottesdienst“ sprechen, meinen wir zunächst genau das, was die meisten Gemeinden auf ihrer Homepage „Gottesdienst“ nennen und woran Menschen denken, wenn sie sagen, dass sie in einen „Gottesdienst“ gehen: Gottesdienst ist ein ganz bestimmtes Ereignis. Menschen treffen sich zu einer bestimmten Zeit an einem bestimmten Ort, um bestimmte Dinge zu tun.

Später werden wir noch genauer überlegen, wie der Gottesdienst im Alltag und der sonntägliche Gottesdienst zusammenhängen (→ Kapitel 8) und welche Bedeutung Ort (→ Kapitel 19) und Zeit (→ Kapitel 20) haben. Zuerst geht es aber darum, zu erspüren, was das „Besondere“ des Gottesdienstes ist. Was macht einen Gottesdienst zum Gottesdienst? Was ist der Kern des Gottesdienstes? Wir beginnen also mit einer kleinen „Theologie“ des Gottesdienstes:

a) Gott

Gott ist der wichtigste Teilnehmer im Gottesdienst. Wenn Gott nicht dabei ist, ist es kein Gottesdienst. Es wäre vielleicht ein Vereinstreffen, eine Gemeindeversammlung oder ein Seminar. Der Gottesdienst wird zum Gottesdienst, indem wir nicht nur *über* Gott sprechen, sondern *mit* ihm. Gottesdienst gleicht daher eher einer Familienfeier als einer Schulstunde. In einer Schullektion kann man etwas über Gott lernen, man kann über Gott nachdenken und diskutieren. Das ist nicht schlecht, aber es ist nicht genug. Gottesdienst ist die Feier, in der Gott dabei ist und in der wir ihm begegnen. Gottesdienst ohne Gott wäre wie eine Geburtstagsfeier ohne Geburtstagskind. Gottesdienst – so könnte man sagen – ist die Familienfeier der Familie Gottes.

b) Wir

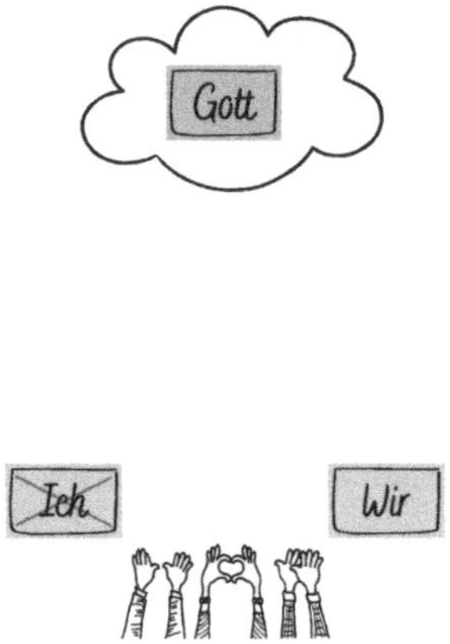

Das Gegenüber Gottes im Gottesdienst ist nicht nur der einzelne Mensch, sondern die versammelte Gemeinde. Es geht daher im Gottesdienst nicht nur um *mich und Gott*, sondern um die Beziehung *Gott – Wir*. Wenn es nur um mich und Gott gehen würde, könnte ich ja auch zu Hause oder in der freien Natur für mich allein Gottesdienst feiern. Der Gottesdienst unterscheidet sich vom alltäglichen Christenleben genau dadurch, dass wir uns im Gottesdienst als Gemeinde versammeln und dass Gott seiner versammelten Gemeinde begegnet.

Gelegentlich fallen im Gottesdienst Sätze wie: „Vergiss, wer links oder rechts neben Dir sitzt, jetzt geht es nur um Dich und Gott". Ich verstehe schon, was der Sinn solcher Aussagen ist – sie vermitteln aber ein etwas falsches Bild. Wenn das stimmen würde, müsste ich ja nicht im Gottesdienst sein. Es ist gerade die Besonderheit des Gottesdienstes, dass ich mit den anderen zusammen Gott begegne. Das heißt aber auch: Es ist gar nicht so entscheidend, ob der Gottesdienst *mir* gefällt, ob *meine* Vorlieben, Bedürfnisse und Wünsche erfüllt werden, sondern ob ich Teil der Gemeinde werde, die Gott begegnet. Wir werden bei der Gestaltung der gottesdienstlichen Elemente (→ Teil II) mitbedenken, wie sich dieses „Wir" im Gottesdienst zeigt.

c) Wort – Antwort

Die Begegnung zwischen Gott und seiner versammelten Gemeinde findet im Dialog statt, als *Wort* und *Antwort*. Martin Luther hat in der Predigt zur Einweihung der Schlosskirche in Torgau gesagt, dass in diesem Haus nichts anderes geschehen soll, als dass *„unser lieber Herr selbst mit uns rede durch sein heiliges Wort, und wir wiederum mit ihm reden durch Gebet und*

Lobgesang“.[2] Die Begegnung mit Gott erfolgt im Dialog, im wechselseitigen Gespräch, als Wort und Antwort.

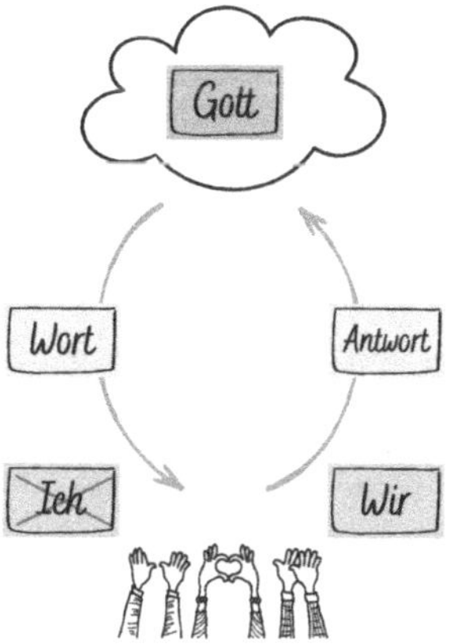

Die Kommunikation beginnt bei Gott, nicht bei uns. Das entspricht dem Evangelium, der guten Nachricht. Gottesdienst gibt es, weil Gott nicht schweigt, sondern spricht. Gott ist es, der die Eiszeit des Schweigens durchbricht und so überhaupt erst das Gespräch ermöglicht. Das ist eine befreiende Wahrheit. Im Gottesdienst müssen wir uns nicht mit unseren Gebeten und unserm Lobpreis zu Gott emporarbeiten. Wir müssen uns nicht Gehör bei Gott verschaffen. Wir müssen das Gespräch nicht eröffnen, sondern wir stimmen ein in das Gespräch, das Gott schon lange begonnen hat. Unser Reden ist nicht das erste Wort, sondern das zweite Wort – eben eine „Ant-wort“ auf das Wort, das wir von Gott empfangen haben. Das erste Wort gehört Gott. Das ist die innere Logik des Evangeliums. Dies kann auch in der Gestalt des Gottesdienstes Ausdruck finden, beispielsweise in den ersten Worten, die im Gottesdienst gesprochen werden (→ Kapitel 9) und in der Art und Weise, wie die Bibel im Gottesdienst zu Gehör gebracht wird (→ Kapitel 10).

Die vielfältigen Weisen, wie wir auf Gottes Wort hören und im Gebet mit Gott reden (→ Kapitel 10; → Kapitel 11) verleihen dem Gottesdienst den kommunikativen Charakter. Sie machen deutlich, dass die vertikale Kommunikation (Gott → Wir) bedeutsamer ist als die horizontale zwischenmenschliche Kommunikation. Es wird in der Gestaltung des Gottesdienstes darauf ankommen, diesen Dialog mit Gott in Wort und Antwort im Schwung zu halten. Anders formuliert: Wenn man darauf achtet, dass der Bibel und dem Gebet im Gottesdienst viel Beachtung geschenkt wird, ist die Grundlage für das wechselseitige Reden mit Gott gelegt.

d) Jesus Christus – der Heilige Geist

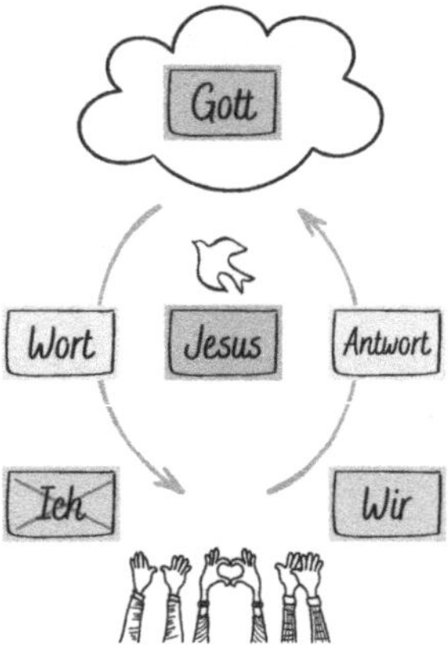

Das Gespräch mit Gott ist nicht selbstverständlich. Schon auf den ersten Seiten der Bibel wird das deutlich. Adam und Eva verstecken sich vor Gott, nachdem sie von der verbotenen Frucht gegessen haben. Sie spüren, dass sie in ihrer aktuellen Verfassung nicht in der Lage sind, mit Gott zu sprechen. Gott selbst ergreift die Initiative und ruft sie mit seinem Wort aus dem Versteck: „Adam, wo bist Du?" (1Mo 3,9) – und was Adam und Eva von Gott zu hören bekommen, ist die Ankündigung eines Lebens unter der Realität der Sünde. Verallgemeinert: Als Menschen, die der Macht der Sünde verfallen sind, ertragen wir das Wort Gottes nicht. Es muss uns zum Gerichtswort werden. Wie kann Gott mit uns reden, ohne uns zu zerstören? Wie kann sein Wort Segen bringen?

Gott selbst sendet seinen Sohn Jesus Christus in die Welt. Er ist das „Wort", das „Fleisch ward" (Joh 1,14). Jesus verbindet sich mit uns Menschen so eng, wie es nur möglich ist. Er erniedrigt sich und wird Mensch (Phil 2,7-8). So sehr identifiziert sich Jesus mit uns, dass er unser Schicksal teilt, unsere Schuld trägt und unseren Tod stirbt. Der Tod kann ihn nicht halten. Jesus wird zu einem neuen, unvergänglichen Leben auferweckt. Wenn wir uns so mit Jesus identifizieren, wie er sich mit uns identifiziert hat, zerstört uns das Wort Gottes nicht mehr, sondern es baut uns auf. Es ist ein Wort, das aus dem Tod Leben schafft. Durch Jesus wird für uns das Wort Gottes heilsam.

Diese Gedanken gelten nicht nur für das Wort, sondern auch für die Antwort. Wer sind wir denn, dass wir denken, Gott habe Gefallen an unserem Gebet und Lobpreis? Wer sind wir denn, dass wir denken, Gott höre unsere Worte und freue sich darüber? So, wie durch Jesus Gottes

Wort für uns annehmbar wurde, so werden unsere Worte durch Jesus für Gott annehmbar. Jesus vertritt uns vor Gott. Durch ihn wird unser Reden für Gott wohlgefällig.

Paulus formuliert es im Römerbrief so: *„Desgleichen hilft auch der Geist unsrer Schwachheit auf. Denn wir wissen nicht, was wir beten sollen, wie sich's gebührt, sondern der Geist selbst tritt für uns ein mit unaussprechlichem Seufzen“* (Röm 8,26). Wir wissen nicht, wie wir richtig beten können. Punkt. So ist es. Paulus sagt nicht: Manchmal wissen wir nicht, wie wir recht beten können. Nein, der Mensch ist zu rechtem Beten nicht imstande, wenn er von Gott nicht dazu befähigt wird. Es ist der Heilige Geist, der unser Gebet vor Gott annehmbar macht. Kein Lobpreis ist aus sich heraus für Gott wohlklingend. Ohne das Wirken des Heiligen Geistes ist selbst das für uns schönste Lied für Gott nur Lärm.

In der klassischen Form der Tagzeitengebete lautet daher das erste Gebet am frühen Morgen: „Herr, öffne meine Lippen, damit mein Mund dein Lob verkünde“ (nach Ps 51,17). Damit wird gesagt: Es ist nicht selbstverständlich, dass wir Gott loben können. Wenn nicht Gott unseren Mund öffnet, bleibt das Lob eine rein menschliche Angelegenheit. In der Eröffnungssequenz im Gottesdienst der anglikanischen Kirche gibt es ein „Vorbereitungsgebet“, darin heißt es: „Allmächtiger Gott, […], reinige die Gedanken unserer Herzen durch die Inspiration deines Heiligen Geistes, […] damit wir auf würdige Art und Weise deinen heiligen Namen erheben“. Durch das Gebet wird zum Ausdruck gebracht: Wir sind auf das Wirken des Heiligen Geistes angewiesen, damit wir Gott recht loben können.

Jesus Christus und der Heilige Geist ermöglichen den Dialog mit Gott. Durch sie wird das Wort Gottes für uns heilsam und durch sie wird unser Reden für Gott annehmbar. Mit diesem Gedanken sind zwei weitere große Geheimnisse verbunden, auf die ich hier nur kurz hinweisen will: Erstens das *Geheimnis der Trinität*. Weil Gott nicht allein ist, weil Gott der Dreieine ist, benötigt Gott nicht den Menschen oder die Welt, um reden zu können. Kommunikation trinitarisch gedacht heißt: Gott spricht mit sich selbst – und doch ist es kein Selbstgespräch, sondern ein wirkliches Gespräch von Vater, Sohn und Geist. Kommunikation gehört daher zum innersten Wesen Gottes. Wenn wir mit Gott reden, lässt Gott uns an seinem innertrinitarischen Gespräch teilhaben. Unser Beten ist verbunden mit dem Gebet von Jesus. Bei unserem Beten stellt sich Jesus an unsere Seite. Er betet mit uns mit – und wir beten mit ihm mit. Deshalb beten wir durch den Sohn und im Geist zum Vater (→ Kapitel 11).

Das zweite Geheimnis besteht darin, dass in Jesus Gott und Mensch zusammenkommen. *Jesus ist der wahre Gott und der wahre Mensch.* Er gehört ganz auf Gottes Seite und ganz auf die Seite von uns Menschen. Die Verbindung von Gott und Mensch findet in Jesus ihren unübertreffbaren Höhepunkt. Wenn es im Gottesdienst darum geht, dass Gott und Mensch einander begegnen, kann man also sagen: Der eigentliche und wahre Gottesdienst findet in der Person von Jesus Christus selbst statt. In seiner Person kommen Gott und Mensch zusammen. Deshalb kann durch ihn auch die Begegnung von uns Menschen mit dem lebendigen Gott stattfinden. Wenn wir Gottesdienst feiern, werden wir mit hineingezogen in den wahren Gottesdienst von Jesus Christus. Oder nochmals anders gesagt: Wenn wir Gottesdienst feiern, feiert Jesus mit uns mit und wir mit ihm.

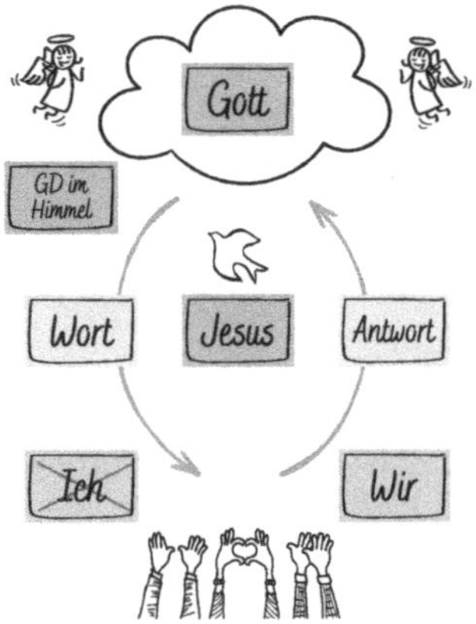

e) Himmlischer Gottesdienst

Im Gottesdienst singen wir gelegentlich *„Heilig, heilig, heilig ist der Herr Zebaoth, die Länder sind voll seiner Ehre“* (Jes 6,3). Woher kommen diese Worte? Jesaja hatte in einer Vision einen Blick in den himmlischen Gottesdienst. Er sieht Gott auf seinem Thron. Rund herum waren Engel, die Gott unablässig lobten: „Heilig, heilig, heilig ...". Es sind also Worte, die von Engeln stammen (und nicht etwa von Jesaja oder von einem menschlichen Liederdichter). Wenn die Gemeinde dieses Lied singt, stimmt sie in den Lobgesang der Engel ein. Sie klinkt sich in den himmlischen Gottesdienst ein. Sie verehrt mit den Engeln zusammen Gott: „Ehre sei Gott in der Höhe" (Lk 2,14) und preist Jesus als das Lamm Gottes: „Das Lamm, das geschlachtet ist, ist würdig, zu nehmen Kraft und Reichtum und Weisheit und Stärke und Ehre und Preis und Lob" (Offb 5,12).

Der Kreis der lokalen Gemeinde wird damit aufgesprengt. Die Gemeinde, die sich zum Gottesdienst versammelt, nimmt teil am himmlischen Gottesdienst. Daher ist es auch nicht so entscheidend, ob sich zwei oder drei oder hundert oder zweitausend Personen zum Gottesdienst treffen. Es ist auch nicht so entscheidend, ob jetzt in einem Gottesdienst mehr oder weniger Personen anwesend sind als in anderen Gottesdiensten: Es feiern sowieso Zehntausende Engel mit!

Im Hebräerbrief wird die Wirklichkeit des Gottesdienstes so beschrieben: „Ihr seid gekommen zu dem Berg Zion und zu der Stadt des lebendigen Gottes, dem himmlischen Jerusalem, und zu den vielen tausend Engeln [...]" (Heb 12,22). Der irdische Gottesdienst wächst über sich hinaus. Daher ist der Gottesdienst weit mehr als eine Vereinsversammlung. Er ist auch mehr als nur die Zusammenkunft einer lokalen Gemeinde. Es ist nicht einfach der Gottesdienst der „Freien evangelischen Gemeinde xy". Vielmehr nimmt die FeG xy teil am himmlischen Gottesdienst. Das ist eine befreiende Perspektive. Sie bewahrt uns davor, dass wir uns um uns selbst und um „unsere" Ortsgemeinde drehen und richtet unseren Blick auf das Größere. Gottesdienst ist ein kosmisches Ereignis. Der Himmel und die ganze Schöpfung verehren Gott – was für ein Vorrecht und eine Freude, dass wir in das Lob des Schöpfers mit einstimmen dürfen!

f) Universale Kirche

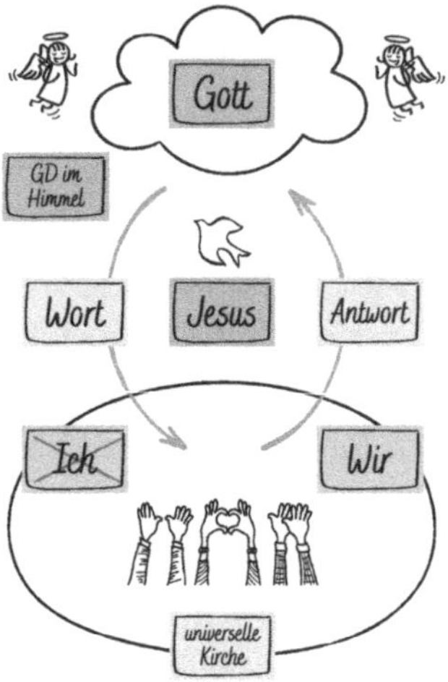

Wenn die lokale Gemeinde mit dem himmlischen Gottesdienst verbunden ist, ist sie zwangsläufig auch mit allen anderen lokalen Gemeinden verbunden, die sich in den himmlischen Gottesdienst einklinken. Die lokale Gemeinde feiert mit allen anderen Gemeinden zu allen Zeiten und an allen Orten. Der Gottesdienst der lokalen Gemeinde ist der Gottesdienst des weltweiten Leibes Christi, der universalen Kirche.

Das gilt *zeitlich* gesehen. Der Gottesdienst beginnt nicht mit der Entstehung der lokalen Gemeinde. Die lokale Gemeinde stimmt ein in einen Gottesdienst, den es lange vor ihr gab. Sie singt mit dem Volk Israel die Psalmen. Sie singt (hoffentlich) bewährte Lieder, die nicht nur aus der eigenen Epoche stammen. Sie betet mit Gebetstexten aus der Tradition der Kirche. Die lokale Gemeinde ist ohne die lange Geschichte der Mütter und Väter im Glauben nicht denkbar. Es wäre überheblich, wenn wir glauben oder uns so verhalten, als wären wir die ersten, die verstanden haben, wie man richtig Gottesdienst feiert. Es wäre eine Tragik, wenn man sich von der Geschichte Gottes mit seinem Volk abschneidet und sich nicht mehr als Teil des universalen Gottesvolks versteht. Im Gottesdienst wird Vergangenes gegenwärtig und Zukünftiges wird vorweggenommen. Ganz besonders deutlich wird das beim Abendmahl (→ Kapitel 14), wenn das vergangene Ereignis von Kreuz und Auferstehung neu lebendig wird und wenn wir einen Vorgeschmack auf die Vollendung erhalten.

Die lokale Gemeinde ist nicht nur zeitlich mit der universalen Kirche verbunden, sondern auch *räumlich*. Sie ist verbunden mit allen anderen Gemeinden rund um den Globus, die auf Gottes Wort hören und Gott loben. Johannes formuliert es scharf: *„Wenn jemand spricht: Ich liebe Gott,* *und hasst seinen Bruder, der ist ein Lügner"* (1Joh 4,20). Auf die Gemeindelandschaft übertragen: Man kann nicht gleichzeitig mit den Engeln zusammen Gott loben und die anderen Gemeinden verachten. Was uns miteinander verbindet, ist der Glaube an den dreieinen Gott. Dieser Glaube ist prägnant zusammengefasst im apostolischen Glaubensbekenntnis. Uns verbindet auch die Heilige Schrift. Sie ist nicht nur einer christlichen Konfession oder Denomination gegeben, sondern dem ganzen Leib Christi. Uns verbinden Gebete, vor allem das Vaterunser und die Psalmen, und Lieder. Wir mögen darüber hinaus noch viele Differenzen in Lehr- und Gestaltungsfragen haben. Diese darf man nicht geringachten. Es braucht daher beides: Das Ringen um die Wahrheit des christlichen Glaubens und die Offenheit für die anderen Gemeinden und Kirchen. Im Gottesdienst kommt diese Verbundenheit und Offenheit mit anderen Gemeinden besonders dadurch zum Ausdruck, dass wir auf die gleichen Bibelworte hören (→ Kapitel 10), dass wir in Dank und Fürbitte aneinander denken (→ Kapitel 11), und dass wir einander an den finanziellen und materiellen Gaben teilhaben lassen, die Gott uns gegeben hat (→ Kapitel 17).

Im Gottesdienst wird der Kreis der lokalen Gemeinde aufgesprengt: in die Höhe durch die Verbindung mit dem himmlischen Gottesdienst und in die Breite durch die Verbindung mit der universalen Kirche. Die lokale Gemeinde feiert nicht alleine! Das ist gut so. Der Gottesdienst sollte daher nicht in erster Linie ein Ort sein, wo die Besonderheiten der lokalen Gemeinde besonders gut vermarktet werden. Vielmehr ist der Gottesdienst der privilegierte Ort, an dem lebendig wird, was uns mit dem himmlischen Gottesdienst und mit der universalen Kirche verbindet und was dem ganzen Leib Christi geschenkt ist.

g) Tempel

Die hier vorgestellten Überlegungen zum Gottesdienst nehmen das biblische Verständnis des Tempels auf. Wir folgen den großen Linien dieses Bildes: Im Garten Eden haben Adam und Eva die besondere Gegenwart

Gottes erlebt. Nach dem Ungehorsam gegenüber Gott wurden sie aus dem Paradies ausgeschlossen. Die große Frage nach dem Sündenfall lautet daher: Wie kann Gott bei den Menschen wohnen, ohne dass die Menschen an Gottes Gegenwart zugrunde gehen? Wie können sich der heilige und reine Gott und der sündige und unreine Mensch begegnen? Wie kommen Himmel und Erde zusammen?

Tempel: Gott wohnt bei den Menschen.

Gott selbst hat einen Weg gesucht, wie er unter den Menschen wohnen kann. Dazu hat er sich Abraham und seine Nachkommen – das Volk Israel – erwählt. Dieses Volk hat Gott aus der Sklaverei Ägyptens befreit. Die Befreiung zielt auf die Verehrung Gottes ab: *„Lass mein Volk ziehen, dass es mir diene in der Wüste"* (2Mose 7,16; vgl. auch 2Mose 3,12.18; 8,25-28 u. a.). Gott begegnet dem Volk in der Wüste am Sinai. Er gibt ihm die Gesetze, die Ordnungen für das Leben. Und er befiehlt dem Mose, nach dem himmlischen Vorbild ein Heiligtum zu bauen, *„dass ich unter ihnen wohne"* (2Mose 25,8-9). Nach dem Bau der Stiftshütte *„bedeckte die Wolke die Stifthütte, und die Herrlichkeit des HERRN erfüllte die Wohnung"* (2Mose 40,34). Die „mobile" Stiftshütte führte das Volk den Weg durch die Wüste in das verheißene Land an. In Jerusalem wurde nach dem Vorbild der Stiftshütte der Tempel gebaut. Und bei der Einweihung geschah das gleiche wie bei der Stiftshütte: *„Die Herrlichkeit des HERRN erfüllte das Haus des HERRN"* (1Kön 8,11). So wurde die Stiftshütte bzw. der Tempel zum Wohnort Gottes mitten in der gefallenen Welt und zum Begegnungsort der Menschen mit Gott. Man kann also sagen: Im Tempel geschieht, was vor dem Fall im Garten Eden geschah: *Gott wohnt bei den Menschen.*

Jesus – der wahre Tempel

Wir haben bereits darüber nachgedacht, dass der eigentliche Gottesdienst in der Person von Jesus Christus stattfindet. Es überrascht daher nicht, dass Jesus sich selbst als den wahren Tempel präsentiert: *„Jesus antwortete und sprach zu ihnen: Brecht diesen Tempel ab und in* *drei Tagen will ich ihn aufrichten. Da sprachen die Juden: Dieser Tempel ist in sechsundvierzig Jahren erbaut worden, und du willst ihn in drei Tagen aufrichten? Er aber redete von dem Tempel seines Leibes"* (Joh 2,19-21). Die Herrlichkeit Gottes, die in Gestalt einer Wolke den Tempel erfüllte, erstrahlt auf dem Berg der Verklärung über Jesus (Mt 17,1-5). In Jesus kommt zum Höhepunkt, was in der Stiftshütte und im Tempel begann. In Jesus wohnt Gott mitten unter den Menschen.

Die Gemeinde als Tempel

Diese Wahrheit wird auf die Gemeinde – den Leib Christi – ausgeweitet. Wenn die Gemeinde mit Jesus verbunden ist, dann gilt auch von ihr, dass sie ein „heiliger Tempel" ist, ein Ort, wo Gott durch seinen Geist wohnt (Eph 2,21-22; 1Kor 3,16). In der Gemeinde geschieht, was im Tempel geschah: Gott und Mensch begegnen sich.

Die Gläubigen als Tempel

Wer an Jesus Christus glaubt, wird mit dem Heiligen Geist beschenkt. Der Vater und der Sohn nehmen durch den Geist Wohnung im gläubigen Menschen (Joh 14,23; Eph 3,17). So wie Gott die von Menschenhand gemachte Stiftshütte nimmt und zu einem Wohnort seiner Herrlichkeit macht, so gefällt es Gott, durch seinen Geist den sündigen Menschen zu seinem Wohnort zu verwandeln. Deshalb kann der Apostel Paulus argumentieren und sagen: Es ist nicht gleichgültig, wie man mit dem Leib umgeht: *„Wisst ihr nicht, dass euer Leib ein Tempel des Heiligen Geistes ist?"* (1Kor 6,19). Die Herrlichkeit Gottes, welche die Stiftshütte erfüllte und über Jesus aufleuchtete, ruht auf den Gläubigen: *„Der Geist der Herrlichkeit, der Geist Gottes ruht auf euch"* (1Petr 4,14).

In der neuen Schöpfung, in der kein Raum mehr für das Böse ist, wird für immer wahr, was im Tempel und in der Gemeinde den Anfang genommen hat: *„Siehe da, die Hütte Gottes bei den Menschen […] er wird bei ihnen wohnen"* (Offb 21,3). Deshalb gibt es im Neuen Jerusalem kein Tempelgebäude mehr, *„denn der Herr, der allmächtige Gott, ist ihr Tempel, er und das Lamm"* (Offb 21,22). In der Vollendung gibt es nichts mehr, was die Begegnung zwischen Gott und Mensch stören könnte. Die ganze Stadt ist „Tempel".

Besondere Gegenwart Gottes

Wir halten also fest: *Der Tempel ist der Ort der besonderen Gegenwart Gottes.* Diese besondere Gegenwart Gottes unterscheidet sich von der generellen Gegenwart Gottes. In einem allgemeinen Sinn kann man sagen: Gott ist überall gegenwärtig. Es gibt keinen Ort, an dem Gott nicht wäre (Ps 139,7-12). Die besondere Gegenwart zeichnet sich nun dadurch aus, dass Gott nicht nur anwesend ist, sondern dass es zu einer intensiven Beziehung mit Gott kommt. Wenn Jesus also sagt: *„Wo zwei oder drei in meinem Namen versammelt sind, da bin ich mitten unter ihnen"* (Mt 18,20), dann ist diese Gegenwart mehr als nur die Allgegenwart Gottes in der Welt. So wie Gott im Tempel bei seinem Volk wohnt, so wohnt Jesus bei denen, die sich in seinem Namen zum gemeinsamen Gebet versammeln. Eine biblische Theologie des Tempels hilft uns, besser zu verstehen und zu erkennen, was im Gottesdienst geschieht. Zugespitzt und knapp formuliert: *Gott wohnt im Gottesdienst.* Er ist in besonderer Art und Weise im Gottesdienst gegenwärtig. Der Gottesdienst ist der bevorzugte Begegnungsort zwischen Gott und seiner Gemeinde.

Mit diesen Überlegungen haben wir ein „großes Bild" gewonnen, wie wir den Gottesdienst aus biblisch-theologischer Sicht verstehen können: *Gottesdienst ist die Feier, in der der lebendige Gott seiner versammelten Gemeinde begegnet. Diese Begegnung erfolgt im wechselseitigen Dialog, in Wort und Antwort. Sie wird ermöglicht durch das Erlösungswerk von Jesus Christus und durch das Wirken des Heiligen Geistes. Die auf der Erde feiernde Gemeinde verbindet sich mit dem himmlischen Gottesdienst und dem Gottesdienst der weltweiten Kirche zu allen Zeiten und an allen Orten. So wird im Gottesdienst „ein Stück Tempel" Wirklichkeit: Gott wohnt unter uns.* Vor diesem Hintergrund können nun einzelne Aspekte des Gottesdienstes weiter vertieft werden.

Kapitel 2 Welche Elemente gehören dazu?

Wenn der Gottesdienst ein Dialog zwischen Gott und der Gemeinde ist, braucht es im Gottesdienst Elemente, die diesen Dialog ermöglichen. Bevor wir uns diesen kommunikativen Grundformen zuwenden (c-f), stellen wir uns einige grundsätzliche Überlegungen zur Freiheit der Gottesdienstgestaltung an (a-b).

a) Gottesdienst in der Freiheit des Evangeliums

Die Bibel schildert uns keinen vollständigen Gottesdienst und schreibt keinen genauen Ablauf vor. Ich halte das für sehr bedeutsam. Es gibt nicht die eine und einzig richtige Gestalt des Gottesdienstes. Das Feiern des Gottesdienstes erfolgt in der Freiheit des Evangeliums. Bevor Martin Luther die Gottesdienstordnung der „Deutschen Messe" präsentiert, stellt er gleich am Anfang klar:

> *„Vor allen Dingen will ich gar freundlich gebeten haben, auch um Gottes Willen, alle diejenigen, die diese unsere Ordnung im Gottesdienst sehen oder befolgen wollen, ja kein notwendiges Gesetz daraus machen, noch jemandes Gewissen damit verstricken oder fangen; sondern sie, der christlichen Freiheit entsprechend, nach ihrem Gefallen gebrauchen, wie, wo, wann und wie lange es die Sache mit sich bringt und fordert."*[3]

Niemand soll also in Sachen Gottesdienst einen Zwang oder ein Gesetz aufstellen – das gilt auch für alle Überlegungen in diesem Buch. Deshalb gibt es in der weltweiten Christenheit auch so unterschiedliche Arten von Gottesdiensten. Es besteht die Freiheit, den Gottesdienst in unterschiedlichen Kulturen und zu unterschiedlichen Zeiten anders zu gestalten. Diese Freiheit ist nicht mit Beliebigkeit zu verwechseln. Die Gestalt des Gottesdienstes richtet sich aber nicht nach einer bestimmten Vorlage, sondern nach der Frage, wie unter bestimmten kontextuellen Bedingungen möglichst gut zur Geltung kommen kann, was Gottesdienst ist.

b) Aus dem biblischen Zeugnis lernen

Nicht kopieren, sondern lernen

Einzelne Bibeltexte geben uns kleine Einblicke, wie die ersten Christen Gottesdienst gefeiert haben – besonders in der Apostelgeschichte und im Ersten Korintherbrief. Diese Bibeltexte bieten uns hilfreiche Orientierungen. Wir müssen uns aber bewusst sein: Wir können die Gottesdienste der ersten Christen nicht kopieren. Wir müssen es auch nicht. Wir wissen zu wenig, wie genau diese Gottesdienste ausgesehen haben. Und wenn wir versuchen wollten, genau auf die gleiche Art Gottesdienst zu feiern, würden wir die unterschiedlichen Kontexte missachten. Es geht daher nicht darum, die urchristlichen Gottesdienste zu wiederholen, sondern aus ihnen zu lernen.

Ein Ansatzpunkt hierfür ist die Frage: Was haben denn die Christen getan, wenn sie sich versammelt haben? Dieser Frage könnte man gut in einem Gemeindeseminar oder an einem Gemeindewochenende nachgehen. Es kann sehr hilfreich sein, den einzelnen Aussagen und Bibelstellen nachzugehen, sie miteinander zu diskutieren und sich dabei die Frage zu stellen, was das für die gegenwärtige Gestaltung der Gottesdienste bedeutet. Die gottesdienstlichen Elemente werden dabei nach der Kommunikationsrichtung sortiert: Gott spricht zu uns; wir sprechen mit Gott; wir sprechen miteinander.

c) Gott spricht zu uns

Es gibt Elemente im Gottesdienst, die hauptsächlich darauf ausgerichtet sind, dass die Gemeinde von Gott her angesprochen wird. Die Gemeinde hört auf die Worte ihres Herrn. Dabei nimmt Gott Personen aus der Gemeinde in den Dienst der Verkündigung dieses Wortes. Im Namen Gottes wird das Wort Gottes der Gemeinde gesagt. Im Neuen Testament werden unter anderem genannt:

- aus der Heiligen Schrift vorlesen (1Tim 4,13; → Kapitel 10),
- die Lehre der Apostel weitergeben (Apg 2,42),
- Dienst des Wortes (Apg 6,4),
- predigen (Apg 15,35; 20,7; → Kapitel 13),
- lehren und ermahnen (Kol 3,16),
- Rede-Charismen (Wort der Weisheit, Wort der Erkenntnis, Zungenrede, Auslegung von Zungenrede, Prophetie, Lehre; Röm 12,7-8; 1Kor 12,8.10; 14,1-33; → Kapitel 15),
- segnen (2Kor 13,13; → Kapitel 18).

Die Art und Weise, wie wir heute meist predigen, kombiniert unterschiedliche dieser Kommunikationsformen. Die *Predigt* (→ Kapitel 13) ist ein bedeutsames gottesdienstliches Element, in der das Wort Gottes zu Gehör gebracht wird. Es wäre aber zu einseitig, wenn man das Wort Gottes nur auf die Predigt begrenzen würde. Auch in anderen Elementen des Gottesdienstes soll deutlich werden, dass es Gott ist, der mit uns spricht, und dass er das erste Wort hat.

Weil Gott sich selbst in der Heiligen Schrift verbindlich offenbart, ist die *Bibel* die wichtigste Quelle dieser Kommunikationsform. Die Art und Weise, wie die Bibel im Gottesdienst verwendet wird, ist daher sehr bedeutsam (→ Kapitel 10).

d) Wir reden zu Gott

Andere Elemente im Gottesdienst zeichnen sich dadurch aus, dass Gott direkt angesprochen wird. Die Gemeinde, die Gottes Wort hört, antwortet Gott mit Gebet und Lobgesang. Einige Beispiele:

- bleiben im Gebet (Apg 2,42),
- Lobpreis (Apg 2,47; Röm 15,6; Hebr 13,15),

- Bitte/Fürbitte (Mt 18,19-20; Apg 4,24-31; Eph 6,18; 2Thess 3,1),
- Dank (Eph 5,20).

In den vielfältigen Formen des Betens (→ Kapitel 11) wird besonders deutlich, dass wir im Gottesdienst nicht nur über Gott, sondern direkt mit ihm reden.

e) Wir reden miteinander

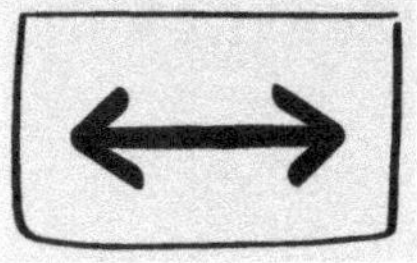

Im Gottesdienst gibt es auch Worte und Tätigkeiten, die auf der horizontalen Kommunikationsachse liegen – wir reden miteinander. Wer spricht, erhebt dabei nicht den Anspruch, Gottes Wort zu sagen. Wer hört, hört nicht auf Gottes Wort, sondern auf das, was ein Mitchrist sagt und erzählt. Von solchen Elementen wird auch im Neuen Testament berichtet:

- Erfahrungsberichte (Apg 4,33),
- Gemeinsam essen (Apg 2,46),
- Spenden/Kollekte (1Kor 16,2; → Kapitel 17).

Im Gottesdienst wird deutlich, dass die Menschen, die zusammenkommen, nicht Einzelpersonen bleiben, sondern als Brüder und Schwestern Teil der göttlichen Familie sind und einander an ihrem Leben Anteil geben.

An dieser Stelle nennen die Teilnehmer in Gottesdienstseminaren regelmäßig das Stichwort „*Gemeinschaft*“ und verweisen dabei auf die Aufzählung in der Apostelgeschichte: *„Sie blieben beständig in der Lehre der Apostel und in der Gemeinschaft und im Brotbrechen und im Gebet“* (Apg 2,42). Beim Stichwort „Gemeinschaft“ denkt man dabei vorwiegend an die sozialen Kontakte, die sich rund um den Gottesdienst ergeben. So wird beispielsweise im Gottesdienst am Ende angekündigt, dass man doch die Gelegenheit nutzen soll „nach dem Gottesdienst beim Kirchenkaffee noch

Gemeinschaft zu pflegen". Gemeinschaft wird hier als etwas betrachtet, was nicht *im*, sondern *nach dem* Gottesdienst geschieht. Eine ähnliche Vorstellung ist vorhanden, wenn nach einer Freizeit berichtet wird, dass man eine „gute Gemeinschaft" hatte. In der Regel meint man damit nicht intensive gemeinsame Gebetszeiten, sondern angenehme zwischenmenschliche Begegnungen. Manche Kirchen und Gemeinden legen besonders Wert auf solche Begegnungen und gestalten ihre Räumlichkeiten auch entsprechend, mit großzügigen Foyers und einer einladenden Kaffee-Ecke. Die Gespräche vor dem Beginn des eigentlichen Gottesdienstes sind teilweise so intensiv, dass es hohe Anstrengungen braucht, um die Aufmerksamkeit der Gottesdienstteilnehmer zu gewinnen (→ Kapitel 9). Über dieses Verständnis von Gemeinschaft im Sinne von Sozialkontakten müssen wir noch etwas intensiver nachdenken.

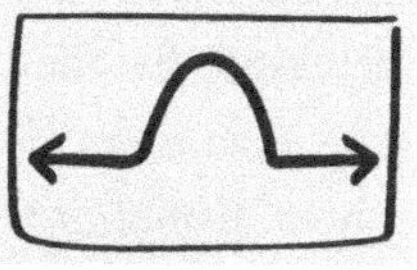

„Gemeinschaft" im Neuen Testament könnte man so umreißen: „Ich" und „Du" werden „Wir", weil wir gemeinsam an „Jesus" Anteil haben. Gemeinschaft bleibt daher nicht nur auf der horizontalen Ebene stehen. Es bleibt nicht nur beim „Ich" und „Du". Gemeinschaft bedeutet also zunächst nicht Smalltalk und Kaffeetrinken, sondern die *gemeinsame Ausrichtung auf Gott*. Gemeinschaft im biblischen Sinn ist zunächst Gebetsgemeinschaft (Apg 1,14; 4,24) und – daraus erwachsend – die Gütergemeinschaft (Apg 2,45; 4,32-37; 11,29). Die Gemeinschaft beruht auf dem gemeinsamen Glauben an Gott. „Ich" und „Du" werden eins, weil wir mit Gott vereint sind (Joh 17,21-23; Eph 4,3-6).

Dietrich Bonhoeffer unterscheidet in seinem anregenden Büchlein „Gemeinsames Leben" zwischen geistlicher und seelischer Gemeinschaft. Seelische Gemeinschaft ist die unmittelbare soziale Beziehung, die ich zu jemandem habe – also das, was wir heute mit Sympathie oder Antipathie beschreiben würden. Im Unterschied dazu ist die geistliche Gemeinschaft die durch Jesus Christus vermittelte Gemeinschaft, durch die wir einander zu Brüdern und Schwestern werden. Diese Gemeinschaft ist eine Gabe des Heiligen Geistes (2Kor 13,13). Sie umfasst alle Brüder und Schwestern ganz unabhängig von Antipathie und Sympathie. Bonhoeffer formuliert es so:

> *„Bruder ist einer dem andern allein durch Jesu Christus. Ich bin dem andern ein Bruder durch das, was Jesus Christus für mich und an mir getan hat; der andere ist mir zum Bruder geworden durch das, was Jesus Christus für ihn und an ihm getan hat [...] Wir haben einander nur durch Christus, aber durch Christus haben wir einander auch wirklich, haben wir uns ganz für alle Ewigkeit.“*[4]

Gemeinschaft geschieht daher an erster Stelle nicht vor oder nach dem Gottesdienst beim Austausch und Plaudern, sondern vor allem *im* Gottesdienst durch das gemeinsame Hören auf Gottes Wort, durch das gemeinsame Beten, durch das gemeinsame Singen, also durch *gemeinsames gottesdienstliches Handeln*. Gottesdienstliche Elemente, in denen die horizontale Kommunikation im Vordergrund steht (Erfahrungsberichte, Kollekte etc.) leben aus dem gemeinsamen Dialog mit Gott.

Bei meinen Forschungen zu freikirchlichen Gottesdiensten ist mir etwas aufgefallen: Freikirchlichen Gläubigen ist die individuelle Beziehung zu Gott und die soziale Beziehung zu den Mitchristen wichtig. Im Gottesdienst wird vor allem die Beziehung „Ich“ – „Jesus“ betont und gepflegt, also die *individuell-vertikale* Dimension. Vor und nach dem Gottesdienst wird Wert auf die Beziehung „Ich“ – „Du“ gelegt, also auf die *sozial-horizontale* Dimension. Es wäre aus meiner Sicht ein Gewinn, diese beiden wertvollen und wichtigen Anliegen zu verbinden und im Gottesdienst die *sozial-vertikale* Beziehung, also „Wir“ – „Jesus“ bewusst zu gestalten und zu pflegen (→ Kapitel 1c). Diese in Jesus begründete und im Gottesdienst erfahrene Gemeinschaft bildet die Quelle für die individuell-vertikale Gemeinschaft mit Gott und die sozial-horizontale Gemeinschaft untereinander.

f) Kombinationsformen

Die Unterscheidung der Kommunikationsrichtungen hilft uns, unterschiedliche Rederichtungen im Gottesdienst zu beachten. Es gibt gottesdienstliche Elemente, die sich gut einer Rederichtung zuordnen lassen – diese haben wir in den obigen Abschnitten beispielhaft aufgezählt. Es gibt aber auch Elemente, bei denen unterschiedliche Rederichtungen kombiniert werden. Die drei wichtigsten gottesdienstlichen Formen sind:

- Den Glauben bekennen (Hebr 13,15; Röm 10,9-10; 1Kor 8,6)
- Singen (Eph 5,19-20; Kol 3,16; → Kapitel 12)
- Abendmahl feiern (Apg 2,42; 1Kor 11,17-34; → Kapitel 14)

Die vielfältigen Kommunikationsrichtungen beim *Singen* und beim *Abendmahl* werden wir in den entsprechenden Kapiteln noch anschauen. An dieser Stelle sollen zum Bekennen des Glaubens einige Überlegungen erfolgen: Das *Glaubensbekenntnis* ist eine Antwort auf das Wort Gottes und gleichzeitig eine Verkündigung geistlicher Wahrheiten. Wer den Glauben bekennt, tut das vor Gott und vor der Gemeinde. Es werden gleichzeitig Gott und die Gemeinde adressiert. Das Glaubensbekenntnis kombiniert also unterschiedliche Rederichtungen.

Das Bekenntnis zu Gott kann im Gottesdienst gleich in der Eröffnung erfolgen (→ Kapitel 9), beispielsweise in der Form *eines trinitarischen Votums: „Im Namen des Vaters, des Sohnes und des Heiligen Geistes"*. In klassischen Gottesdienstformen mündet die Predigt in das Glaubensbekenntnis ein. Die Gemeinde bekennt sich zu dem in der Predigt verkündeten Wort Gottes.

Die Grundform des christlichen Bekenntnisses ist: *„Jesus ist Herr"* (1Kor 12,3; Phil 2,11). In erweiterter Form beinhaltet es das Bekenntnis zum dreieinen Gott, zum Vater, Sohn und Heiligen Geist. Das apostolische Glaubensbekenntnis in der Form des „Apostolikums" ist eine hervorragende

Zusammenfassung des christlichen Glaubens.[5] Es eignet sich sehr gut, um im Gottesdienst den Glauben gemeinsam zu bekennen. Bei einem Taufgottesdienst können die persönlichen Zeugnisse der Täuflinge gut mit dem gemeinsamen Glaubensbekenntnis der ganzen Gemeinde verbunden werden. Damit würde deutlich werden, woran die Gemeinde und die Täuflinge gemeinsam glauben. Und es würde auch deutlich werden, dass die individuelle Glaubensgeschichte und der gemeinsame Glaube eng miteinander verzahnt sind.

g) Zusammenfassung

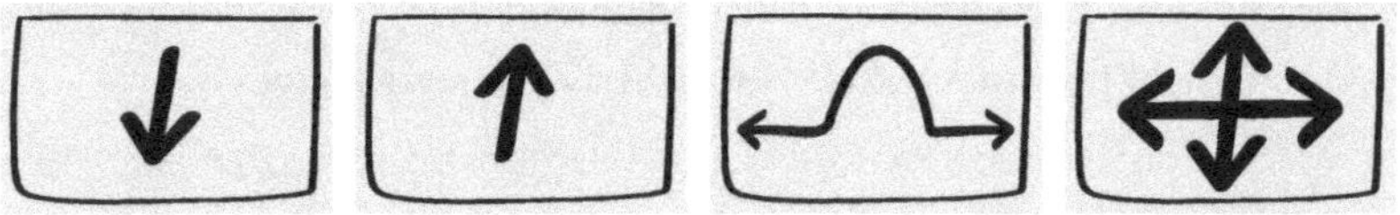

Der Gottesdienst lebt aus der Dynamik der unterschiedlichen Kommunikationsrichtungen. Es wäre einseitig, wenn im Gottesdienst nur Gottes Wort verkündigt wird, ohne darauf Antwort zu geben. Es wäre ebenso einseitig, Gott zu loben, ohne sein Wort zu hören. Es ist eine Bereicherung, wenn gottesdienstliche Elemente verdeutlichen, dass wir durch Gott miteinander verbunden sind. Gottesdienstliche Elemente, die unterschiedliche Rederichtungen kombinieren, sind besonders geeignet, um die Gemeinschaft mit Gott und untereinander in intensiver Form zu erfahren.

Kapitel 3

Wie sieht eine sinnvolle Abfolge aus?

Nachdem wir die wichtigsten Elemente des Gottesdienstes angeschaut haben, stellt sich die Frage, in welcher Reihenfolge diese Elemente angeordnet werden sollen. Auch hier gilt: Dafür gibt es kein Gebot. Die Bibel schreibt uns keine Reihenfolge vor. Trotzdem wissen und spüren wir es: Es gibt Reihenfolgen, die mehr Sinn ergeben als andere. Ein mehrgängiges Menü beginnt nicht mit dem Dessert. Das ist gut so: Es ist ein kulinarischer Genuss, wenn die Speisen sorgfältig aufeinander abgestimmt sind. Das gleiche gilt für den Gottesdienst. Wir überlegen uns, welche Abfolge weise und sinnvoll ist. Dabei können wir gut aus der Geschichte des christlichen Gottesdienstes lernen. Wir folgen einigen ausgewählten Etappen bzw. Gottesdiensttypen und fragen nach deren Bedeutung für die Gegenwart.

a) Der Gottesdienst der Alten Kirche

Die früheste Beschreibung des Ablaufs eines ganzen Gottesdienstes finden wir bei Justin dem Märtyrer (†165). Auf manche Personen wirkten christliche Versammlungen wie Geheimtreffen mit seltsamen Praktiken. Gegenüber solchen Vorwürfen schuf Justin Transparenz und erzählte in seiner Verteidigungsschrift des christlichen Glaubens, was bei solchen Versammlungen geschah:

„An dem Tage, den man Sonntag nennt, findet eine Zusammenkunft aller, in Stadt und Land, statt, und es werden dabei die Denkwürdigkeiten oder Prophetenschriften verlesen, solange es angeht. Hat der Vorleser geendet, so hält der Vorsteher eine Ansprache, worin er vermahnt und aufruft, diesem Guten nachzueifern. Darauf erheben wir uns alle gemeinsam und senden Gebete empor. Nach dem Gebet aber wird, wie oben bereits beschrieben, Brot,

Wein und Wasser herbeigebracht, der Vorsteher spricht in gleicher Weise Gebete und Danksagungen nach seinem Vermögen und das Volk stimmt mit ‚Amen' ein. Darauf wird ausgeteilt und kommuniziert, wobei jeder seinen Teil von dem, wofür Dank gesagt wurde, empfängt; den Abwesenden aber wird es durch die Diakone gebracht.“[6]

Weil Justin seine Verteidigungsschrift an Nicht-Christen richtet, verwendet er in der Öffentlichkeit verständliche Begriffe, um den Gottesdienst zu beschreiben, und vermeidet eine Insider-Sprache. Deshalb spricht Justin beispielsweise von „Denkwürdigkeiten und Prophetenschriften“ und meint damit das Alte und Neue Testament.

Die sonntägliche Versammlung der Gemeinde wird in vier Etappen beschreiben: Lesung durch einen Vorleser, Predigt durch den Vorsteher der Gemeinde, Gebete der ganzen Gemeinde, Abendmahlsfeier. Man nennt diesen Ablauf das „justinianische Schema“. Es ist ein schlichter und in sich sehr stimmiger Ablauf. Die unterschiedlichen Rederichtungen, die wir im letzten Kapitel angeschaut haben, sind hier in der Grundform sehr leicht erkennbar: Die Gemeinde hört auf Gottes Wort durch die Lesung und Predigt und gibt darauf Antwort im Gebet. Der Dialog mit Gott mündet in die Mahlfeier ein, in der alle Rederichtungen kombiniert werden.

Das justinianische Schema bildet die Grundform der meisten christlichen Gottesdiensttypen in den Kirchen des Ostens und des Westens. Das zeigt sich in einer Gottesdienststruktur, die zuerst einen „Wortteil“ hat (Lesung, Predigt, Gebet) gefolgt von einen „Mahlteil“ (Abendmahl). In den Ost- und Westkirchen wurde diese Struktur auf unterschiedliche Weise verfeinert und ausdifferenziert. Im Weiteren verfolgen wir nur die Linie der Westkirche.

Der Text von Justin gibt uns daneben auch den Hinweis, dass unterschiedliche gottesdienstliche Aufgaben von unterschiedlichen Personen oder Gruppen wahrgenommen werden: Vorleser, Vorsteher, Gemeinde, Diakone. Darüber werden wir später noch genauer nachdenken (→ Kapitel 4).

b) Der klassische Gottesdienst

Mit dem „klassischen“ Gottesdienst ist hier der Gottesdienst gemeint, wie er sich im Laufe der Zeit in der Westkirche herausgebildet hat. Die typische Form ist die römisch-katholische Messe, eine ähnliche Grundform findet man auch in der lutherischen deutschen Messe und im Gottesdienst der anglikanischen Kirche. Wie im Gottesdienst der Alten Kirche gibt es einen Wort- und einen Mahlteil. Das Gebet ist nun aber verfeinert und ausdifferenziert. Das wird besonders deutlich an den sogenannten „Messgesängen“, den Gebeten der Gemeinde, die dem klassischen Gottesdienst ein typisches Gepräge geben.

Im *„Kyrie“* (= „Herr“) kommen die Menschen so vor Gott, wie sie sind, mit aller menschlichen Schuld und all der Not der Welt, und bitten um Gottes Erbarmen: *„Kyrie eleison! Christe eleison! Kyrie eleison!“* – „Herr, erbarme dich! Christus, erbarme dich! Herr, erbarme dich!“. Das Kyrie erinnert daran, dass es nicht selbstverständlich ist, als sündige Menschen dem heiligen Gott zu begegnen. Die eigene Situation wird aber auch nicht verschwiegen, sondern im Vertrauen auf sein Erbarmen und seine Gnade vor Gott zur Sprache gebracht.

Im *„Gloria“* (= „Ehre“) richtet sich der Blick weg von der eigenen Situation hin auf Gott, dem allein alle Ehre und alles Lob gebührt. Wie die Engel bei den Hirten auf dem Feld verehrt die Gemeinde Gott: *„Ehre sei Gott in der Höhe und Friede auf Erden bei den Menschen seines Wohlgefallens“* (Lk 2,14).

Nach dem *Gloria* folgen die Lesungen aus der Heiligen Schrift und die Predigt, so wie wir es bei Justin bereits kennengelernt haben. Als Antwort auf die Predigt bekennt die Gemeinde den christlichen Glauben im *„Credo“* (= „ich glaube“), meist in Form des Apostolischen oder des etwas ausführlicheren Nicäno-Konstantinopolitanischen Glaubensbekenntnisses, also des Bekenntnisses des christlichen Glaubens, das in den ökumenischen Konzilien von Nicäa (325) und Konstantinopel (381) als gemeinsamer Glaube festgehalten wurde.

Der Mahlteil beginnt mit dem wechselseitigen Ruf: *„Der Herr sei mit Euch – Und mit deinem Geiste – Erhebt eure Herzen – Wir haben sie beim Herrn – Lasst uns danken dem Herrn unserm Gott – Das ist würdig und recht“*. Darauf folgt die sogenannte Präfation (= „Eingangswort“), in der gesagt wird, weshalb es „würdig und recht“ ist, Gott zu danken. Die Präfation endet mit den Worten: *„Darum preisen wir dich mit allen Engeln und Heiligen und singen vereint mit ihnen das Lob deiner Herrlichkeit“*. Die Gemeinde stimmt mit *„Sanctus“* (= „Heilig“) in den himmlischen Lobpreis ein: *„Heilig, heilig, heilig ist der HERR Zebaoth, alle Lande sind seiner Ehre voll“* (Jes 6,3). Beim Sanctus wird die Verbindung mit dem himmlischen Gottesdienst besonders hervorgehoben.

Nach der Einsetzung des Abendmahls singt die Gemeinde das *„Agnus Dei“* (= „Lamm Gottes“). Der Text geht zurück auf die Aussage Johannes des Täufers, als er Jesus sieht und über ihn sagt: *„Siehe, das ist Gottes Lamm“* (Joh 1,36). Die Gemeinde bringt mit dem *Agnus Dei* zum Ausdruck, dass es nur durch das Lamm Gottes möglich ist, mit dem heiligen Gott in Verbindung zu kommen. Es ist Jesus Christus, der als Lamm Gottes sein Leben hingegeben hat, um uns von der Sünde zu befreien: *„Lamm Gottes, du nimmst hinweg die Sünde der Welt, erbarme dich unser (2x). Lamm Gottes, du nimmst hinweg die Sünde der Welt, gib uns deinen Frieden.“*

Was können wir aus dem Aufbau des klassischen Gottesdienstes lernen? Es ist ein Gottesdienst, der in den großen Zügen dem justinianischen Schema folgt. Die Gebete der Gemeinde geben dem Gottesdienst eine spezifische Struktur. Ganz allgemein erkennen wir die *hohe Bedeutung des Gebets* für den Gottesdienst. Wir lernen etwas über *die Vielfalt und den Reichtum des Gebets*. Die Gebete sind über den ganzen Gottesdienst verteilt und thematisieren unterschiedliche Inhalte. Selbst wenn man die klassischen Messgesänge nicht in ihrer typischen sprachlichen Form verwendet, wäre es sinnvoll und gut, dass die entsprechenden Themen im Gottesdienst zur Sprache kommen:

- *Kyrie* → Wie wird Not/Schuld thematisiert? Wer bin ich vor Gott?
- *Gloria* → Wie wird Gott für seine Taten gelobt?
- *Credo* → Wie bekennt man den Glauben?
- *Sanctus* → Wie stimmt man in die umfassende Anbetung Gottes ein?
- *Agnus Dei* → Wie wird Erlösung thematisiert?

In der *Reihenfolge der Messgesänge* fallen die Wechsel in der Grundorientierung auf. Auf das *Kyrie*, das unsere Situation vor Gott zur Sprache bringt, folgt das *Gloria*, in welchem der Blick ganz auf Gott gerichtet wird. Vom *Credo* als Bekenntnis der glaubenden Menschen wechselt es zum *Sanctus*, der Anbetung Gottes durch den ganzen Kosmos. Im *Agnus Dei* wird deutlich, dass die wechselnden Orientierungen innerlich zusammengehalten werden durch Jesus Christus, dem wahren Gott und wahren Menschen, dem Lamm Gottes. Durch seine Erlösung können wir vor Gott stehen mit all unserer Not und Schuld und können in den Lobpreis der ganzen Schöpfung einstimmen. Die Gebete nehmen die Situation der Menschen ganz ernst, bleiben aber nicht dabei stehen, sondern eröffnen einen weiten Horizont. Es sind nicht nur individuelle Gebete, sondern Gebete der Gemeinde. Sie fördern den „Wir"-Charakter des Gottesdienstes. Und in ihnen kommt zum Ausdruck, dass die feiernde Gemeinde mit dem himmlischen Gottesdienst und mit der universalen Kirche verbunden ist.

c) Der evangelische Gottesdienst

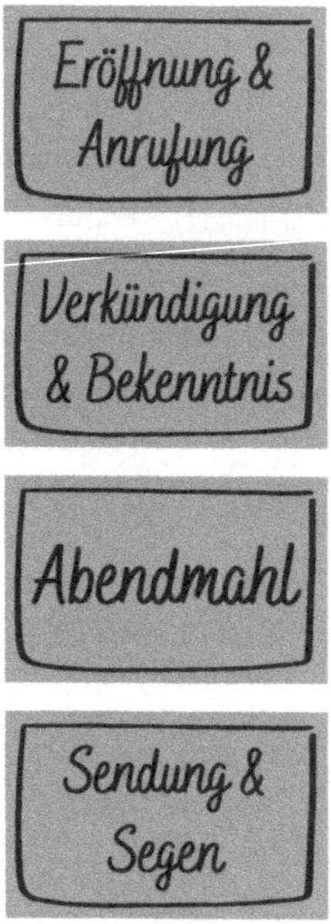

Die Reformation hat zu einer Veränderung und Vervielfältigung gottesdienstlicher Formen geführt. Die Erkenntnis des *sola gratia* (= „allein aus Gnade") führte bei Martin Luther zur Modifizierung der Messe. Alles, was nicht dem Evangelium der freien Gnade Gottes entsprach, wurde weggelassen oder abgeändert. In der Reformationszeit wurde auch die Heilige Schrift als höchste Autorität wieder neu entdeckt und betont. Das *sola scriptura* (= „allein die Schrift") wirkte sich vielfältig auf den Gottesdienst aus. Besonders die Predigt erfuhr nun eine neue Wertschätzung und Bedeutung. Im reformiert-calvinistischen Flügel der Reformation wie auch in vielen Freikirchen führte das zu predigtzentrierten Gottesdienstformen, in denen das Abendmahl nicht jeden Sonntag, sondern nur an hohen Festtagen gefeiert wurde (→ Kapitel 3d).

Wir bleiben hier noch einen Moment beim evangelisch-lutherisch geprägten Gottesdienst. Dessen Aufbau entspricht in den Grundzügen demjenigen des klassischen Gottesdienstes. Weil nun aber die Gottesdienstform nicht mehr wie im römischen Messbuch zentral vorgegeben war, gab es vielfältige Ausprägungen mit unterschiedlichen Gottesdienstbüchern, in denen Ablauf und Texte für die lokalen Kirchengemeinden verbindlich festgehalten wurden. Gegen Ende des 20. Jahrhunderts versuchte man, diese Unterschiede so zu bündeln, dass gleichzeitig die Einheit und die Vielfalt des Evangelischen Gottesdienstes erkennbar würden. Die Lösung bestand darin, dem Gottesdienst eine *einheitliche Grundstruktur* zu geben, die aber auf unterschiedliche Art und Weise gestaltet werden konnte. So enthält das Evangelische Gottesdienstbuch (1999) mehrere Vorlagen für den Gottesdienst, die aber alle den gleichen vier Schritten folgen:

- *Eröffnung und Anrufung,*
- *Verkündigung und Bekenntnis,*
- *Abendmahl,*
- *Sendung und Segen.*

Man erkennt gut, dass die vier Schritte unterschiedliche Aspekte des justinianischen Schemas und der Messgesänge integrieren: Der erste Schritt kombiniert Kyrie und Gloria, der zweite Schritt entspricht dem Wortteil mit Credo, der dritte Schritt dem Mahlteil.

Sendung und Segen werden als eigenständiger Schritt gestaltet. Diesen Aspekten wird etwas mehr Aufmerksamkeit gegeben. Das ist bemerkenswert. Vielleicht rührt es daher, dass die gesellschaftlichen Entwicklungen dazu führen, dass der Zusammenhang zwischen sonntäglichem und alltäglichem Gottesdienst (→ Kapitel 8) an Selbstverständlichkeit verliert. Ein säkulares Umfeld verleitet dazu, das Christsein auf den Sonntagsgottesdienst zu begrenzen und den Alltag in Beruf und Familie ohne Gott zu gestalten. Mit der Betonung von Sendung und Segen wird zum Ausdruck gebracht, dass der Gottesdienst seine Fortsetzung im alltäglichen Leben findet. Es ist daher sinnvoll, Sendung und Segen im Gottesdienst bewusst zu gestalten (→ Kapitel 18).

Die Grundstruktur erlaubt gleichzeitig Einheitlichkeit und Variabilität. Sie garantiert, dass wesentliche Elemente im Gottesdienst enthalten sind, ohne deren Textgestalt genau vorzuschreiben. Zum Beispiel würde aus dieser Grundstruktur deutlich werden, *dass* der Gottesdienst einen Segen enthält, ohne aber festzulegen, *wie* der Segen lautet.

d) Der reformierte Gottesdienst

Die Besonderheit des reformierten Gottesdienstes im Vergleich zum klassischen und evangelisch-lutherischen Gottesdienst ist, dass meist ein Wortgottesdienst ohne Abendmahl gefeiert wird. Viele Freikirchen haben eine ähnliche Gottesdienstform und feiern das Abendmahl nicht jeden

Sonntag. Das bringt mit sich, dass es unterschiedliche Abläufe gibt, je nachdem, ob Abendmahl gefeiert wird oder nicht.

Ähnlich wie im Evangelischen Gottesdienstbuch verwenden die Reformierten Kirchen der Schweiz eine Schrittfolge für die Grundstruktur des Gottesdienstes mit fünf Schritten:[7]

- *Sammlung,*
- *Anbetung,*
- *Verkündigung,*
- *Fürbitte,*
- *Sendung.*

Die Schritte Verkündigung und Fürbitte entsprechen dem justinianischen Schema von Lesung, Predigt und Gebet. Die Anbetung entfaltet das Gloria aus dem klassischen Gottesdienst. Der erste Schritt wird im Unterschied zum evangelisch-lutherischen Gottesdienst nicht „Eröffnung“, sondern „Sammlung“ genannt. Die Gemeinde sammelt sich zueinander („Wir“) und zu Gott. Das soll bewusst gestaltet werden.

Wenn der *Gottesdienst mit Abendmahl* gefeiert wird, lauten die fünf Schritte: *Sammlung – Verkündigung – Fürbitte – Abendmahl – Sendung.* Hier folgt die Struktur noch stärker dem altkirchlichen Gottesdienst. Die Anbetung, die im Predigtgottesdienst eine eigene Etappe bildet, wird im Abendmahlsgottesdienst mit dem Abendmahl verknüpft und hat damit große Ähnlichkeiten mit dem *Sanctus* des klassischen Gottesdienstes.

Die Schritte folgen der Dynamik des Gottesdienstes in der Spannung von *Sammlung und Sendung* und in der Wechselwirkung von *Wort und Antwort.* Der Gottesdienst lässt sich als Wegstrecke beschreiben und erfahren, die man als Gemeinde gemeinsam geht und die unterschiedliche Etappen enthält.

e) Der erweckliche Gottesdienst

Der erweckliche Gottesdiensttyp hat seine Wurzeln in den Evangelisationsveranstaltungen der zweiten großen Erweckungsbewegung im 19. Jahrhundert in den USA. Die weit verstreuten Siedler trafen sich zu mehrtägigen „Camp Meetings“. Die Veranstaltungen folgten nicht einem liturgischen Schema der europäischen Herkunftskirchen, also weder anglikanisch noch lutherisch oder calvinistisch oder puritanisch. Sie zeichneten sich vielmehr durch einen einfachen Ablauf aus, der für möglichst viele Personen unabhängig von der konfessionellen oder denominationellen Herkunft nachvollziehbar war.

Die Versammlungen begannen mit einer ausgedehnten Zeit des Singens, meist durch einen Chor angeleitet. Der Inhalt der Lieder war sowohl lobpreisend – Gottes Größe wurde besungen – als auch verkündigend – die Anwesenden wurden direkt im Lied zum Glauben aufgerufen. Auf die Singzeit folgte eine eindringliche Predigt, in welcher die Erlösung durch Jesus Christus von der Macht des Bösen und von einem sündigen Lebensstil im Mittelpunkt stand. Die Predigt mündete in einen Aufruf zur Bekehrung, dem sogenannten „Altar Call“. Menschen, die eine Antwort des Glaubens geben und sich zu Christus hinwenden wollten, wurden nach vorne gerufen, wo für sie gebetet wurde. In einer Nachveranstaltung wurden den Neubekehrten erste Hilfestellungen für das weitere Christenleben gegeben.

Die Grundstruktur der erwecklichen Versammlung prägte zu Beginn des 20. Jahrhunderts die Versammlungen von pfingstlichen Bewegungen und Gemeinden. Predigt und Aufruf waren nun nicht mehr nur auf die

Bekehrung ausgerichtet, sondern auf den Empfang der Geistestaufe und der mit dem Wirken des Heiligen Geistes verbundenen Segnungen. An die Stelle des „Altar Calls“ tritt die „Ministry Time“, in welcher die Teilnehmer für sich beten und sich segnen lassen.

Durch die Evangelisationsbewegung seit dem 19. Jahrhundert und auch die pfingstlich-charismatische Bewegung seit dem 20. Jahrhundert fand der erweckliche Gottesdiensttyp globale Verbreitung und prägte weithin die klassischen Freikirchen und auch die pietistische Gemeinschaftsbewegung. Gelegentlich wird die dritte Etappe weggelassen oder sehr knapp gestaltet, sodass der Gottesdienst aus zwei großen Blöcken besteht: *Lobpreis und Predigt*. Der Vorteil ist die einfache, zweigliedrige Struktur des Gottesdienstes. Der Nachteil dieser Struktur ist, dass die Vielfalt und Fülle gottesdienstlicher Sprach- und Handlungsformen nicht so gut zur Geltung kommen kann. Wie eine erweiterte Praxis aussehen könnte, werden wir besonders in den Kapiteln über Beten (→ Kapitel 11) und Singen (→ Kapitel 12) noch bedenken. Es ist hilfreich, den Hintergrund der gegenwärtig weitverbreiteten Gottesdienstform mit Worship (Lobpreis) und Teaching (Predigt) zu kennen. Daraus wird deutlich, dass es im Kern eine evangelistisch orientierte Gottesdienstform ist (→ Kapitel 6).

f) Lernertrag

Nach diesem knappen Durchgang durch einige Stationen des christlichen Gottesdienstes werden die wichtigsten Erträge festgehalten:

Innere Logik

1) Der Aufbau der Gottesdienste folgt einer inneren Logik. Er ist nicht zufällig. Es ist sinnvoll, dass sich im Verlauf des Gottesdienstes die Intensität steigert. Das wird besonders dort deutlich, wo das Abendmahl als Höhepunkt der Begegnung Gottes mit seiner Gemeinde gefeiert wird (→ Kapitel 14). Es entspricht der menschlichen Erfahrung von Zusammenkommen und Auseinandergehen, dass der Eröffnung (→ Kapitel 9) und dem Abschluss des Gottesdienstes (→ Kapitel 18) viel Aufmerksamkeit gewidmet wird.

Sammlung ↔ Sendung
Wort ↔ Antwort

Für freikirchliche Gottesdienste könnte der Ansatz wertvoll sein, den Gottesdienst entlang einer stimmigen Wegstruktur zu gestalten. Die einzelnen Elemente können so gut aufeinander abgestimmt und miteinander verzahnt werden. Der Gottesdienst erhält dadurch einen Spannungsbogen, der für die Teilnehmer nachvollziehbar ist. Man kann sich dabei direkt an den Etappen des evangelisch-lutherischen oder des reformierten Gottesdienstes orientieren. Man kann den Gottesdienst auch entlang der horizontalen Dynamik von Sammlung und Sendung und der vertikalen Dynamik von Wort und Antwort strukturieren: Der Christ kommt aus dem Alltag in den Gottesdienst. Im Gottesdienst werden die Teilnehmer auf Gott hin ausgerichtet und werden dadurch als Gottesdienstgemeinde auch zueinander versammelt. Die Gemeinde hört auf Gottes Wort und gibt darauf Antwort – ein Kreislauf, der im Gottesdienst mehrmals und auf unterschiedliche Wese gestaltet werden kann. Die Gottesdienstteilnehmer werden mit Gottes Segen in den Alltag gesendet.

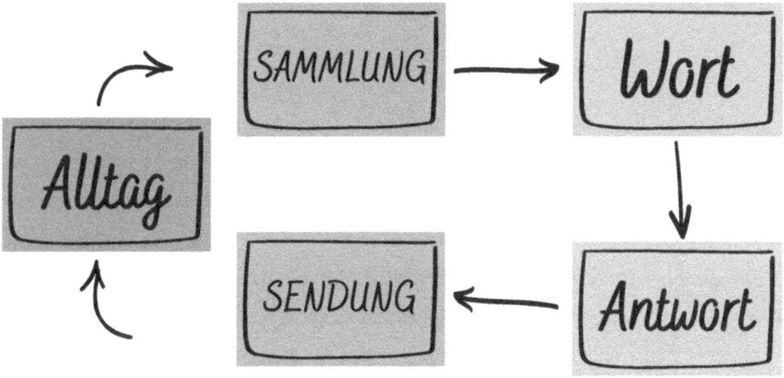

In der Gottesdienstvorbereitung können sich die verantwortlichen Personen (Moderator, Prediger, Musiker; → Kapitel 4c) gemeinsam überlegen, wie die Etappen für einen konkreten Gottesdienst gestaltet werden. Eine kleine Auswahl von Fragen, die man sich überlegen kann:

- Was hilft den Gottesdienstteilnehmern, sich auf Gott auszurichten?
- Was hilft den Teilnehmern, sich als „Wir“ zu verstehen?
- Welche Lieder eignen sich an welcher Stelle? Lieder, die ein Bekenntnis des Glaubens oder die Hingabe an Gott zum Inhalt haben, passen möglicherweise gut als Antwort auf das gehörte Evangelium.
- Welche Schriftlesungen passen an welcher Stelle? Welche eignen sich zur Sammlung? Welche zur Sendung?
- Wie kann Gottes Wort möglichst gut zu Gehör gebracht werden? Welche gottesdienstlichen Elemente könnten dazu helfen? (Man wird dabei sicher an die Predigt denken, aber sollte auch im Blick haben, dass die Wortverkündigung vielfältig erfolgen kann, zum Beispiel auch durch Lesungen, Liedvorträge etc.)
- Wie können Erfahrungsberichte stimmig in den Gottesdienst integriert werden? Sind es eher Berichte, die der Sammlung der Gemeinde dienen? Oder handelt es sich um eine Antwort des Glaubens?
- Wie kann ein Raum für eine Antwort des Glaubens eröffnet werden? Wie kann eine solche Antwort gestaltet werden?

Gottesdienst ist mehr als Predigt.

2) Gottesdienst ist mehr als Predigt. Deshalb ist das, was vor oder nach der Predigt erfolgt, auch nicht einfach „Vorprogramm“, „Rahmen“ oder „Einleitung“ – wie man es in freikirchlichen Gottesdiensten immer wieder hören kann. Gelegentlich wird der Gottesdienst auch gleich mit der Predigt identifiziert mit Sätzen wie: „Am Sonntagmorgen ist Predigt“ oder „Wir gehen zur Predigt“. So bedeutsam die Predigt ist, macht sie doch nicht den ganzen Gottesdienst aus. Aus der Geschichte des christlichen Gottesdienstes lässt sich lernen, dass die unterschiedlichen Elemente und Handlungsformen im Gottesdienst zusammenspielen. In diesem Zusammenspiel hat die Predigt eine wichtige, aber keine exklusive Rolle.

Raum für Antwort

3) Der Gottesdienst bietet Raum, um auf das verkündigte Wort Gottes eine Antwort zu geben. In manchen Gottesdiensttraditionen bildet die Predigt Höhe- und Schlusspunkt des Gottesdienstes. Die Idee ist, dass man mit den Gedanken und Anregungen aus der Predigt in den Alltag hinaus entlassen wird. Es wird dabei erwartet, dass die Gottesdienstteilnehmer fähig und willens sind, in ihrem alltäglichen Leben die Predigt nachwirken zu lassen und umzusetzen. Allerdings fällt es besonders in einem säkularen Umfeld vielen Christen schwer, diese innere Verbindung von der Predigt am Sonntag zum Leben im Alltag herzustellen. Mir scheint daher die Praxis in den unterschiedlichen Gottesdiensttraditionen sehr sinnvoll zu sein, dass bereits im Gottesdienst eine erste Antwort des Glaubens gegeben werden kann. Diese wird nie vollständig und umfassend sein. Es ist eher eine Art „Katalysator". Im Gottesdienst beginnt, was sich nachher im Alltag fortsetzt. Die Antwort im Gottesdienst kann auf unterschiedliche Weise erfolgen. In der Tradition haben sich folgende Varianten etabliert:

- Gebet/Fürbitte (Justin, reformierte Tradition)
- Glaubensbekenntnis (klassischer Gottesdienst)
- Abendmahl (Justin, klassischer Gottesdienst)
- Inszenierung der Umkehr zu Gott (erweckliche Tradition)
- Gebets- und Segensangebot (pfingstlich-charismatische Tradition).

Daraus können wir lernen, bei der Planung und Vorbereitung des Gottesdienstes und der Predigt die Frage zu bedenken: Wie können wir die Gottesdienstteilnehmer unterstützen, im Gottesdienst eine erste Antwort des Glaubens zu geben? Wie können wir im Gottesdienst einen „Reaktions-Raum" eröffnen?

Vielleicht wäre es manchmal stimmiger, dass die Predigt in den Lobpreis Gottes führt und eine ausgedehnte Zeit des Lobpreises nach der Predigt statt vor der Predigt erfolgt. Neben den oben aufgezählten Varianten könnte man auch an alternative und kreative Elemente denken (dazu mehr in → Kapitel 13). Es könnte für das Leben als Christ eine Förderung und Bereicherung sein, wenn im Gottesdienst sehr bewusst solche Räume eröffnet werden. In Gemeinden mit einer „langen" Predigt könnte es bedeuten, die Predigt etwas kürzer und prägnanter zu halten und dafür etwas mehr Zeit im Gottesdienst für das Antwortgeschehen einzusetzen.

Vielfältig beten

4) Im Gottesdienst wird vielfältig gebetet. Bei Justin erkennen wir, dass es die Gemeinde ist, die betet. Aus der klassischen Tradition können wir lernen, wie verschiedene Gebetsinhalte im Gottesdienst gestaltet werden. In der reformierten Tradition wird der Fürbitte eine hohe Bedeutung gegeben. In der pfingstlich-charismatischen Tradition spielt der Lobpreis Gottes eine zentrale Rolle. Gottesdienste werden reich, wenn nicht nur eine Form des Betens gepflegt wird. Wie die Gebets-Vielfalt im Gottesdienst aussehen kann, werden wir noch genauer anschauen (→ Kapitel 11). An dieser Stelle reicht es, festzuhalten, dass der Gottesdienst ein vorzüglicher Ort des Betens ist. Die „zwei oder drei", die sich „im Namen Jesu versammeln" und denen die Verheißung gilt, dass Jesus „in ihrer Mitte ist", versammeln sich *zum gemeinsamen Gebet* (Mt 18,19-20). Das zeigt, dass das gemeinsame Gebet ein wesentliches Element des Gottesdienstes ist.

Zwei Bewegungen, die in den vergangenen Jahrzehnten die freikirchliche Gottesdienstszene am stärksten beeinflusst haben, haben nicht unbedingt zu einer Förderung der Gebetsvielfalt geführt. Zum einen hat die charismatische Bewegung zur Wiederentdeckung des gesungenen Lobpreises geführt. Dafür können wir dankbar sein. Andere Gebetsformen sind dabei jedoch in den Hintergrund geraten. Zum andern hat die sucherorientierte Gottesdienstbewegung („Seeker-Church-Movement") dazu geführt, dass manche Freikirchen, die vorher in ihren Gottesdiensten freie Gebetszeiten pflegten, diese ersatzlos gestrichen haben, weil sie für Gäste als zu peinlich wahrgenommen wurden. Aus meiner Sicht wäre es daher wichtig, die positiven Akzente aus der charismatischen Bewegung und dem Konzept des sucherorientierten Gottesdienstes aufzunehmen, dabei aber auf eine Stärkung der Gebetsvielfalt im Gottesdienst zu achten.

5) Bei der Gottesdienstgestaltung hält man den ganzen Gottesdienst im Blick. Gottesdienste sind manchmal wie mit Bauklötzen gestaltet. Die einzelnen Elemente des Gottesdienstes stehen unverbunden nebeneinander. Die liturgischen Akteure konzentrieren sich nur auf ihren Teil (die Predigt, das Singen, die Moderation etc.). Der Gottesdienst wirkt gelegentlich wie eine Aneinanderreihung von einzelnen Mini-Gottesdiensten, die alle mit „Herzlich willkommen auch von meiner Seite“ beginnen und mit „Amen“ enden.

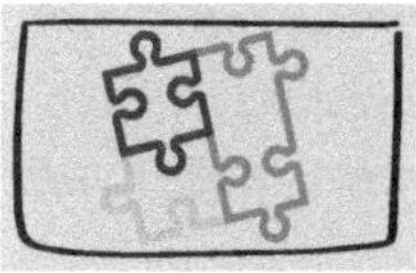

Aus der Geschichte des Gottesdienstes kann man lernen, den Gottesdienst als ein Gesamtgeschehen zu betrachten. Alle liturgischen Akteure tragen gemeinsam zu diesem Gesamtgeschehen bei. Vielleicht hilft es, sich die Gottesdienstelemente eher als Puzzleteile vorzustellen und weniger als Bauklötze. Die einzelnen Elemente werden miteinander verzahnt und verbunden. Sie bilden zusammen den gesamten Gottesdienst.

Fließende Übergänge

Gut gestaltete Übergänge helfen der Gemeinde, die Dramaturgie des Gottesdienstes innerlich mitzugehen. Wo es passt, sind fließende Übergänge hilfreich, beispielsweise vom Gebet zum Lied, von der Predigt zu einem Instrumentalstück etc. Bei fließenden Übergängen entstehen keine Pausen zwischen den Elementen, sondern der gottesdienstliche Faden geht nahtlos weiter. Das verleiht dem Gottesdienst einen dynamischen Zug. Allerdings sind fließende Übergänge nicht immer sinnvoll und dann sollte man sie auch nicht künstlich herstellen, sondern lieber einen klaren Schnitt wählen.

Kapitel 4 Wer macht was?

Nachdem wir über die theologischen Grundlagen, die zentralen Elemente und den Aufbau des Gottesdienstes nachgedacht haben, wenden wir uns der Frage zu, welche Personen was im Gottesdienst tun.

a) Die Gemeinde

Als erstes und wichtigstes ist zu sagen: *Die Gemeinde* feiert Gottesdienst. Die versammelte Gemeinde – das „Wir" (→ Kapitel 1b) – ist die wichtigste Akteurin im Gottesdienst. Daher sprechen wir auch nicht von „Gottesdienstbesuchern", sondern von „Gottesdienstteilnehmern". Gottesdienst ist also kein Event, das man besucht – so wie ein Konzert oder ein Theater. Gottesdienst ist eher wie eine Familienfeier, an der jeder durch seine Anwesenheit mitbeteiligt ist. Es wäre ja seltsam, bei einer Familienfeier dabei zu sein und nur zuzuschauen, ohne mitzuessen, mitzureden und mitzulachen.

Nicht Zuschauer, sondern Mitspieler

Es ist also im Gottesdienst gerade nicht wie bei einem Fußballspiel, wo die Menge auf der Tribüne sitzt und zuschaut, wie 22 Personen auf dem Rasen Fußball spielen. Der Gottesdienst findet nicht „auf der Bühne", sondern im ganzen Gottesdienstraum statt. Es gibt in diesem Sinne keine „Tribüne", sondern nur die „Spielwiese", keine „Zuschauer", sondern „Mitspieler". Der Gottesdienst wird nicht vom Pastor und der Musikgruppe gemacht, sondern von der Gemeinde gefeiert. Im Gottesdienst bin ich aktiv involviert, ich bin Teil der Familienfeier Gottes. Gelegentlich ertappe ich mich selbst dabei, wie ich in einen distanzierten „Beobachtermodus" wechsle. Statt mitzufeiern beginne ich, den Gottesdienst zu bewerten: Passen mir die Lieder? Stimmt die Struktur? Ergeben die Aussagen für mich einen Sinn? – Mit einer solchen distanzierten Haltung kann ich den Gottesdienst nicht richtig mitfeiern. Manchmal hilft es mir deshalb, wenn ich mich selbst etwas austrickse, mich nicht an einen distanzierten Platz hinten oder am Rand setze, sondern mitten hinein in die vorderen Reihen. Und es hilft mir vor allem, wenn ich bei den Liedern mitsinge und bei den Gebeten innerlich mitbete.

Es wird im Gottesdienst auch Gäste geben, die nur beobachten und nicht „mitspielen" (dazu mehr in → Kapitel 6) – und es wird auch Gemeindeglieder geben, die in unterschiedlicher Nähe und Distanz zum Geschehen stehen. Das ist in Ordnung, darf aber nicht darüber hinwegtäuschen, dass die eigentliche Trägerin des Gottesdienstes die versammelte Gemeinde ist. Alle, die da sind, gestalten und feiern den Gottesdienst mit.

b) Allgemeines Priestertum

Das erste Kriterium im Evangelischen Gottesdienstbuch für das Feiern von Gottesdiensten lautet:

> *„Der Gottesdienst wird unter der Verantwortung und Beteiligung der ganzen Gemeinde gefeiert. Die Reformation hat das Priestertum aller Getauften neu zur Geltung gebracht! Daher ist die ganze Gemeinde für den Gottesdienst verantwortlich. Die Gemeinde, die von Gott mit der Vielfalt von Geistesgaben beschenkt wird, soll sich mit all diesen Gaben, Fähigkeiten und Erkenntnissen am Gottesdienst beteiligen. Gottesdienstordnungen sollen hierfür immer neu Wege ebnen und Möglichkeiten erschließen."*[8]

Das Motiv des Allgemeinen Priestertums bildet eine wesentliche Grundlage für Gottesdienste der protestantischen Kirchen. Es knüpft an die neutestamentlichen Stellen an, in denen die Christen als Priester bezeichnet werden (1Petr 2,4-10; Offb 1,6; 5,10; 20,6).

Der Begriff „Allgemeines Priestertum" besagt, dass es außer Jesus Christus keine andere Vermittlung zwischen Gott und Menschen braucht. Alle Christen sind mit dem Heiligen Geist begabt. Sie sind dadurch zur Gottesdienstfeier befähigt und am gottesdienstlichen Geschehen beteiligt.

Das Allgemeine Priestertum ist daher die Voraussetzung dafür, dass die Gemeinde Trägerin des Gottesdienstes ist.

Mit dem Begriff des „Allgemeine Priestertums“ wurde oft auch die Amtskirche kritisiert: Weil alle Priester sind, darf es keine Hierarchie und keine Ämter mehr geben. Für den Gottesdienst würde das bedeuten, dass alle alles tun können und es keine „Ämter“ geben sollte. Alle sind Brüder und Schwestern, niemand soll hervorgehoben werden. Eine solche Idealvorstellung lässt sich aber nicht realisieren. Auch in Gemeinden, die dieses Ideal verfolgen, werden sich informelle Machtstrukturen herausbilden, die aber unbenannt bleiben. Trotzdem wird es dazu kommen, dass doch das Wort des einen Bruders oder die Meinung der einen Schwester mehr Gewicht erhält als andere Worte und Meinungen.

Gottesdienstliche Rollen und allgemeines Priestertum ergänzen sich.

Eine amtskritische Lesart des Allgemeinen Priestertums ist durchaus verständlich als Reaktion auf eine ungesunde Ämterfixierung. Man sollte sich jedoch bewusst sein, dass sich im Neuen Testament Allgemeines Priestertum und Amt nicht ausschließen. Das wird beispielsweise im ersten Petrusbrief deutlich, wenn nicht nur von der heiligen Priesterschaft der Gemeinde gesprochen wird (1Petr 2), sondern auch von den Ältesten und ihren Aufgaben (1Petr 5). Für den Gottesdienst heißt das: Gottesdienstliche Rollen und Allgemeines Priestertum ergänzen sich. Im Rahmen des Allgemeinen Priestertums werden bestimmte Personen im Gottesdienst hervorgehobene Aufgaben wahrnehmen. Sie tun dies nicht zur Stärkung eines Amtes, sondern zur Förderung des Allgemeinen Priestertums, zur *„Zurüstung der Heiligen zum Werk des Dienstes“* (Eph 4,12). Es wird im Gottesdienst Personen geben, die „auf der Bühne“ und „im Scheinwerferlicht“ stehen – Personen, auf die alle Blicke gerichtet sind und auf die die Gemeinde fokussiert ist. Daher ist es bedeutsam, dass die Personen ihre Aufgaben und Rollen kennen und so wahrnehmen, dass es den Teilnehmern hilft, den Gottesdienst mitzufeiern.

c) Gottesdienstliche Rollen

Die wichtigste Rolle im Gottesdienst hat die Gemeinde. Sie feiert den Gottesdienst. Sie wird dabei von Personen unterstützt, die sie im Feiern anleiten. Wir haben bereits bei Justin gesehen, dass es neben der Gemeinde im altkirchlichen Gottesdienst unterschiedliche Rollen gab: Vorleser, Vorsteher, Diakon. Im Zusammenhang mit dem Singen sind weitere Rollen dazu gekommen: Chor, Chorleiter, Organist, Kantor etc. Dann gibt es dienende Aufgaben im Gottesdienst, die vom Sigristen/Küster oder von Ministranten wahrgenommen werden. Einzelne Gemeindeglieder sind bei gottesdienstlichen Handlungen beteiligt, wie beispielsweise bei der Fürbitte. In freikirchlichen Gottesdiensten sind es meist drei Personen, die entscheidend für die Planung, Vorbereitung und Durchführung des Gottesdienstes verantwortlich sind: Der *Gottesdienstleiter oder Moderator*, der *Prediger* und der *Musikverantwortliche oder Lobpreisleiter*. Diese drei Rollen werden ausgehend von den theologischen Überlegungen zum Gottesdienst etwas vertieft.

1) Was ist die Aufgabe des *Gottesdienstleiters*? In Anlehnung an die TV- und Radiomoderatoren wird die Aufgabe gelegentlich so verstanden, dass der Moderator durch das Programm des Gottesdienstes führt und den Gottesdienstteilnehmern hilft, dem Ablauf der Veranstaltung zu folgen. Wenn die Aufgabe so verstanden wird, wird der Moderator hauptsächlich auf der horizontalen Ebene kommunizieren. Damit ist aber die Aufgabe des Moderators

unterbestimmt. Besser wäre es, den Moderator als „Liturgen" zu verstehen. Der Liturg hat die priesterliche Aufgabe, die Gemeinde in den Dialog mit Gott hineinzuführen und diesen Dialog in Gang zu halten. Er sorgt dafür, dass sich im Gottesdienst die Dynamik von Wort und Antwort entfaltet. Er ist in dem Sinne Moderator, dass er das Gespräch zwischen Gott und der Gemeinde initiiert und fördert. Vor dem Hintergrund der theologischen Überlegungen unterstützt der Moderator die Begegnung zwischen Gott und dem „Wir" der Gemeinde. Er hilft der Gemeinde, sich als „Wir" zu verstehen (horizontale Dimension) und mit Gott ins Gespräch zu kommen (vertikale Dimension). Der Moderator ist also weder Unterhalter noch Programmdirektor. Er ist auch nicht Prediger, hält also nicht selbst eine „Minipredigt" oder „Vorpredigt". Sondern als „Liturg" moderiert er das Gespräch zwischen Gott und der Gemeinde. Wir werden später noch überlegen, was das für die Eröffnung des Gottesdienstes (→ Kapitel 9), das Gebet (→ Kapitel 11) und den Segen (→ Kapitel 18) bedeutet.

2) Der *Prediger* hat gegenüber der Gemeinde eine prophetische Aufgabe. Er verkündigt nicht *sein* Wort, sondern das *Wort Gottes*. Er hilft damit der Gemeinde, auf Gottes Wort zu hören. Der Prediger ist also zuerst weder Experte noch Informant, sondern „Hörverstärker". In der Predigt geht es nicht nur darum, etwas *über Gott* zu hören, sondern *auf Gott* zu hören. Die Predigt ist damit eine Hörhilfe für die Gemeinde, um die Stimme ihres Herrn zu vernehmen.

3) Die Musiker und der *musikalische Leiter* haben in erster Linie nicht die Aufgabe, ihre musikalischen Fähigkeiten zu demonstrieren und ein

Konzert zu präsentieren, sondern die Gemeinde im Singen zu unterstützen. Ein wesentliches Kriterium für die Aufgabe der Musiker ist daher, dass die Gemeinde singt (→ Kapitel 12) und dass in und mit dem Singen die Gemeinde am Gespräch mit Gott teilnimmt.

Wir sehen: Alle gottesdienstlichen Rollen haben die Aufgabe, die Gemeinde darin zu unterstützen, auf Gott zu hören und ihm Antwort zu geben. Personen, die eine solche Aufgabe wahrnehmen, nennen wir *liturgische Akteure*, weil sie eine gottesdienstliche Handlung vollziehen. Liturgische Akteure wissen, was sie weshalb tun. Sie kennen ihre Aufgabe und Rolle und können sich damit identifizieren. Sie verstehen den Sinn ihrer Aufgabe im Gesamtzusammenhang des Gottesdienstes. Liturgische Akteure handeln und reden nicht beliebig und zufällig. Sie lassen sich auch nicht einfach von ihren eigenen Wünschen und Vorstellungen treiben. Vielmehr handeln und reden sie so, dass sie damit der Gemeinde helfen, Gottesdienst zu feiern. Liturgische Akteure präsentieren nicht sich selbst, sondern nehmen sich zurück, um der Gemeinde zu helfen, auf Gott zu sehen. Liturgische Akteure sind nicht im eigenen Interesse tätig, sondern dienen der Gemeinde. Es hilft, wenn sich alle liturgischen Akteure über ihre Aufgabe im Klaren sind und diese bewusst und präsent wahrnehmen. Dazu gehören die innere Vorbereitung sowie eine geistliche und dienende Haltung.

Liturgische Akteure wissen, was sie weshalb tun.

Das Zusammenspiel der tragenden Rollen ist nicht nur in der Durchführung des Gottesdienstes, sondern auch in der Vorbereitung und Planung bedeutsam. Wenn Moderator, Prediger und Musiker in der Vorbereitung gut miteinander im Kontakt sind, wird es ihnen auch einfacher fallen, sich nicht als Einzelpersonen, sondern als Team und damit als Teil des Ganzen zu verstehen. Nach meinen Beobachtungen und Erfahrungen fällt das viel leichter, wenn man einander begegnet und sich über den Gottesdienst austauscht – und nicht nur via E-Mail oder Planungsprogramm kommuniziert. Um es ganz praktisch zu machen: Wie wäre es, wenn sich die für einen bevorstehenden Gottesdienst verantwortlichen Personen (Prediger, Gottesdienstleiter, Musikverantwortlicher) nach einem der vorhergehenden Gottesdienste beim Kirchenkaffee treffen. Sie tauschen sich über ihre Ideen aus und überlegen sich, wie der Gottesdienst gestaltet werden könnte, damit er der Begegnung Gottes mit seiner Gemeinde dient. Dem Moderator kann die Verantwortung übertragen werden, ein solches Treffen zu initiieren und die anderen verantwortlichen Personen zu sich an den Tisch zu holen. Das Treffen kann ein oder zwei Wochen vor dem betreffenden Gottesdienst stattfinden, je nachdem, wie viel Vorlaufzeit die einzelnen Teams und Gruppen für ihre Vorbereitung benötigen. Ein solches Treffen wäre unkompliziert. Es braucht keinen zusätzlichen Termin. Man gewöhnt sich daran, nicht nur ablauftechnische Details zu klären, sondern sich inhaltlich über den Gottesdienst auszutauschen.

Vorbereitung im Dreierteam Gottesdienstleiter – Prediger – Musiker

d) Gemeindeleitung und Gottesdienstleitung

Der Gottesdienst steht in der Mitte des Gemeindelebens.[9] Meist ist es das Ereignis mit der größten Zahl an Teilnehmern und ehrenamtlich engagierten Personen. Im Gottesdienst wird in konzentrierter Form erfahrbar und sichtbar, woraus die Gemeinde lebt und was ihr wichtig ist. Es ist daher nicht unwichtig, ob und wie im Gottesdienst die Leitung der Gemeinde sichtbar wird. Das hängt natürlich auch von den unterschiedlichen Leitungsstrukturen ab, die hier nicht diskutiert werden können.

In den meisten Konfessionen gibt es eine Überschneidung von Gemeinde- und Gottesdienstleitung. In der römisch-katholischen Kirche ist vorgesehen, dass der Priester eine Pfarrei leitet und der Eucharistiefeier vorsteht. In den lutherischen und reformierten Kirchen ist es in der Regel auch der Pfarrer, der predigt und das Abendmahl einsetzt. An vielen Orten ist es üblich, dass die Mitglieder der Gemeindeleitung bzw. des Kirchenrats beim Austeilen des Abendmahls mithelfen.

In manchen Freikirchen gibt es keine exklusiven gottesdienstlichen Tätigkeiten des Pastors. Die Leitung des Gottesdienstes, das Predigen und die Leitung der Feier des Abendmahls stehen prinzipiell auch anderen Personen als den hauptamtlichen Pastoren offen. Faktisch nimmt aber zumeist auch in solchen Freikirchen der Pastor eine bedeutsame Rolle im Gottesdienst ein. Er gewährleistet das gottesdienstliche Leben. Etwas salopp gesagt: Der Pastor *muss* tun, was alle tun *können*. In dieser Konstellation kommt dem Pastor nicht nur die Aufgabe zu, gottesdienstliche Handlungen selbst durchzuführen, sondern auch Gemeindeglieder dazu zu befähigen und entsprechend zu fördern. Ob und wie neben dem Pastor andere Personen aus der Gemeindeleitung im Gottesdienst leitende Aufgaben wahrnehmen, wird sehr unterschiedlich gehandhabt.

Gemeindeleitung wird im Gottesdienst sichtbar.

Einen Aspekt sollte man besonders bedenken: Auf die Dauer wird es schwierig werden, eine Gemeinde zu leiten, wenn die Gemeindeleitung nicht auch im Gottesdienst leitende Aufgaben wahrnimmt und die Leitungspersonen dort für die Gemeinde nicht präsent und fassbar sind. Die Gemeindeleitung wird dann zu einer Art „Schattengremium“, das zwar berät und Entscheidungen fällt, im wichtigsten Ereignis der Gemeinde aber nicht sichtbar wird. Es droht ein Auseinanderfallen von Gemeindeleitung und Gottesdienstleitung. Ich empfehle daher, dass gemeindeleitende Personen auch im Gottesdienst ihre Leitungsverantwortung wahrnehmen als Moderatoren, in der Leitung und beim Austeilen des Abendmahls, dass sie bei der Verkündigung oder auch im Bereich von Singen und Musik mitwirken. Abzuraten wäre allerdings vor einseitigen und eingrenzenden Regelungen, dass beispielsweise alle Mitglieder der Gemeindeleitung auch als Moderatoren oder in der Verkündigung tätig sein müssen. Das würde einem gabengemäßen Gemeindeaufbau nicht entsprechen. Vielmehr wäre darauf zu achten, dass sich gemeindeleitende Personen *entsprechend ihren Gaben* in gottesdienstlichen Aufgaben engagieren. So wäre beides gewährleistet: Die Sichtbarkeit der Gemeindeleitung im Gottesdienst und die gabengemäße Mitwirkung.

Kapitel 5 Wie spontan soll es sein?

Meine Beobachtung quer durch die unterschiedlichen Denominationen ist eine Doppelte: Es gibt eine hohe *Erwartungssicherheit*, was in einer lokalen Gemeinde im Gottesdienst geschieht. Die Teilnehmer scheinen recht genau zu wissen, was auf sie zukommt und wie sie sich in den einzelnen Etappen des Gottesdienstes verhalten sollten. Der Gottesdienst wird nicht jeden Sonntag neu erfunden. Es haben sich lokale Traditionen etabliert. Gleichzeitig wird der *Wert der Spontaneität* hochgehalten und viele wünschen sich etwas spontanere Gottesdienste. Wie sollen Gottesdienste in diesem Spannungsfeld von Erwartungssicherheit und Spontaneität gestaltet werden? Dieses Spannungsfeld wird aus verschiedenen Perspektiven beleuchtet, zuerst aus der Perspektive des Menschseins – also anthropologisch – dann aus der Perspektive des Wirkens des Heiligen Geistes – also pneumatologisch – und zuletzt aus der Perspektive der Gottesdienstpraxis.

a) Anthropologisch: Ritual und Spontaneität

Rituale geben Sicherheit.

Der Mensch ist ein rituelles Wesen. Wir bewältigen das Leben, indem wir Handlungen regelmäßig auf die gleiche Art und Weise tun. Solche vertrauten Muster geben uns Handlungssicherheit. Wir müssen uns nicht jedes Mal neu entscheiden und überlegen, wie wir die Zähne putzen, wie wir das Frühstück zubereiten, wie wir ins Bett gehen. Wir wären hilflos überfordert, wenn wir uns permanent selbst erfinden würden. Stellen wir uns einmal vor, wie es wäre, wenn wir unsere Kinder jeden Abend auf eine neue Art und Weise ins Bett bringen. Das wäre für Eltern und Kinder kaum ertragbar. Gerade hier merken wir, dass es hilft, über eine bestimmte Zeit des Lebens ein konstantes Schlafen-Gehen-Ritual zu haben. Eltern und Kinder wissen genau, was sie erwartet und wie sie sich verhalten müssen. Ein zweites Beispiel: Wie wäre es, wenn ich meinem Partner sage: „Also diese immer gleichen Begrüßungsrituale mag ich nicht. Wenn Du mich wirklich liebst, kannst Du nicht jedes Mal ‚Hey, Schatz' sagen – das klingt so abgedroschen und unehrlich. Wenn Du es ehrlich meinst, musst Du mir immer auf neue Weise Hallo sagen." Eine solche Haltung wäre für beide Partner eine totale Überforderung. Wir merken ganz schnell, dass wir darauf angewiesen sind, Dinge in unserem Leben regelmäßig zu tun. Wir brauchen Rituale. Sie geben uns Handlungs- und Erwartungssicherheit. Sie geben unserem Leben Halt und Struktur.

Das Spontane berührt.

Gleichzeitig gilt: Wir sind keine vorprogrammierten Maschinen. Es würde uns genauso seltsam anmuten, wenn es bei unseren Handlungen keine Variabilität gibt. Wenn alles immer gleich verläuft, wirkt das für uns steril. Wir erfahren die Freiheit des Menschseins gerade darin, dass das Ritual durchbrochen wird. Das Spontane berührt uns. Es bewahrt uns vor Erstarrung. Wir erfahren uns dadurch als lebendige Menschen. Wenn die normale Begrüßung meines Partners „Hey, Schatz" ist, wird es gelegentlich vorkommen, dass ich auch mal andere Kosenamen verwende. Diese Variabilität zeugt davon, dass unsere Beziehung lebendig ist.

Beides, Ritual und Spontaneität, gehören zusammen. Denn das Spontane erscheint erst im Vergleich mit dem Gewohnten als spontan. Die besondere Begrüßung des Partners wird erst dadurch besonders, dass sie von der Standardbegrüßung abweicht. Gibt es keine Standardbegrüßung, ist keine Begrüßung besonders. Erst das Ritual lässt die Besonderheit des Spontanen aufleuchten. Rituale bilden die Voraussetzung für Spontaneität. Und Spontaneität bewahrt Rituale vor der Erstarrung. Wir brauchen beides, das Gewohnte, das uns Sicherheit gibt, und das Überraschende, das zeigt, dass wir nicht in Ritualen gefangen sind.

b) Pneumatologisch: Vertrauen auf das Wirken des Heiligen Geistes

Es gibt ein weitverbreitetes Empfinden, dass das Spontane eher durch den Heiligen Geist gewirkt ist als das Rituelle. Was spontan ist, ist vom Heiligen

Geist, was nicht spontan ist, ist menschlich. Ich halte das für eine verhängnisvolle Fehleinschätzung. Ob etwas geistgewirkt ist oder nicht, hängt nicht daran, ob es spontan ist oder nicht. Weder Spontaneität noch Ritual garantieren das Wirken des Geistes. Beides, das Rituelle und das Spontane, können auch geistlos erfolgen.

Geistleitung umfasst das Spontane und das Rituelle.

Sich vom Geist Gottes leiten zu lassen umfasst das Regelmäßige und das Spontane. Es zeigt sich in geistgefüllten Ritualen ebenso wie in der Offenheit, davon abzuweichen. Nichts, was wir tun, ist an sich geistgewirkt – sei es spontan oder rituell. Alles, was wir tun, ist ganz menschlich. Und jetzt geschieht das Wunderbare: Gott nimmt durch seinen Geist das, was wir als Menschen tun – das Regelmäßige und das Außergewöhnliche –, und verwandelt es zu etwas, was ihn ehrt und die Gemeinde erbaut. Die Leitung durch den Heiligen Geist zeigt sich darin, dass wir in allem, was wir tun – sei es spontan oder rituell –, Gottes Ehre suchen und seinen Willen tun.

Theonome Reziprozität

Das heißt aber: Wir können uns weder auf unsere Rituale noch auf unsere Spontaneität verlassen. Weder die besten Formen noch die beste Improvisation garantiert das Wirken des Heiligen Geistes. Gottesdienstliches Handeln erfolgt daher in jedem Fall im Vertrauen auf Gott und auf sein Wirken und nicht im Vertrauen auf unsere Handlungen. Sehr hilfreich ist in diesem Zusammenhang das theologische Stichwort der *Theonomen Reziprozität*. „Reziprozität“ bedeutet Wechselseitigkeit. Göttliches und menschliches Handeln sind aufeinander bezogen. Gott handelt so, dass er menschliches Handeln in seinen Dienst nimmt. Im Gottesdienst heißt das also: Gott handelt so, dass er unsere menschlichen gottesdienstlichen Handlungen nimmt – unser Beten, Hören, Reden, Schweigen etc. – und sich damit verbindet. In unseren Worten wird Gottes Stimme hörbar. In unserem Beten betet Jesus mit. „Theonom“ bedeutet „von Gott gesetzt“ (von griechisch „theos“, Gott, und „nomos“,

Gesetz). Das heißt: Es ist Gottes Entscheidung, ob und wie er in unserem Handeln wirkt. Nicht wir entscheiden über die Wechselwirkung von unserem und dem göttlichem Handeln, sondern allein Gott. Deshalb erfolgt all unser Handeln im Vertrauen auf Gott. Also: Gott wirkt im Gottesdienst nicht deshalb, weil wir die richtigen Rituale befolgen, auch nicht deshalb, weil es so spontan ist, sondern deshalb, weil es ihm gefällt.

Vertrauen und Offenheit

Das Vertrauen auf das Wirken des Heiligen Geistes erfordert Offenheit: Wir öffnen uns für Gott und sein Wirken. Wir tun das in denjenigen gottesdienstlichen Handlungen, die regelmäßig stattfinden und die uns sehr vertraut sind. Wir sehen in ihnen keine abgedroschenen, leeren Worte und Handlungen, sondern erkennen und erfahren sie als „geisterfüllte Rituale". Wir erwarten, dass es in diesen regelmäßigen Handlungen zur Begegnung mit Gott kommt – weil es Gott gefällt! Und wir sind bereit, von diesen regelmäßigen Handlungen abzuweichen, geben Raum für Unerwartetes und Spontanes, haben keine Angst vor Veränderungen, lassen uns auch mal irritieren. Und wir tun dies, weil wir auch hier vertrauen, dass der Heilige Geist im Spontanen wirkt, nicht, weil wir so gute Improvisatoren sind, sondern weil es Gott gefällt!

c) Gottesdienst praktisch: Planung und Flexibilität

Was heißt das nun für die Vorbereitung und Gestaltung von Gottesdiensten?

Gottesdienstliche Traditionen sind hilfreich.

1) Es ist menschlich und geistlich, dass wir gottesdienstliche Traditionen haben. Wir benötigen diese Sicherheit, um uns auf das einlassen zu können, was wir feiern. Wenn wir mit einer bestimmten Form des Feierns nicht vertraut sind, fällt es uns auch schwerer, uns dafür zu öffnen. Vertraute Formen helfen uns, uns auf das einzulassen, was wir feiern. Es ist daher beispielsweise gut, wenn das Abendmahl nicht

jedes Mal anders gefeiert wird. Dann müsste man sich viel zu sehr auf die Form des Feierns konzentrieren: Wann stehe ich, wie bewege ich mich, wie und wo erhalte ich Brot und Kelch etc. Ich wäre so mit den Äußerlichkeiten beschäftigt, dass ich mich auf das, was gefeiert wird, fast nicht einlassen könnte. Die Konstanz in der Abendmahlsfeier gibt mir Handlungssicherheit. Gerade das Rituelle hilft mir, mich ganz auf das Abendmahl einzulassen.

Gründliche Planung

2) Es ist menschlich und geistlich, dass wir Gottesdienste gründlich vorbereiten und planen. Planung und Spontaneität ergänzen einander. Gute Planung zeichnet sich dadurch aus, dass sie auch offen ist für Abweichung. Anders gesagt: Planung ist dann gut genug, wenn sie für Spontaneität offen ist. Die Planung soll uns nicht versklaven, sondern uns Handlungssicherheit geben. Aus dieser Sicherheit heraus entsteht die Freiheit, es auch anders zu tun. Die Vertrautheit mit den Grundformen bildet die Grundlage für die Variation. Vielleicht hilft hier der Vergleich mit der Musik: Um improvisieren zu können, müssen Grundkenntnisse der Musik vorhanden sein. Wer nicht Tonleitern und vorgegebene Tonfolgen spielen kann, wird auch nicht improvisieren können. Übung mit den Grundformen macht den Meister in der Improvisation.

Freiräume für Unvorbereitetes

3) Es ist menschlich und geistlich, im Gottesdienst Freiräume vorzusehen. Bei der Planung des Gottesdienstes kann darauf geachtet werden, dass der Gottesdienst nicht zu eng durchgetaktet wird und dass auch für unvorbereitete, improvisierte Elemente Raum geschaffen wird. Das kann beispielsweise eine freie Gebetszeit sein oder eine Zeit für freie Wortbeiträge und Erlebnisberichte. Durch das bewusste Einplanen solcher Elemente wird der Gottesdienst vor Abgeschlossenheit bewahrt und für Überraschendes offen gehalten.

4) Es ist menschlich und geistlich, in der Durchführung des Gottesdienstes flexibel zu sein. Das bedeutet, dass diejenigen, die den Gottesdienst

leiten, für das gottesdienstliche Geschehen sensibel sind und darauf reagieren können, dass sie also auch bereit sind, von der Planung abzuweichen. Es bedeutet, dass alle Beteiligten grundsätzlich bereit sind, Vorbereitetes zu beerdigen. Für alle Beteiligten in der Gottesdienstleitung, in der Verkündigung und in der Musik gilt: Die Tatsache, dass wir uns vorbereitet haben, gibt uns noch nicht das Recht, es im Gottesdienst auch genauso durchzuführen. Hier sind wir oftmals viel zu unflexibel: Nur weil wir als Band diese sechs Lieder geprobt haben, müssen sie auch im Gottesdienst gesungen werden. Nur weil ich als Prediger diese drei Predigtpunkte vorbereitet habe, muss ich die auch vortragen. Nein! Bei all unseren Vorbereitungen haben wir ein Ohr bei Gott und das andere Ohr bei der Gemeinde. Mit all dem, was wir vorbereitet haben, und mit dem, was sich möglicherweise spontan ergibt, dienen wir Gott und der Gemeinde.

Flexibler Umgang mit dem Vorbereiteten

Feste und freie Elemente kombinieren

5) Es ist menschlich und geistlich, wenn sich im Gottesdienst feste und freie Elemente ergänzen. Geformte Elemente geben der Gemeinde Handlungssicherheit und helfen, sich auf den Gottesdienst ganz einzulassen. Freie Elemente bewahren davor, sich auf Rituale zu verlassen. Sie sind eine Art Improvisation und beleben den Gottesdienst.

Es gibt also einen Standardablauf des Gottesdienstes, mit dem die Gemeinde vertraut ist, und gelegentlich leichte Änderungen dazu, oder auch eine Standardform, wie Abendmahl gefeiert wird, mit gelegentlichen Variationen, in denen unterschiedliche Aspekte betont werden können. Beim Beten ergänzen sich geformte Gebete wie das Vaterunser und frei formulierte Gebete. Beim Bekennen des Glaubens ergänzen sich geformte Glaubensbekenntnisse wie das Apostolikum und individuelle Erfahrungsberichte. Beim prophetischen Reden ergänzen sich die prophetischen Elemente in einer vorbereiteten Predigt und spontane prophetische Beiträge.

Oder nochmals anders gesagt: Keine Angst vor gottesdienstlichen Ritualen. Und keine Angst vor Überraschendem und Unvorhersehbarem. Beides kann und wird Gott nach seinem Wohlgefallen in seinen Dienst nehmen.

Kapitel 6 Wie evangelistisch soll es sein?

Ist der Gottesdienst auf gläubige Menschen ausgerichtet oder auf Suchende? Oder auf beide? Welches evangelistische Potenzial hat der Gottesdienst?

Die Idee, Gottesdienste evangelistisch auf kirchendistanzierte Personen abzustimmen, ist besonders durch die Arbeit der Willow Creek Community Church (Bill Hybels) bekannt geworden. Das Konzept von sucherorientierten Gottesdiensten ist seit den 1990er-Jahren einer der größten Impulsgeber im Blick auf die Gottesdienstgestaltung. Es hat an vielen Orten zur Erneuerung geführt, aber auch zu Ernüchterung. Einige Gemeinden haben durch die Integration sucherorientierter Gottesdienste neue geistliche Aufbrüche und Wachstum erfahren. In manchen Gemeinden wurde die gottesdienstliche Praxis angepasst, die erhoffte evangelistische Wirkung blieb allerdings aus. In diesem Spannungsfeld fragen sich viele Gemeinden, wie stark sie sich in ihrer Gottesdienstgestaltung an suchenden Personen orientieren sollen.

Ich glaube, dass der Gottesdienst in erster Linie ein Anlass für die Gemeinde ist und erst in zweiter Linie für Suchende. Ich glaube daher auch, dass der Gottesdienst nicht der Hauptort für die Evangelisation sein sollte, sondern dass es dafür andere Möglichkeiten gibt und andere Formen braucht. Diese Gedanken sollen etwas ausführlicher erklärt werden.[10]

a) Gottesdienst ist nicht Evangelisation

Wir haben oben gesehen, dass der Gottesdienst derjenige Ort ist, wo Gott der Gemeinde begegnet. Es ist so etwas wie die Familienfeier Gottes. Träger des Gottesdienstes sind daher Menschen, die zur Familie Gottes gehören. Und das Hauptziel des Gottesdienstes ist es, dass die Familie Gottes mit Gott zusammen ist. Diese Gemeinschaft findet besonders im Abendmahl ihren intensivsten und sichtbarsten Ausdruck.

Evangelisation ist dagegen auf Menschen ausgerichtet, die noch nicht zur Familie Gottes gehören. Der Schwerpunkt der Evangelisation ist es, Menschen einzuladen, Teil der Familie Gottes zu werden. Zwischen Evangelisation und Gottesdienst sollte daher unterschieden werden.

Evangelisation: *über* Gott reden
Gottesdienst: *mit* Gott reden

Evangelisation besteht hauptsächlich darin, dass ein Mensch mit einem anderen Menschen *über* Gott spricht. Gottesdienst besteht darin, dass Menschen gemeinsam *mit* Gott sprechen. Evangelisation ist der *Eingangspunkt* ins Christenleben, Gottesdienst der *Höhepunkt*. Die Evangelisation bietet Menschen die Gelegenheit, in christliche Erfahrungen reinzuschnuppern. Gottesdienst ist mehr als Schnuppern. Im Gottesdienst kann die Familie Gottes die Verbindung mit Gott in vollem Maß genießen.

Evangelisation: Schnuppern
Gottesdienst: Vollwertige Feier

Aus der Sportwelt ist uns das bekannt: Es ist nicht das gleiche, ob man an einem Fußball-Schnuppertraining teilnimmt oder ob man als Spieler in einer offiziellen Liga spielt. Bei einem Liga-Spiel kann es nicht so zugehen wie im Schnuppertraining. Und kein unerfahrener Fußballer würde erwarten, dass er gleich von Beginn an in der Startelf steht. Das gleiche gilt im Gottesdienst. Evangelisation könnte so etwas sein wie ein *Schnuppertraining*. Ein Ort, wo man eine Ahnung erhält, was es bedeutet, auf Gottes Wort zu hören und mit ihm zu reden. Ein Ort, wo man unverbindlich erste kleine Erfahrungen mit christlicher Glaubenspraxis sammeln kann. Ein Ort, der Lust macht auf mehr. Es wäre aber auf die lange Sicht eine Verarmung, wenn alle Gottesdienste nur Schnuppertrainings wären. Gottesdienste sind im Normalfall nicht Schnuppertraining, sondern vollwertige Feiern.

Es braucht beides: die Schnuppermöglichkeit und die intensive Feier – Evangelisation und Gottesdienst. Deshalb ist es auch sachlich richtig, dass es den Gemeindegottesdienst und die evangelistische Veranstaltung gibt.

Wenn der Sonntag konsequent evangelistisch gestaltet wird und es keine Ergänzung durch einen Gemeindegottesdienst gibt, wird sich das nachhaltig negativ auf die Gemeindeentwicklung auswirken. Man kann wohl gute Zugangswege *zum Glauben* eröffnen, aber das gemeinsame Leben *im Glauben* kann nicht genug intensiv gefeiert werden.

Evangelisation: *zum* Glauben einladen
Gottesdienst: *im* Glauben leben

Deshalb gibt es in Willow Creek neben dem evangelistisch orientierten Sonntagsgottesdienst den gemeindeorientierten Gottesdienst unter der Woche mit Lobpreis, Lehre und Abendmahl. Auch Willow Creek hat also zwischen Evangelisation und Gemeindegottesdienst unterschieden. Eine solche Lösung ist aber nur sinnvoll und nachhaltig, wenn die Gemeinde an den Gottesdiensten unter der Woche auch wirklich teilnimmt. Nach meinen Beobachtungen konnte das in unseren Breitengraden nur ganz selten richtig gut realisiert werden. Meist konnte sich ein Gemeindegottesdienst unter der Woche nicht etablieren, sodass der Sonntagsgottesdienst trotz der evangelistischen Ausrichtung die Aufgabe des Gemeindegottesdienstes erfüllen musste.

Predigt für Christen und Noch-Nicht-Christen

Kann der Sonntagsgottesdienst beides abdecken? Ja und nein! Wenn es um die Predigt geht, ist dem sofort zuzustimmen: Ja, eine Predigt, die sich am Evangelium orientiert, ist gleichzeitig glaubensweckend und glaubensfördernd, kann also Christen und Noch-Nicht-Christen ansprechen. Wenn es aber um die Antwort des Glaubens geht, um das Glaubensbekenntnis, das Gebet, den Lobpreis, das Abendmahl, dann können Gäste nicht in gleicher Intensität daran teilnehmen wie Familienmitglieder. Bei solchen gottesdienstlichen Elementen können Gäste natürlich beobachten, wie Christen ihren Glauben leben – sie können auch etwas mitmachen, soweit es ihnen behagt – sie können aber nicht zum eigentlichen Träger dieser gottesdienstlichen Handlungen werden.

Aus allen diesen Beobachtungen und Überlegungen heraus ist es daher empfehlenswert, den sonntäglichen Gottesdienst mit Überzeugung als Gemeindegottesdienst zu feiern und für die Evangelisation andere und gegebenenfalls bessere Orte und Formen zu finden. Das können beispielsweise Glaubenskurse, Taufkurse, Entdeckergruppen, 1:1-Settings oder auch Großveranstaltungen sein.

b) Gottesdienst ist ein möglicher Ort der Evangelisation

Der Gottesdienst ist zwar *nicht der Hauptort* der Evangelisation, er ist aber *ein möglicher Ort*, an dem Evangelisation erfolgen kann. Wir können dankbar sein, dass die sucherorientierte Gottesdienstbewegung dafür das Bewusstsein geschärft hat. Das sind keine neuen oder modernen Gedanken. Der Apostel Paulus hat der Gemeinde in Korinth in Erinnerung gerufen, dass der Gottesdienst eine prinzipiell auch für nicht Gläubige zugängliche Versammlung ist (1Kor 14,20-25). Deshalb braucht es laut Paulus die verständliche prophetische Rede. Damit der Gottesdienst ein möglicher Ort der Evangelisation sein kann, sind zwei Aspekte zu beachten:

Gottesdienst ist öffentlich.

Erstens muss der Gottesdienst *öffentlich zugänglich* sein. Auch wenn der Gottesdienst primär ein Gemeindegottesdienst ist, handelt es sich nicht um eine exklusive Veranstaltung. Gottesdienst ist kein Insidertreffen, sondern ein öffentliches Geschehen. Die Tür zum Gottesdienst steht allen offen.

Verständliche Rede

Zweitens braucht es im Gottesdienst Redeformen, die auch von Nicht-Insidern verstanden werden können. Im Blick auf die Predigt lässt sich das sehr gut berücksichtigen, wie wir oben bereits gesehen haben. Verständlichkeit als Kriterium bedeutet nun aber nicht, dass jedes einzelne Handlungselement erklärt werden müsste. Das würde dem gottesdienstlichen Charakter einer Feier nicht gerecht werden. Wenn ich beispielsweise zu einer Familienfeier eines Freundes eingeladen werde, erwarte ich auch nicht, dass ich alle Familientraditionen verstehe, oder dass sie sich in der Art der Feier nach mir ausrichten. Vielmehr freue ich mich, einfach dabei sein zu können. Das gilt auch für einen Gottesdienst. Man muss nicht auf Anhieb alles verstehen. Suchende Menschen werden nicht deshalb wiederkommen, weil ihnen beim ersten Mal alles vertraut und verständlich war, sondern weil sie etwas von der Atmosphäre erfahren haben, die entsteht, wenn die Familie Gottes mit ihrem Gott gemeinsam feiert.

Gästesensibler Gemeindegottesdienst

Wir können einen solchen Gottesdienst als *gästesensiblen Gemeindegottesdienst* bezeichnen. Es ist ein Gottesdienst der Gemeinde, der offen ist für Gäste. Die Gestaltung ist im Grundsatz an der Gemeinde orientiert und zielt auf eine intensive Begegnung der Gemeinde mit Gott – man ist aber sensibel für die Präsenz von Gästen und ermöglicht ihnen, am Gottesdienst in der für sie passenden Intensität teilzunehmen. Eine offene freundliche und einladende Atmosphäre prägt den Gottesdienst und spiegelt sich auch in der Raumgestaltung wider. Gottesdienstliche Formen werden mit Rücksicht auf die kulturellen Gepflogenheiten gestaltet. Man achtet auf Verständlichkeit, pflegt aber auch eine intensive Feierform, selbst wenn diese gelegentlich Irritationen hervorrufen kann.

Das bedeutet auch, dass Gottesdienste nicht auf Einmalbesucher ausgerichtet sind, sondern auf Personen, die immer wieder und regelmäßig am Gottesdienst teilnehmen. Es ist nicht das Ziel, dass ein Gast in einem einzelnen Gottesdienst alles vom Evangelium erfährt, was er wissen muss. Vielmehr ist es das Ziel eines gästesensiblen Gottesdienstes, dass Gäste etwas von der Präsenz Gottes spüren und erfahren und Interesse geweckt wird, wiederzukommen und sich intensiver mit dem christlichen Glauben auseinanderzusetzen.

c) Gottesdienst ist die Quelle und das Ziel der Evangelisation

Nachdem nun stärker auf den Unterschied zwischen Gottesdienst und Evangelisation hingewiesen wurde, soll in diesem letzten Teil der innere Zusammenhang betont werden.

Gottesdienst als Quelle der Evangelisation

Gottesdienst ist die *Quelle der Evangelisation.* Evangelisation strömt aus dem Gottesdienst. Schon nur die Tatsache, dass sich mitten in unserer Welt Menschen versammeln, um Jesus als Herrn zu verehren, ist eine Proklamation des Evangeliums. Und wenn im Gottesdienst durch die Begegnung mit Gott den Feiernden das Herz voll wird, ist das die beste Motivation zur Evangelisation – ganz nach dem biblischen Motto: *„Wes das Herz voll ist, des geht der Mund über"* (Mt 12,34). Im Gottesdienst wird die Gemeinde gestärkt. Als Gesegnete lassen sich die Christen in die Welt senden, um Jesus Christus mit Wort und Tat zu bezeugen (→ Kapitel 18). Die evangelistische Wirkung des Gottesdienstes weist daher weit über den Gottesdienst hinaus. Von Gott begeisterte Menschen sind ansteckend. Der Gottesdienst wird so zu einem Kanal, in dem Gottes Segen in diese Welt hineinfließt.

Gottesdienst als Ziel der Evangelisation

Der Gottesdienst ist aber nicht nur Quelle, sondern auch *Ziel der Evangelisation.* Denn die Evangelisation zielt darauf, dass Menschen zum Glauben kommen, sich taufen lassen und damit zur Familie Gottes gehören. Sie werden in die Gemeinde integriert und feiern zusammen mit den Brüdern und Schwestern im Glauben den Gottesdienst als Höhepunkt der gemeinsamen Begegnung mit Gott. Deshalb braucht es eine gute Verzahnung zwischen evangelistischen Angeboten und Initiativen und dem Gottesdienst, damit Menschen, die den Ruf zum Evangelium hören und ihm folgen, in die gottesdienstliche Gemeinschaft hineingenommen werden.

Kapitel 7 Wie digital kann es sein?

Medial vermittelte Gottesdienste gibt es, seit die technischen Möglichkeiten dazu bestehen. Man kann beispielsweise an Radio- und Fernsehgottesdienste denken. Seit der Corona-Pandemie und den damit verbundenen Einschränkungen für physische Versammlungen haben Online-Gottesdienstformate einen richtigen Boom erlebt.

Video-Referat zum Thema „Gottesdienst der Zukunft" auf

www.schweyer.ch/gd

In einem ersten Schritt sollen das Phänomen etwas genauer beschrieben und unterschiedliche Varianten von Online-Gottesdiensten vorgestellt werden. Im zweiten Schritt widmen wir uns der grundsätzlichen Frage, welche Bedeutung die Leiblichkeit für den Gottesdienst hat. Auf dieser Grundlage lassen sich im dritten Schritt Chancen und Grenzen von Online-Gottesdiensten erkennen.[11]

a) Varianten von Online-Gottesdiensten

Nicht am gleichen Ort

Allen Online-Formaten ist gemeinsam, dass die Gottesdienstteilnehmenden *nicht am gleichen Ort* sein müssen. Das eröffnet neue Möglichkeiten der Teilnahme an Gottesdiensten auch ohne leibliche Präsenz.

Zeitgleich oder zeitversetzt

Eine erste Unterscheidung ergibt sich durch den Zeitfaktor. Es gibt *zeitgleiche und zeitversetzte* Formate. Zeitgleich sind beispielsweise Live-Streams oder Videokonferenzen. Der Gottesdienst wird zur gleichen Zeit an unterschiedlichen Orten gefeiert. Zeitversetzt sind Videocasts bzw. On-demand-Angebote. Ein zuvor aufgezeichneter Gottesdienst wird später angeschaut. Manchmal gibt es auch die Kombination, dass ein Live-Stream aufgezeichnet wird und anschließend als On-demand-Angebot zur Verfügung steht.

Einspurig oder mehrspurig

Eine zweite Unterscheidung ergibt sich durch die Kommunikationsrichtung. Es gibt *einspurige und mehrspurige* Formate. Bei einspurigen Formaten hören und sehen die Gottesdienstteilnehmer, werden selbst aber nicht gesehen und gehört. Die Kommunikation verläuft nur auf einer Schiene, von den Gottesdienstgestaltern zu den Gottesdienstteilnehmern. Das ist bei zeitversetzten Angeboten immer so, bei zeitgleichen Angeboten gibt es Unterschiede: Live-Streams sehen in der Regel kaum eine wechselseitige Kommunikation vor, Videokonferenzen, bei denen alle einander sehen und hören können, schon. Es gibt Zwischenformen, in denen sich Gottesdienstteilnehmer beispielsweise durch Chatfunktionen an der gottesdienstlichen Kommunikation beteiligen können.

Vorproduziert oder aufgezeichnet

Online-Gottesdienste können *vorproduziert oder nur aufgezeichnet* werden. Bei aufgezeichneten Gottesdiensten wird ein Gottesdienst gefeiert und – ohne neues Zusammenschneiden – aufgezeichnet und digital verbreitet. Bei vorproduzierten Gottesdiensten werden einzelne gottesdienstliche Sequenzen gefilmt, geschnitten und zusammengesetzt und extra für Online-Gottesdienste hergestellt.

Hybrid-Gottesdienste sind Gottesdienste, die vor Ort gefeiert werden und mittels digitaler Medien zeitgleich und/oder zeitversetzt verbreitet werden.

b) Leiblichkeit

Digitale Gottesdienste stellen vor die Frage, welche Bedeutung die Leiblichkeit und damit auch der Raum für den Gottesdienst haben. Ist es das gleiche, ob ich im Pyjama auf der Couch mit einem Latte macciato in der Hand via iPad einen Gottesdienst mitverfolge, oder ob ich in einem Kirchengebäude einen Gottesdienst mitfeiere? Muss ich leiblich präsent sein, um auch innerlich beteiligt zu sein?

Die Erfahrungen werden hier sehr unterschiedlich sein. Nur weil jemand leiblich in einem Gottesdienst mit dabei ist, ist die innere Teilnahme noch lange nicht gewährleistet. Man kann gut in einem Gottesdienst sitzen und innerlich abwesend sein. Gelegentlich kann es also sogar eine Hilfe sein, wieder bewusster Gottesdienst zu feiern, wenn das in einer etwas veränderten Form erfolgt, beispielsweise digital. Auf der anderen Seite lässt sich auch leicht beobachten, dass die Teilnahme an digitalen Gottesdiensten mehr Überzeugung verlangt. Online-Gottesdienste verleiten eher dazu, eine Zuschauerrolle einzunehmen, sodass man wohl zuhört und zusieht, es aber schwerfällt, mitzusingen oder mitzubeten. Es braucht ein höheres Engagement, im Wohnzimmer aufzustehen und zu singen, als in der Kirche.

Leib und Raum sind wichtig.

Man kann also sagen: *physische Anwesenheit erleichtert die innere Teilnahme.* Daher ist es nicht gleichgültig, wo und wie man Gottesdienst feiert. Leib und Raum sind wichtig. Leibliche und räumliche Präsenz erhöhen die Chance, dass man intensiver feiern kann. Das ist ja wieder ähnlich wie in der Familie. Der Austausch von Nachrichten mithilfe der Sozialen Medien ist gut möglich. Dadurch gibt man sich gegenseitig etwas Anteil am Leben. Aber Familienfeiern lassen sich digital und auf Distanz nicht richtig feiern. Dazu braucht es leibliche Anwesenheit. Das leuchtet sofort ein: Ferienerfahrungen macht man nicht durch das Anschauen von Ferienprospekten, sondern durch die Anwesenheit am Ferienort. Intensive Erfahrungen setzen leibhafte Anwesenheit voraus.

Der Mensch ist Leib.

Diese Beobachtungen haben eine tiefere theologische Wurzel. Gott hat den Menschen in der Einheit von Leib und Geist geschaffen. Die Leiblichkeit gehört ganz zum Menschsein. Wir sind nicht einfach „Geist" mit einer leiblichen Hülle. *Wir sind „Leiblinge".* Deshalb wurde Gott in Jesus Christus ein leiblicher Mensch. Deshalb ist Jesus leiblich auferstanden. Deshalb ist die neue Welt nicht eine geistige Welt ohne Materie, sondern eine materielle, leibhafte, neue Schöpfung. Deshalb hoffen Christen nicht nur auf eine Weiterexistenz der Seele, sondern auf die Auferstehung des Leibes von den Toten. All das zeigt uns, dass der Mensch nicht nur einen Leib hat, sondern Leib ist. Der Leib ist nicht nur die Hülle des Eigentlichen, der Leib gehört zum Eigentlichen! Deshalb sind Erfahrungen, die den Menschen existenziell berühren, leibhafte Erfahrungen. Das gilt für die Liebe und die Trauer, für die Freude und das Leid. Deshalb ist es auch nicht eine körperlose Seele, die mit Gott in Kontakt steht, sondern der ganze Mensch, auch mit seinem Leib. Deshalb gibt es Taufe und Abendmahl, Handauflegung und Salbung – leibhafte Vollzüge des christlichen Lebens. Weil der Leib so bedeutsam ist, kann digitale Kommunikation nie die Fülle des Menschseins abdecken. Sie kann leibhafte Kommunikation wohl ergänzen, aber nicht ersetzen.

Für den Gottesdienst heißt das: *Die Fülle der Begegnung mit Gott gibt es nicht ohne den Leib.* Die Normalform des Gottesdienstes ist daher die leibhafte Versammlung. Online-Gottesdienste können diese Normalform erweitern, nicht aber auf Dauer ersetzen.

c) Chancen und Grenzen von Online-Gottesdiensten

Geeignet für einseitige horizontale Kommunikation

Die Predigt und andere Formen der verbalen Kommunikation können relativ einfach in digitale Formen integriert werden. Die einseitige Kommunikation auf der *horizontalen Achse* von Mensch zu Mensch lässt sich recht gut digital abbilden. Jemand spricht – jemand hört zu und lässt sich ansprechen. Wortorientiere Gottesdienste sind in dieser Hinsicht leichter digital umsetzbar.

In digitalen Medien wird permanent der *„Kampf um Aufmerksamkeit“* geführt. Wenn man spezifisch für digitale Medien Inhalte produziert, wird man auf die Logiken der digitalen Kommunikation Rücksicht nehmen müssen. Um überhaupt *Aufmerksamkeit zu erhalten*, braucht es kurze und prägnante Titel sowie eine auffällige und passende Farb- und Formgebung.

Um die *Aufmerksamkeit zu behalten*, ist eine kurzweilige und abwechslungsreiche Gestaltung der Rede-Einheiten hilfreich – das beinhaltet typische rhetorische Gestaltungselemente wie die Variation der Stimmlage, des Sprechtempos und der Lautstärke ebenso wie eine Abwechslung von erzählerischen und lehrenden Passagen. Auch kann es die Aufmerksamkeit fördern, wenn mehrere Personen einbezogen werden und so zusätzlich Variation entsteht. Langatmiges und langweiliges Reden wird in der digitalen Welt noch weniger aufmerksam verfolgt werden als im analogen Setting. Aus meiner Erfahrung würde ich auch sagen, dass es in der digitalen Kommunikation – sei das nun bei Predigten, der Gottesdienstmoderation oder in Lehrveranstaltungen – darauf ankommt, die Inhalte nicht zu zerreden, nicht abzuschweifen und die Redeeinheiten möglichst knackig, präzise und klar zu gestalten. Hier gilt allerdings auch: Das, was man fast zwingend für die digitale Kommunikation berücksichtigen muss, ist für die analoge Kommunikation ebenfalls hilfreich.

Schwierig für vertikale Kommunikation

Während horizontale Kommunikation unter Berücksichtigung der typisch digitalen Logiken recht gut realisierbar ist, ist die *wechselseitige Kommunikation* anspruchsvoller. Man kann durch digitale Tools wie Chats, Online-Umfragen, SMS-Antwortmöglichkeiten etc. die Interaktion fördern, man wird sich jedoch bewusst sein müssen, dass das eine Vertrautheit mit technischen Tools voraussetzt und dass die Interaktion nie so intensiv sein wird wie bei einer Präsenz vor Ort.

Noch schwieriger ist im digitalen Raum die *gemeinsame Kommunikation mit Gott*. Das zeigt sich insbesondere beim Beten und Singen. Das Singen wird in digitalen Settings oft zum Konzert, bei dem man zuhört, selbst aber nicht mitsingt. Und beim Beten fällt es auch schwer, in digitalen Settings deutlich zu machen, dass es sich nicht um das Gebet einer Einzelperson handelt, sondern um das Gebet der Gemeinde. Selbst wenn man vor dem Bildschirm mitsingt und mitbetet, hört man nicht die Mitfeiernden, die an anderen Orten vor dem Bildschirm sind. Gottesdienste, die den Schwerpunkt auf dem gemeinsamen Dialog mit Gott haben, lassen sich daher nur schwer digital abbilden. Zentrale leibhafte Vollzüge – die Taufe beim Christwerden und das Abendmahl beim Christsein – erfordern den Einsatz des Leibes, das Gleiche gilt für die Handauflegung oder die Salbung mit Öl.

Leibhafte Vollzüge können im digitalen Setting kaum erfolgen. Die Kommunikation ist auf Sehen und Hören beschränkt. Die Wahrnehmung mit Nase, Mund und Haut ist nicht möglich. Es fehlt der Geschmack von Wein und Brot, das Gefühl einer Hand, die sich auf einen legt oder die man einander zum Friedensgruß reicht. Man kann versuchen, für Ersatz zu sorgen, beispielsweise durch eine Kerze im Wohnzimmer oder durch Abendmahlsgaben, die im Rahmen eines Live-Stream-Gottesdienstes gesegnet und genommen werden.[12] Aber das kann allerhöchstens eine Notlösung sein.

Eingeschränkte Sinne – Größere Reichweite

Die große Chance von Online-Gottesdiensten besteht in der *Erweiterung der Reichweite.* Personen, die, aus welchen Gründen auch immer, nicht physisch am Gottesdienst teilnehmen, haben dadurch die Möglichkeit, Gottesdienste mitzuerleben. Das gilt besonders für Personen mit eingeschränkter Mobilität, für Kranke oder auch für Gefangene. Auch in Pandemiezeiten mit begrenzten physischen Teilnahmemöglichkeiten kann durch Online-Angebote das Gottesdienstleben zumindest vorübergehend aufrechterhalten werden.

Ein Vorschlag, wie mit Livestream das Abendmahl würdig gefeiert werden kann:

www.schweyer.ch/gd

Für Personen, die den Gottesdienst nicht gewohnt sind, bieten Online-Gottesdienste zudem die Chance, anonym und aus vorsichtiger Distanz das Christsein und gottesdienstliches Leben unverbindlich kennenzulernen. In dieser Hinsicht haben Online-Gottesdienste ein evangelistisches Potenzial (→ Kapitel 6).

Eine Chance sind Online-Gottesdienste dann, wenn aus der digitalen Gottesdienstteilnahme die *Sehnsucht nach leibhaftem Gottesdienst* erwächst. Personen, die durch digitale Angebote einen Zugang zum Glauben und zum Gottesdienst erfahren, schließen sich leibhaft einer christlichen Gemeinde an. Und Personen, die vorübergehend – beispielsweise in Pandemiezeiten – auf digitale Angebote angewiesen sind, versammeln sich nach dem Ende der Einschränkungen wieder physisch vor Ort. Dass Online-Gottesdienste zu einer solchen Intensivierung des christlichen Lebens beitragen, ist nicht selbstverständlich. Es könnte auch das Gegenteil geschehen – und damit sind wir bei den Gefährdungen.

Sehnsucht nach leibhaftem Gottesdienst

Diese bestehen genau darin, dass die Intensität der Teilnahme durch Online-Gottesdienste nicht zunimmt, sondern abnimmt. Das zeigt sich beispielsweise in der *Förderung eines Konsumverhaltens*, sodass man aus der Fülle der Gottesdienste dasjenige Angebot auswählt, zu dem man aktuell am meisten Lust hat. Dadurch wird der gemeindliche Zusammenhalt geschwächt und die individuellen Vorlieben werden gestärkt. Online-Gottesdienste können in dieser Hinsicht zu einer Verstärkung der Bequemlichkeit beitragen.

Förderung der Konsumkultur

Bei zeitversetzten Angeboten besteht zudem die Verlockung darin, dass man Sequenzen im Gottesdienst, die einem nicht besonders zusagen, überspringen kann. Das geht bei einem Gottesdienst mit physischer Präsenz nicht. Dort wird man Teil eines Geschehens, über das man selbst nicht direkt verfügen kann, das man auch weder stoppen noch beschleunigen kann. Man hat selbst also weniger Kontrolle über das gottesdienstliche Geschehen.

Online-Gottesdienste sind also zwiespältig. Sie können zu einer Intensivierung oder zu einer Abschwächung des geistlichen Lebens beitragen. Sie ermöglichen ebenso einen sanften Einstieg ins Christenleben wie auch einen schleichenden Ausstieg. Online-Gottesdienste sollten daher nie die Mitte des Gemeindelebens darstellen. Der *Gottesdienst der räumlich und leibhaft versammelten Gemeinde bleibt die Mitte des Gemeindelebens.* Darum herum mag es zu unterschiedlichen Zeiten unterschiedliche Angebote geben – Gottesdienste in Kleinformaten, Hausgottesdienste, auch Online-Angebote etc. Aus diesen Überlegungen heraus scheint mir – wenn man auch im digitalen Raum gottesdienstlich präsent sein will – ein Hybrid-Gottesdienst ein sehr sinnvoller Ansatz zu sein. Die Hybrid-Form signalisiert: Der Gottesdienst lebt aus dem leibhaften gottesdienstlichen Geschehen vor Ort. Die digitalen Kanäle ermöglichen es, auf Distanz an diesem leibhaften gottesdienstlichen Geschehen teilzuhaben. Die Reichweite wird erweitert. Das Ziel ist dabei nicht eine Verstetigung der digitalen Kommunikation, sondern die Förderung des leibhaft gefeierten Gottesdienstes.

Kapitel 8

Was ist mit dem alltäglichen Gottesdienst?

Wie hängen eigentlich der sonntägliche und der alltägliche Gottesdienst zusammen? Wo findet der Gottesdienst statt? In der Kirche oder in der Welt? Die Antwort lautet: an beiden Orten.

Wer im Neuen Testament nach Wörtern sucht wie Gottesdienst, Tempel oder Opfer, macht eine überraschende Entdeckung. Diese Begriffe werden nicht für die sonntägliche Versammlung der Gemeinde gebraucht, sondern für die alltägliche Lebensführung. Zwei Beispiele:

> *„Ich ermahne euch nun, Brüder und Schwestern, durch die Barmherzigkeit Gottes, dass ihr euren Leib hingebt als ein Opfer, das lebendig, heilig und Gott wohlgefällig sei. Das sei euer vernünftiger Gottesdienst. Und stellt euch nicht dieser Welt gleich, sondern ändert euch durch Erneuerung eures Sinnes, auf dass ihr prüfen könnt, was Gottes Wille ist, nämlich das Gute und Wohlgefällige und Vollkommene" (Röm 12,1-2).*

> *„Ein reiner und unbefleckter Gottesdienst vor Gott, dem Vater, ist der: die Waisen und Witwen in ihrer Trübsal besuchen und sich selbst von der Welt unbefleckt halten" (Jak 1,27).*

Gottesdienst = veränderter Alltag

Was also ist ein Gottesdienst, der Gott gefällt? Es ist die Hingabe des ganzen Lebens an Gott, auch die ganz praktische Unterstützung bedürftiger Menschen. Der alltägliche Gottesdienst zeichnet sich dadurch aus, dass er sich nicht von der Welt bestimmen lässt, sondern von Gott. Es ist eine Veränderung, eine Transformation, die von Gott ausgeht, die Christen erfasst und dazu bewegt, im Alltag verändert zu leben.

Hier werden Impulse der alttestamentlichen Propheten aufgenommen. Diese haben es scharf kritisiert, wenn man Gottesdienst feiert, aber nicht entsprechend lebt. Gott sagt durch den Propheten Jesaja: *„Ich mag eure Versammlungen nicht ... Sie sind mir eine Last ... Wenn ihr auch viel betet, höre ich euch doch nicht; denn eure Hände sind voll Blut“* (Jes 1,3-15). Und beim Propheten Amos heißt es: *„Ich hasse und verachte eure Feste und mag eure Versammlungen nicht riechen ... Eure Opfer sehe ich nicht an ... Tu weg von mir das Geplärr deiner Lieder; denn ich mag dein Harfenspiel nicht hören“* (Am 5,21-23). Sonntäglicher Gottesdienst ohne eine veränderte alltägliche Lebensführung ist wertlos. Deshalb mahnen Jesaja und Amos zu einem Lebensstil, der dem Willen Gottes entspricht.

Feiern und Lebensführung müssen zusammenpassen.

Heißt das nun, dass man gar nicht mehr Gottesdienst feiern soll? Wenn der sonntägliche Gottesdienst zu einem Deckmantel wird, um im Alltag so zu leben, wie es einem selbst gefällt; oder wenn man den Eindruck hat, es reicht, am Sonntag in den Gottesdienst zu gehen und es spielt keine Rolle, wie man den Alltag gestaltet: Dann feiert man in der Tat besser keinen Gottesdienst! Ein vom Alltag abgekoppelter Gottesdienst ist sinnlos. Weder wird Gott verehrt noch der Mensch gesegnet. Christsein lässt sich nicht auf den Sonntag reduzieren.

Gegen ein Sonntags-Christentum

Nun zielt aber die prophetische Kritik nicht darauf, mit dem Feiern des Gottesdienstes aufzuhören! Die richtige Antwort auf die Kritik ist, sich durch Gott so verändern zu lassen, dass die alltägliche Lebensführung dem sonntäglichen Gottesdienst entspricht. Und damit kommen wir auf die entscheidende Spur, wie der alltägliche und der sonntägliche Gottesdienst zusammengehören.

a) Die Gottesdienstfeier als Quelle und Höhepunkt des ganzen Lebens

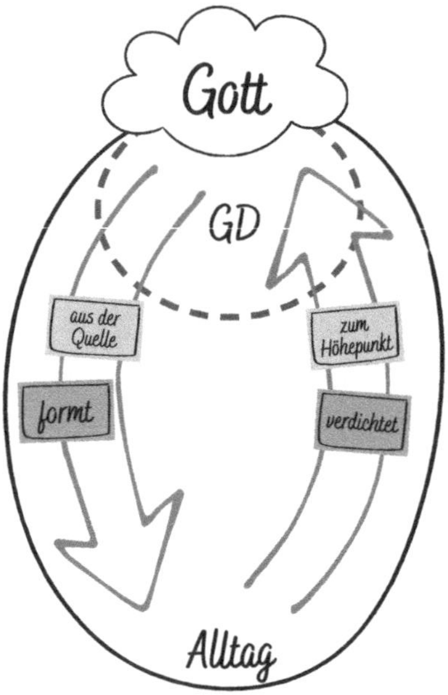

Im Zweiten Vatikanischen Konzil hat die römisch-katholische Kirche besonders intensiv über den Gottesdienst nachgedacht. In der Konstitution über die Liturgie wird treffend formuliert, dass der Gottesdienst „Höhepunkt und Quelle" des christlichen und kirchlichen Lebens ist (was das für die Evangelisation bedeutet, wurde bereits besprochen → Kapitel 6c).[13] Der Gottesdienst wird also nicht vom Rest des Lebens isoliert, sondern in doppelter Weise damit verbunden:

Der Gottesdienst ist *Quelle* des Christenlebens. Das bedeutet, dass Gott den Gottesdienst verwendet, um uns zu verändern. Aus dem Gottesdienst strömen Kraft, Freude und Motivation, um im Alltag als Christ zu leben. Und der Gottesdienst ist *Höhepunkt* des Lebens: „Das ganze Leben des Christen soll ein Gottesdienst sein. Das, was wir am Sonntagmorgen feiern, ist nur der Höhepunkt und die Zuspitzung dessen, was sich unter der Woche in zahllosen Einzelzügen im Leben des Christen widerspiegelt."[14]

Der Gottesdienst ist ein Konzentrat des christlichen Lebens. Eine Art dickflüssiger „Sirup", der sich in den Alltag hinein verflüssigt. Nur Sirup alleine wäre nicht gut. Aber ohne den Sirup wäre der Alltag fade und geschmacklos. Der Gottesdienst gibt dem Alltag Geschmack. Der Gottesdienst formt den Alltag. Und das Christsein im Alltag verdichtet sich im Gottesdienst. Was bedeutet das nun, dass die Gottesdienstfeier eine konzentrierte Form des christlichen Lebens ist?

Im Gottesdienst gibt es von nichts genug, aber von allem so viel, dass es Lust macht auf mehr. Die Klagen sind bekannt, dass es im Gottesdienst nicht genug gibt: nicht genug Lobpreis, nicht genug Gemeinschaft, nicht genug Lehre oder was immer. Diese Klagen sind richtig! Es gibt im Gottesdienst nie genug! Es wäre ja schlimm, wenn man sagen müsste: „Im Gottesdienst habe ich Gott genug gelobt, das reicht bis zum nächsten Sonntag." Im Gottesdienst gibt es alles nur in konzentrierter Form. Konzentrierter Lobpreis, der uns motiviert, die Lieder mit in die Woche zu nehmen und Gott weiter zu loben. Ein Konzentrat an Lehre, das uns anstiftet, im Alltag nach Gottes Wahrheit zu fragen und zu forschen. Gebet, das uns formt, damit wir zu Hause weiterbeten … die Liste lässt sich leicht fortsetzen. Wir vertiefen diesen Gedanken, dass der Gottesdienst uns formt, noch in zwei Richtungen.

b) Formung I: gottesdienstliche Praxis im Alltag

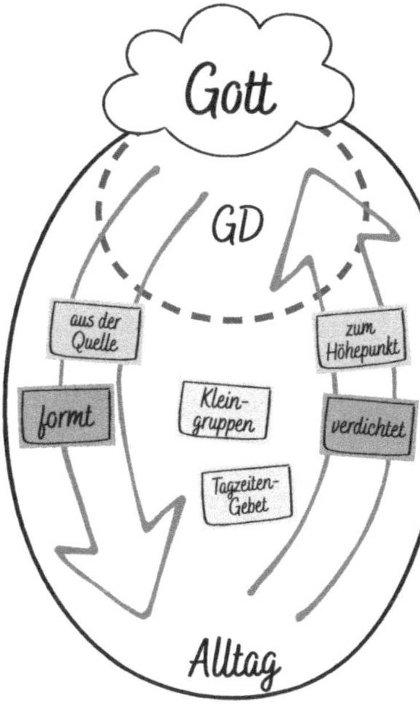

Kleine gottesdienstliche Handlungsformen, die in den Alltag integriert sind, unterstützen die formende Wirkung des Gottesdienstes. Das ist eine Erfahrung, die viele Christen machen. Wir wenden uns zwei solcher Brücken zwischen dem sonntäglichen Gottesdienst und der alltäglichen Lebensführung zu:

Die erste Art von Brücken sind Treffen mit anderen Christen unter der Woche, um mit ihnen die Bibel zu lesen, zu beten, auszutauschen. Kleingruppen, Hauskreise und Gebetstreffen unterstützen die Verbindung von Gottesdienst und Alltag. Man kann Fragen des alltäglichen Lebens miteinander im Licht des Evangeliums beraten und einander durch die Fürbitte unterstützen.

Die zweite Art von Brücken sind Gebete während des Tages (→ Kapitel 23). Morgen- und Abendgebet oder Gebete am Tisch geben dem Tag eine Gebetsstruktur. Konzentrierte Gebetszeiten sind Ausdruck davon, dass man das ganze Leben in einer betenden, also gottesdienstlichen, Haltung führt.

Bei beiden Arten von Brücken geht es darum, dass man bestimmte Handlungsformen, die man aus dem sonntäglichen Gottesdienst kennt, im Alltag weiterführt.

Der alltägliche Gottesdienst besteht aber nicht nur aus explizit christlichen Handlungsformen wie Gebet oder Bibellektüre, sondern beinhaltet alle Aspekte der Lebensführung. Das führt uns zum letzten Gedanken in diesem Kapitel.

c) Formung II: gottesdienstliche Lebensform

Wenn der Gottesdienst Quelle des christlichen Lebens ist, bedeutet das auch, dass durch den Gottesdienst das gesamte christliche Leben geformt wird. Der sonntägliche Gottesdienst gleicht in dieser Hinsicht einem „Trainingsort", an welchem eine christliche Lebensform eingeübt wird.

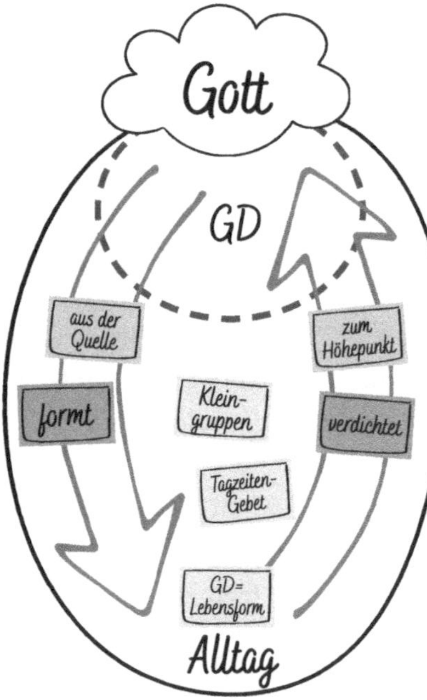

Wir haben oben schon kurz über den Bibeltext aus dem Jakobusbrief gesprochen, dass der Besuch von Waisen und Witwen zum alltäglichen Gottesdienst gehört. Man kann sich die gottesdienstliche Praxis etwa so vorstellen: Man kommt im Gottesdienst zusammen. Aber man vergisst nicht, dass es Menschen gibt, die am Gottesdienst nicht teilnehmen können. Man denkt an sie im Gottesdienst und schließt sie in die Fürbitte ein. Es gibt eine Kollektensammlung (→ Kapitel 17) – in der ersten Zeit der Kirche waren dies richtige Naturalgaben. Diese werden anschließend an die Bedürftigen verteilt. Der Besuch der Waisen und Witwen hat damit seinen Ursprung im Gottesdienst. Aus dem Lobpreis Gottes fließt die Diakonie. So wird deutlich, dass der Gottesdienst nicht dazu dient, das religiöse Bedürfnis der Anwesenden zu befriedigen, sondern dazu, dass der Segen Gottes zur Gemeinde und durch die Gemeinde in die Welt strömt.

Wenn man mit dieser Sichtweise auf den Gottesdienst blickt, erkennt man manche Zusammenhänge zwischen gottesdienstlichen Handlungen und alltäglicher Praxis, die vielleicht auf Anhieb gar nicht so offensichtlich sind:

- In der *Fürbitte* lernen wir, für andere Menschen einzustehen. Das setzt sich im politischen Einsatz für Gerechtigkeit fort.
- Wenn wir einander *grüßen* – informell beim Ein- und Ausgang oder auch im liturgischen Friedensgruß – heißen wir einander als Mitglieder der Familie Gottes willkommen. Wir üben einen Lebensstil der gegenseitigen Annahme ein.
- Als *Predigthörer* lernen wir, von und über Gott zu sprechen. Das befähigt uns, auch in unserem Alltag Rechenschaft über unseren Glauben abzulegen und Christus zu bezeugen.
- Im *Schuldbekenntnis* gestehen wir vor Gott und voreinander ein, dass wir schuldig sind und von Gottes Gnade leben. Das verwehrt uns, uns im Alltag über andere Menschen zu erheben. Und es bewahrt vor einem krank machenden Perfektionismus. Die Gnade, aus der wir im Gottesdienst leben, ist die gleiche Gnade, die uns im Alltag trägt. Es ist die Gnade, mit der wir unseren Mitmenschen begegnen.

- Im *Abendmahl* erfahren wir die Gastfreundschaft von Jesus, der uns reich beschenkt. Das prägt uns und setzt sich in der alltäglichen gelebten Gastfreundschaft fort.
- Wenn wir die *Kollekte* einsammeln, werden wir beständig daran erinnert, dass wir alles, was wir sind und haben, Gott verdanken. Neid, Gier und Geiz haben da keinen Platz. Es wird eine Lebensform der Großzügigkeit eingeübt. Mit dem, was Gott uns anvertraut hat, gehen wir verantwortungsvoll um.
- Wenn wir *gesegnet* werden, ist das nicht nur eine Stärkung für uns selbst, sondern ist verbunden mit der Sendung in der Welt. Wir lassen uns von Gott als seine Boten in die Welt senden.

Im Gottesdienst wird unser Alltagsleben geprägt, und zwar nicht in erster Linie durch alltagstaugliche Tipps, die wir in der Predigt erhalten, sondern durch die Einübung einer gottesdienstlichen Haltung und Lebensform. Was wir im Gottesdienst tun, prägt uns. Das ist gut so! Und das ist eine große Chance, die man noch viel bewusster nutzen kann. Auch deshalb lohnt es sich, Gottesdienste sorgfältig zu gestalten.

Bei allen Überlegungen wird deutlich: Der sonntägliche Gottesdienst ist kein isoliertes Geschehen. Was wir am Sonntag tun, ist nicht belanglos. Der Gottesdienst formt unser Leben. Er ist nie zu Ende, sondern setzt sich fort in kleinen und großen alltäglichen Handlungen. Der alltägliche Gottesdienst strömt aus der Gottesdienstfeier und fließt wieder dahin zurück.

II. Gottesdienst gestalten

Im zweiten Teil gehen wir durch den Gottesdienst, von der Eröffnung bis zur Sendung. In jedem Schritt werden einige „Standards“ formuliert, die in prägnanter Weise die aus meiner Sicht zentralen Gedanken zusammenfassen. Diese Standards sind nicht als „Gesetze“ zu verstehen, sondern als Hilfestellung. „Best-Practice“-Beispiele geben Anregungen, wie die Gestaltung konkret aussehen kann. Beides – Standards und Beispiele – sollen die Verantwortlichen darin unterstützen, den Gottesdienst bewusst zu gestalten. Die Standards stehen in einem inneren Zusammenhang zu den theologischen Grundlagen. Sie sind im Prozess zahlreicher Gottesdienstworkshops entstanden und haben sich in unterschiedlichen Gemeindekontexten – groß und klein, urban und ländlich, charismatisch und weniger charismatisch – bewährt.

Welche Standards für die eigene lokale Gemeinde bedeutsam sind, liegt in der Entscheidung derjenigen, die für die Gemeinde und den Gottesdienst Verantwortung tragen.

Kapitel 9 Eröffnung

In der ersten Phase des Gottesdienstes wird die Gemeinde zueinander versammelt und auf Gott hin ausgerichtet. Wir haben gesehen, dass der Gottesdienst ein Dialog zwischen Gott und der versammelten Gemeinde ist (→ Kapitel 1b+c). Und genau damit sind auch die Herausforderungen der Eröffnungssequenz verbunden: Wie kann es gelingen, dass Einzelpersonen in das gemeinsame Gespräch mit Gott finden? Wie kommt es vom Ich zum Wir? Und wie kommt es zur vertikalen Kommunikation?

Dass das nicht so einfach ist, zeigt sich in vielen Gemeinden ganz praktisch. Man kommt in den Gottesdienst, trifft Freunde und Bekannte. Man beginnt, sich mit ihnen zu unterhalten. Die zwischenmenschlichen Begegnungen werden sehr geschätzt. Und manchmal ist der Übergang vom zwischenmenschlichen Gespräch zum gemeinsamen Gespräch mit Gott gar nicht so einfach. Es dauert einen Moment, bis die Aufmerksamkeit der Gemeinde auf das gottesdienstliche Geschehen da ist. Das führt uns zum ersten Standard:

Standard 1: Es braucht eine Schwellenzeit zur Sammlung.

In manchen klassischen Kirchenbauten ist das bereits die Türschwelle. Der Kirchenraum versetzt diejenigen, die über die Schwelle treten, gleich in eine andere Welt. Man ist sofort nicht mehr im gleichen Modus wie vorher. Wenn man spricht, dann nur noch gedämpft. Die Schritte werden langsamer. Die Architektur und der Lichteinfall ziehen die Aufmerksamkeit nach oben und nach vorne.

Freikirchliche Gottesdiensträume sind ganz anders ausgerichtet. Oft kommt man in ein großzügiges Foyer, vielleicht sogar mit einer Kaffee-Bar und gemütlichen Sitzgelegenheiten. Die Architektur ist eher auf zwischenmenschliche Kontakte ausgerichtet. Im Gottesdienstraum gibt es meist eine klare Unterscheidung zwischen der „Bühne“ und dem „Sitzbereich“.

Die Architektur kennen wir von Konzertsälen. Die Aufmerksamkeit richtet sich naturgemäß auf das, was auf der Bühne geschieht. Dazu ist eine Bühne hilfreich. Eine Bühne lenkt die Gedanken aber noch lange nicht auf Gott hin, sondern eher auf das Bühnengeschehen.

Es braucht daher klare Signale, die helfen, sich gemeinsam auf Gott hin auszurichten. Mir sind bei meinen Beobachtungen einige typische Signale aufgefallen:

- *Raum*: Gemeinschaftliche Bestuhlungsvarianten, beispielweise Stuhlgruppen um kleine Tische, sind für zwischenmenschliche Gespräche gut geeignet, aber nicht so sehr für den Gottesdienst. Eine Konzertbestuhlung, in der alle Stühle nach vorne in die Mitte ausgerichtet sind, unterstützt die gemeinsame Ausrichtung auf einen Fokuspunkt.
- *Licht*: Die Augen werden auf das gelenkt, was beleuchtet ist. Mit einer gezielten Verdunkelung im Sitzbereich und einer Beleuchtung des Fokusbereichs kann die Aufmerksamkeit auf das gottesdienstliche Geschehen gelenkt werden.
- *Countdown*: Ein Countdown wird eingeblendet, oft kombiniert mit Videoeinspielungen oder einer Präsentation. Ein Countdown funktioniert als Signal besser, wenn er auch akustisch durch entsprechende Musik und durch die Kombination mit Lichteinsatz unterstützt wird. Countdowns haben einen etwas technischen und showmäßigen Charakter. Gerade deshalb wäre es gut, bei Countdowns Bilder und Texte einzusetzen, die die Aufmerksamkeit auf Gott hinlenken.
- *Person*: Eine Person tritt in den fokussierten Bereich, also beispielsweise an ein Rednerpult, blickt die Gemeinde an und beginnt zu sprechen. Das funktioniert gut, wenn schon eine recht hohe Aufmerksamkeit da ist. Sonst kann es auch eher beklemmend oder peinlich wirken, wenn man versucht, mit fixierenden Blicken, leisen oder lauten Worten die Gemeinde zum Zuhören zu bewegen.
- *Instrumental*: Ein kräftiges Instrumentalstück ist ein sehr klares Signal. Warenhaus-Soft-Pop funktioniert nicht. Und auch hier ist es hilfreich,

wenn das Signal mit anderen kombiniert wird, beispielsweise mit der Beleuchtung.

- *Lied*: Der Start mit einem Lied ist eine sehr angenehme Variante. Wenn man mit einem Lied beginnt, sollte es ein sehr gut bekanntes sein. Bekannte Lieder haben eine viel bessere Signalwirkung als Unbekannte. Für die Musiker ist es manchmal frustrierend, dass die Gemeinde beim ersten Lied noch nicht so richtig mitsingt und noch nicht richtig dabei ist. Manche kommen erst herein, grüßen sich noch und unterhalten sich – und sind noch gar nicht im „Worship-Modus". Man muss sich also bewusst sein, dass ein solches Lied ein „Schwellenlied" ist. Für einige ist es bereits richtig Gottesdienst – für andere erst das Ankommen.

Standard 2: Signale zum Gottesdienststart sind klar und wiedererkennbar.

Klare Signale sind Signale, die sich deutlich abheben, beispielsweise ein kräftiges statt ein ruhiges Lied, eine deutliche statt eine langsame Lichtveränderung.

Es ist empfehlenswert, dass man die Art und Weise, wie der Gottesdienst beginnt, nicht jedes Mal ändert, sondern dass man eine Hauptform etabliert. Die Gemeinde kennt und versteht das Signal und die Mehrheit der Gemeinde orientiert sich am Signal.

Gelegentlich kann es vorkommen, dass ein Signal seine Wirkung verliert. So gibt es Gemeinden, bei denen beispielsweise ein Countdown eine Zeitlang gute Wirkung entfaltete, nach einer Weile aber von der Gemeinde kaum mehr beachtet wird. Man kann leicht in eine Spirale geraten, dass man immer lautere Signale wählt, um Aufmerksamkeit zu erhalten. Das ist für alle Seiten unbefriedigend. Besser ist es, hier eine Form von Disziplin mit der Gemeinde zu finden. Man könnte dabei sehr gut bei den ehrenamtlichen Mitarbeitern einsetzen. Wenn alle diese Mitarbeiter den Gottesdienstbeginn unterstützen, ist das schon eine sehr große Personengruppe. Das wird nicht ohne Wirkung auf die übrigen Personen bleiben.

Best Practice

Der Bühnenbereich ist abgedunkelt, der Sitzbereich beleuchtet. Rund zwei Minuten vor dem eigentlichen Start wird der Sitzbereich abgedunkelt. Es gibt jetzt im ganzen Raum kein helles Licht. Es ist das Signal, dass der Gottesdienst demnächst beginnt. Die Musiker gehen zügig auf die Bühne und machen sich an den Instrumenten bereit. Die Bühnenbeleuchtung wird ein- und die Raumbeleuchtung ausgeschaltet. Ohne Verzögerung beginnt ein intensiv arrangiertes Intro, das in ein der Gemeinde gut bekanntes Lied einmündet. Es gibt keine Worte, keine Begrüßung, keine Aufforderungen. Das Musikteam singt freudig und klar. Der Liedtext ist eingeblendet, sodass die Gemeinde gut mitsingen kann. Viele stehen auf und singen mit, darunter ganz selbstverständlich die ehrenamtlichen Mitarbeiter und ganz besonders alle, die in den andern Musikteams mitwirken – sie unterstützen so das Musikteam, das an diesem Sonntag im Einsatz ist. Der Gemeindegesang wird immer kräftiger. Weiter hinzukommende Personen werden darin involviert. Gegen Ende des Liedes singen fast alle mit. Im gemeinsamen Singen erfährt sich die Gemeinde ein erstes Mal als „Wir". Das Lied lenkt die Aufmerksamkeit auf Gott. Die Kommunikation mit ihm wird eröffnet.

Standard 3: Die Eröffnung beinhaltet Wort Gottes, Gebet und Begrüßung.

Die ersten Worte, die im Gottesdienst gesprochen werden, bilden so etwas wie die Ouvertüre des Gottesdienstes. Sie bestimmen den Grundton. Gleich von Anfang an soll unmissverständlich deutlich werden: Hier wird Gottesdienst gefeiert, hier geht es um Gott. Mehr noch: hier ist Gott selbst anwesend und wir sind mit ihm im Gespräch. Deshalb enthält die erste Redesequenz Bibelwort, Gebet und Begrüßung. Damit werden alle bedeutsamen Kommunikationsrichtungen bereits etabliert (→ Kapitel 2, c-e): Gott spricht mit uns (Bibelwort), wir sprechen mit ihm (Gebet), wir sprechen zueinander (Begrüßung).

Der Start wird mit einem Bibelwort deklariert: Gott hat das erste Wort. Er eröffnet das Gespräch mit uns. Wenn man den Gottesdienst so beginnt, ist es sinnvoll, einen kurzen Bibeltext auszuwählen. Besonders intensiv wirkt es, wenn der Bibeltext nicht abgelesen, sondern frei zitiert wird. Man kann gleichzeitig die Gemeinde freundlich anblicken. Als Bibelwort kann man beispielsweise einen biblischen Segensgruß wählen: „Gnade sei mit euch und Friede von Gott, unserem Vater, und unserem Herrn Jesus Christus". Das Bibelwort kann auch das Thema der Predigt schon andeuten oder einen Gedanken aus dem Eröffnungslied aufnehmen und weiterführen. Auch eine Ausrichtung am Kirchenjahr ist eine gute Variante.

Gott hat das erste Wort.

Wenn der Gottesdienst mit einem Lied eröffnet wird, ist es auch eine schöne Variante, fließend vom Lied in ein Gebet überzugehen – also die Reihenfolge zwischen Bibelwort und Gebet zu ändern.

In klassischen Gottesdiensten wird zur Eröffnung auch oft ein *trinitarisches Votum* verwendet: „Im Namen des Vaters, des Sohnes und des Heiligen Geistes. Amen." – auch damit wird sofort signalisiert, dass das, was jetzt geschieht, nicht einfach irgendeine Zusammenkunft von Menschen ist, sondern eine gottesdienstliche Versammlung im Namen Gottes.

Besonders in freikirchlichen Gottesdiensten sind die ersten Worte eine Begrüßung, oft unter Verwendung von informellen Begrüßungsformeln: „Hallo zusammen, herzlich willkommen in der Gemeinde am Musterplatz, schön, dass so viele heute Morgen gekommen sind trotz des schlechten (oder schönen) Wetters" – Das ist zwar nett gemeint, aber schlecht gemacht. Man hat den Eindruck, dass es sich mehr um Floskeln handelt. Wenn man gerade nicht weiß, was man sagen soll, kann man sicher immer auf das Wetter verweisen – ob es nun schön oder schlecht ist. Mit solchen Worten werden die Gedanken auf Nebenfragen gelenkt: Die eigene Gemeinde, die Anzahl der Teilnehmenden, das Wetter. Das ist alles für den Gottesdienst bestenfalls zweitrangig. Ich schlage daher vor, den Gottesdienst nicht mit der Begrüßung zu beginnen, sondern mit Worten und Handlungen, die uns direkt in den Dialog mit Gott hineinversetzen. Mit der Begrüßung wird die Kommunikation auf der horizontalen Ebene etabliert. Sie hat ihre Bedeutung und Berechtigung darin, dass es darum geht, sich als Gottesdienstgemeinde zusammenzufinden. Meist reichen wenige freundliche Worte, um das zu verdeutlichen.

Best Practice

Der Gottesdienst beginnt mit dem Lied „Auge im Sturm"[15]. Noch während der letzten Liedtakte tritt die Gottesdienstleiterin in den Fokusbereich. Sie blickt die Gemeinde freundlich an. Im Ausklang der letzten Worte zitiert sie frei Psalm 62,2-3:

„Meine Seele ist stille zu Gott, der mir hilft.
Denn er ist mein Fels, meine Hilfe, mein Schutz".

Und sie fährt direkt fort mit dem Gebet, mit offenen Händen und geschlossenen Augen:

Sei nur stille zu Gott, meine Seele!
Gott, wir kommen aus dem Lärm des Alltags.
Viele Nachrichten sind auf uns eingestürmt.
Viele Worte haben wir gemacht.
Viele E-Mails geschrieben.

Viele SMS hin und her geschickt.
Viele Stimmen ertönen in unseren Köpfen und Herzen.
Jetzt kommen wir vor Dich, liebender Vater,
und richten uns auf dich aus.
Herr Jesus Christus, bei dir kommen wir zur Ruhe.
In einem Moment der Stille kommen wir vor Dich
mit allem, was wir von der vergangenen Woche mitbringen.
[Stille]
Sei nur stille zu Gott meine Seele,
Gott, du bist unser Fels, unsere Hilfe, unser Schutz.
Auf dich hoffen wir.
Schenke, dass in unserem Singen, Hören und Beten
unser Vertrauen gestärkt wird.
Schenk Deine Nähe im Kindergottesdienst.
Sei bei unseren Nächsten, die nicht hier sein können.
Dein Friede möge bei uns sein und uns begleiten.
Amen.

Die Augen werden wieder geöffnet, die Gottesdienstleiterin schaut die Gottesdienstteilnehmenden an:

Herzlich willkommen zum Gottesdienst,
ob du jetzt hier vor Ort bist
oder ob wir digital miteinander verbunden sind.
Es ist so gut, dass wir gemeinsam vor Gott sind.
Ich wünsche dir, dass dieser Gottesdienst dir hilft
vor Gott zur Ruhe zu kommen.

Standard 4: Im Gottesdienst gibt es keine Mehrfachbegrüßungen.

Gelegentlich kann man beobachten, dass alle Akteure im Gottesdienst die Gemeinde nochmals begrüßen. Man wird begrüßt vom Gottesdienstleiter, von der Lobpreis-Leiterin, vom Prediger, von Personen, die Infos weitergeben. Da kann es schon sein, dass man selbst nach einer halben Stunde ein weiteres Mal hört: „Herzlich willkommen auch von meiner Seite". Auch das ist eine Art Verlegenheitslösung. Nicht die Gemeinde braucht diese Begrüßung, sondern die auftretende Person. Sie sucht die Verbindung zur Gemeinde. Allerdings helfen dazu Mehrfachbegrüßungen nicht – ein offener Augenkontakt und ein freundlicher Blick reichen vollkommen aus!

Man stelle sich mal vor, wie das wirken würde, wenn im Zirkus jede Artistengruppe nochmals neu alle Gäste begrüßen würde. Das wäre äußerst seltsam. Die Gesamtkomposition des Zirkusprogramms würde auseinanderfallen. Mehrfachbegrüßungen signalisieren: Die auftretenden Personen verstehen sich nicht als Team, sondern müssen als Einzelpersonen je neu die Verbindung zur Gemeinde herstellen. Mehrfachbegrüßungen unterbrechen auch den Gottesdienstfluss. Jedes neue Element wird separat eröffnet, statt dass es in den ganzen Ablauf des Gottesdienstes eingebunden ist.

Sich als Team verstehen

Die beste Vorbeugung gegen Mehrfachbegrüßungen ist es daher, wenn man Klarheit hat über die eigene Aufgabe im Gottesdienst und wenn man sich als Team und den Gottesdienst als ein zusammenhängendes Geschehen versteht (→ Kapitel 4c). Gemeinsame Planung und Vorbereitung sowie gemeinsames Gebet fördern dieses Bewusstsein. Der Gottesdienst ist nicht eine Aneinanderreihung von unverbundenen Einzelelementen. Alle, die mitwirken, spielen zusammen. Das heißt: Wenn einer begrüßt, ist die Gemeinde genügend begrüßt.

Kapitel 10 Bibel

Die Bibel ist ein Gottesdienstbuch. Der Gottesdienst ist der Ort, wo die Heilige Schrift gelesen und ausgelegt wird. Der Gottesdienst lebt aus den biblischen Worten. Die Bibel verbindet die Gottesdienste der unterschiedlichen christlichen Traditionen. Es entspricht daher dem Charakter des Gottesdienstes, wenn die Bibel im Gottesdienst einen hohen Stellenwert hat. Und es ist ungesund für die Kirche und die Christen, wenn die Bibel an den Rand gedrängt wird. In diesem Kapitel widmen wir uns der Frage, wie sich die hohe Bedeutung der Heiligen Schrift in der Gestaltung des Gottesdienstes zeigt.

Standard 1: Der ganze Gottesdienst schöpft aus der Quelle der Bibel.

Bibel als Grundlage der Predigt

In Gottesdiensten der reformierten Tradition hat die Predigt eine herausragende Bedeutung. Das zeigt sich auch in der Verwendung der Bibel. Nirgendwo wird die Bibel so häufig zitiert wie in der Predigt. Neben der Predigt sind es besonders Eröffnungssequenzen und gelegentlich auch Lobpreiszeiten, in welchen Bibelworte gelesen werden.

Der erste Standard knüpft an die hohe Bedeutung der Bibel für die Predigt an und will darüber hinaus deutlich machen, dass nicht nur die Predigt, sondern der ganze Gottesdienst aus der Heiligen Schrift schöpft. Es wäre daher unzureichend, wenn die Bibelverwendung nur auf die Predigt reduziert würde.

Es gibt zahlreiche Möglichkeiten, im Gottesdienst Bibelworte zu verwenden. Einige davon werden aufgezählt, bevor wir etwas ausführlich auf die „Lesung“ eingehen:

- Bibelworte vorlesen (z. B. 1Tim 4,13)
- Bibelworte beten (→ Kap. 11)

- Bibelworte singen (→ Kap. 12)
- Bibelworte auslegen (→ Kap. 13)
- Mit Bibelworten grüßen (z. B. 1Kor 1,3)
- Mit Bibelworten segnen (z. B. 4Mose 6,24-26; 2Kor 13,13, → Kap. 18)
- Mit Bibelworten den Glauben bekennen (z. B. Mt 16,16; Phil 2,5-11)
- Mit Bibelworten Abendmahl feiern (z. B. 1Kor 11,23-26, → Kap.14)

Standard 2: Im Gottesdienst werden Bibeltexte vorgelesen.

Bibel ist ein Hörbuch.

In der Schriftlesung werden biblische Texte hörbar. Sie erhalten einen Klang. Das entspricht der Bibel. Sie ist ein Hörbuch. Die Bibelworte werden mit dem Ohr wahrgenommen. Die Gemeinde hört in der Gewissheit, Wort Gottes zu hören.

Ein Streifzug durch die Bibel zeigt die Praxis des Vorlesens: Als der König Josia den Tempel renovieren ließ, fand er das Gesetzbuch des Herrn und ihm war klar: Diese Worte müssen alle hören. Deshalb ließ er alle zusammenkommen, und *„es wurden vor ihren Ohren gelesen alle Worte aus dem Buch des Bundes, das im Hause des Herrn gefunden war“* (2Chr 34,30). Auch nach dem babylonischen Exil und der Rückkehr wurde die Thora vor dem ganzen Volk verlesen (Neh 8,1-8). Die Textlesung war zentraler Bestandteil in der Synagogenversammlung (Lk 4,16-21; Apg 13,15). Und der Apostel Paulus legt Timotheus ans Herz: „Fahre fort mit Vorlesen, mit Ermahnen, mit Lehren, bis ich komme“ (1Tim 4,13).

Bibelwort wichtiger als eigene Gedanken

Alle diese Beispiele zeigen die hohe Bedeutung der Textlesung. Weshalb ist sie so wichtig? Weil es hier jetzt nicht darum geht, dass wir eigene Gedanken und eigene Erfahrungen weitergeben, sondern dass Gott selbst in seinem verlesenen Wort die Stimme ergreift. Es sind die Worte der Heiligen Schrift, in denen die Gemeinde die Stimme des guten Hirten vernimmt. Diese Worte gelten der christlichen Gemeinde zu allen Zeiten und an allen Orten. Sie haben daher Vorrang vor allen

Erklärungen, Auslegungen, Predigten, Ideen und theologischen Gedanken. Diese mögen noch so gut sein, sie können die Quelle der Heiligen Schrift niemals ersetzen. Durch die Lesung von Bibeltexten wird die Gemeinde beständig an diese Quelle herangeführt.

In manchen Kirchen gibt es Leseordnungen (Perikopenordnungen), die vorgeben, an welchem Sonntag welche Bibeltexte gelesen werden. In der klassischen Form sind es drei Texte, jeweils ein Text aus dem Alten Testament, ein Text aus dem Neuen Testament (Briefe, Apostelgeschichte oder Offenbarung) sowie als Höhepunkt ein Evangelientext. In freieren Gottesdienstformen gibt es keine solche Ordnung. Das kann gelegentlich dazu führen, dass die Textlesung im Gottesdienst kein eigenes Gewicht erhält. Die Freiheit der Gottesdienstgestaltung kann aber auch als Chance genutzt werden, um eine Schriftlesung in den Gottesdienst zu integrieren. Ich empfehle, dass es im Gottesdienst mindestens zwei Textlesungen gibt:

- *Schriftlesung.* Hier kann ein Bibeltext ausgewählt werden, der zur Predigt hinführt und den Predigttext ergänzt.
- *Lesung des Predigttextes.* Dieser Bibeltext wird in der Predigt ausgelegt (→ Kapitel 13).

Die Bedeutung der Schriftlesung und die Achtung vor der Heiligen Schrift können mit Gesten und Worten unterstrichen werden. Eine Möglichkeit ist, dass die Gemeinde sich zur Schriftlesung erhebt. Eine andere Möglichkeit ist, dass die Schriftlesung mit ein- und ausleitenden Worten herausgehoben wird.

Best Practice

Es gibt einen kurzen Moment der inneren Sammlung. Die vorlesende Person blickt die Gemeinde an und sagt:

„Wir hören auf die Worte aus der Heiligen Schrift, aus dem Buch des Propheten Jesaja, Kapitel 60, die Verse 1-7."

- „Wir" – es wird die Perspektive der Gemeinde eingenommen. Der Wir-Charakter wird betont. Die vorlesende Person sagt nicht, was sie tut („ich lese"), sondern was die Gemeinde tut („wir hören").
- „hören" – im Vordergrund steht nicht das Lesen, sondern das, worauf das Lesen zielt, nämlich das Hören.
- „Worte aus der Heiligen Schrift" – damit wird die Schriftlesung als Teil der ganzen Bibel markiert. Es ist nicht irgendein zufälliges Wort, sondern Teil eines Ganzen.
- „aus dem Buch des Propheten Jesaja, Kapitel 60, die Verse 1-7)" – aus dem Weitwinkel „Heilige Schrift" wird nun schrittweise herangezoomt, um welchen Ausschnitt der Heiligen Schrift es sich handelt, welches Buch, welches Kapitel, welcher Vers.

Es folgt die Lesung des angekündigten Bibeltexts. Die Augen der lesenden Person richten sich nun von der Gemeinde weg auf das Bibelbuch und bleiben dort. Die Gemeinde wird in diesem Teil nicht angeschaut. Manchmal versucht man, wie beim Reden Augenkontakt zur Gemeinde herzustellen. Das sind aber nur ganz kurze Momente – sie wirken manchmal fast etwas kontrollierend, als ob die lesende Person noch schauen will, ob die Gemeinde zuhört. Hier kann man einen deutlichen Unterschied zwischen Lesung und Rede machen. Bei der Lesung gibt es keinen Augenkontakt, auch keine Handgestik. Alles ist auf die Stimme und auf das Hören konzentriert. Die Lesung erfolgt im vollen Vertrauen auf das gelesene Wort.

Nach der Textlesung erfolgt wieder ein Augenkontakt mit der Gemeinde. Wie am Ende eines Musikstückes wird eine kurze Zeit der Spannung gehalten, bevor die Schriftlesung abgeschlossen wird mit: „Das ist Gottes Wort". Damit wird deutlich markiert, dass das, was jetzt gehört wurde, nicht irgendein zufälliges Menschenwort ist. Es ist Wort Gottes, zu uns gesprochen.

Es ist sinnvoll, das Vorlesen einzuüben. So wird man mit dem Text vertraut und kann sich ganz auf ihn einlassen. Man kann dem Text eine Stimme verleihen. In der Vorbereitung achtet man auf Betonungen, zentrale Begriffe, Textstrukturen, Fragesätze, Appelle etc. Die Vorbereitung hilft auch, bei etwas schwierigen Sätzen oder ungewohnten Namen Stolperer zu vermeiden. Das Sprechtempo wird so gewählt, dass man gut zuhören kann – also eher etwas langsamer als man gewöhnlich spricht.

Manche Kirchen kennen das Amt des Lektors. Lektorinnen und Lektoren erhalten eine entsprechende Ausbildung oder Schulung, um diese Aufgabe so gut wie möglich wahrzunehmen. Auch wenn Freikirchen dieses Amt nicht kennen, ist dennoch die Schriftlesung eine gute Möglichkeit, Personen aus der Gemeinde miteinzubeziehen, die dafür eine Begabung mitbringen. Auf jeden Fall wird wichtig sein, dass die Person, die vorliest, die Schriftlesung als eine geistliche Aufgabe wahrnimmt und diese mit der inneren Haltung der Ehrfurcht vor Gottes Wort ausübt. Es geht nicht um die Präsentation von Lesekünsten, sondern darum, dass Gottes Wort hörbar wird.

Standard 3: Die Schriftlesung beinhaltet Altes und Neues Testament.

Dieser Standard zielt besonders darauf, dass das Alte Testament im Gottesdienst nicht vernachlässigt wird, sondern gebührend Aufmerksamkeit erhält. Ich habe keine freikirchlichen Gottesdienste erlebt, in denen das Neue Testament nicht zitiert wird. Es gibt aber immer wieder

Gottesdienste, die ohne expliziten Bezug zum Alten Testament auskommen. Damit wird der Heiligen Schrift nur ungenügend Rechnung getragen. Die christliche Gemeinde kennt *eine* Heilige Schrift, bestehend aus Altem und Neuem Testament. Es ist also nicht so, dass nur das Neue Testament maßgebend wäre. Die ganze Bibel ist uns gegeben. Das soll auch im Gottesdienst erkennbar sein.

Schriftlesung AT
Predigttext NT
oder:
Schriftlesung NT
Predigttext AT

Ganz praktisch kann das so aussehen, dass es in jedem Gottesdienst mindestens eine alt- und eine neutestamentliche Schriftlesung gibt. Wenn der Predigttext aus dem Neuen Testament stammt, kann die ergänzende Schriftlesung aus dem Alten Testament erfolgen und umgekehrt. Bei der Predigtplanung wird darauf geachtet, dass das Alte Testament genügend berücksichtigt wird.

Standard 4: Die Schriftlesung erfolgt aus dem Bibelbuch.

Einheit der Bibel
Kanon

Bei der Schriftlesung wird die Bibel für die Gemeinde sichtbar. Wenn die Lesung aus dem Bibelbuch erfolgt, wird damit die Einzigartigkeit und Einheit der Bibel signalisiert. Der verlesene Text stammt nicht aus irgendeinem Buch, sondern eben aus dem Bibelbuch. Und der verlesene Text ist Teil des biblischen Kanons. Er steht in einem inneren Zusammenhang zu den anderen Texten, die im gleichen Buch stehen. Diese Signale können nicht ausgesandt werden, wenn ein anderes Medium (Papier, Tablet etc.) verwendet wird.

Eindeutigkeit

Das Bibelbuch signalisiert nicht nur die Einheit der Heiligen Schrift, sondern schafft auch Eindeutigkeit. Aus dem Bibelbuch kann nur Bibeltext gelesen werden. Andere Medien sind mehrdeutig. Notizpapier kann alles enthalten. Digitale Medien sind vielfältig einsetzbar. Sie bieten zahlreiche Kommunikations- und Informationsmöglichkeiten. Wenn man ein mehrdeutiges

Medium verwendet, wird die Einzigartigkeit des Bibelwortes nicht so klar signalisiert wie bei der Verwendung eines Bibelbuchs.

Standard 5: Im Gottesdienst wird eine wortnahe Übersetzung verwendet.

Wortnah oder sinnnah?

Bibelübersetzungen kann man ganz grob in zwei Gruppen einteilen. Wortnahe Übersetzungen achten auf die Wortgestalt der Urtexte und versuchen, die sprachliche Form möglichst genau wiederzugeben. Zu dieser Gruppe gehören beispielsweise die Luther- und die Zürcherbibel. Sinnnahe Übersetzungen versuchen, den Sinn der Texte zu erfassen und diesen wiederzugeben, auch wenn dabei die ursprüngliche Sprachform nicht mehr erkennbar ist. Zu dieser Gruppe gehören beispielsweise die Hoffnung für alle oder die BasisBibel.

Sinnnah als Ergänzung zu wortnah

Jede Übersetzung, ob sinnnah oder wortnah, beinhaltet auch schon eine Interpretation des Grundtextes. Bei wortnahen Übersetzungen versucht man jedoch, mit der Interpretation möglichst zurückhaltend zu sein. Sinnnahe Übersetzungen interpretieren bewusst viel stärker. Mehrdeutige Aussagen im Grundtext erhalten in sinnnahen Übersetzungen sehr oft schon eine ganz eindeutige Interpretation. Sinnnahe Übersetzungen sind dadurch auf Anhieb etwas schneller und einfacher verstehbar. Wortnahe Übersetzungen haben dafür den Vorteil, dass sie die biblische Wortwelt sowie den Reichtum und die Sinnfülle der biblischen Aussagen besser vermitteln können. Sie vermitteln uns auch besser das Gefühl, dass wir es mit bewährten Texten zu tun haben, die nicht gerade erst heute geschrieben wurden.

Für die Bibellektüre kann die Kombination von wort- und sinnnahen Übersetzungen hilfreich sein. Wortnahe Übersetzungen sind besonders geeignet für das Bibelstudium. Sie ermöglichen viel genauere Analysen als sinnnahe Übersetzungen, weil für das Studium Begriffe und grammatikalische Strukturen wichtig sind. Sinnahe Übersetzungen sind Lesehilfen. Sie eröffnen einen Zugang zu Texten, die sonst schwer verständlich sind. Sinnahe Übersetzungen können daher wortnahe Übersetzungen gut ergänzen, sie sollten diese aber nicht ersetzen.

Im Gottesdienst: wortnah

Im Gottesdienst wird bevorzugt eine wortnahe Übersetzung verwendet. Das eignet sich besonders gut beim Predigttext. Denn in der Predigt kann ein Text erklärt werden, auch wenn er nicht auf Anhieb verständlich ist.

Auch Schriftlesungen können nach einer wortnahen Übersetzung erfolgen. Sie fördern so bei den regelmäßigen Gottesdienstteilnehmern Hörgewohnheiten, sodass man mit der Zeit mit den vielleicht etwas fremden Formulierungen besser vertraut wird. Der Gottesdienst zielt nicht auf sofortige, unmittelbare Verständlichkeit und räumt nicht gleich alles aus dem Weg, was unverständlich sein sollte. Vielmehr ist der Gottesdienst ein Ort, an dem über das eigene Verstehen hinaus der Horizont erweitert wird.

Man kann sich auch überlegen, für Schriftlesungen sinnnahe Übersetzungen zu verwenden. Die Schriftlesungen sind bei nur einmaligem Hören eher auf Anhieb verstehbar – allerdings sind die Texte auch oft länger und ausschweifender und nicht so prägnant wie wortnahe Übersetzungen.

Sinnnahe Übersetzungen versuchen, biblische Texte mit unserem heutigen Wortschatz wiederzugeben. Wortnahe Übersetzungen erweitern unseren Wortschatz. Auch hier wird wieder deutlich, dass der Gottesdienst eine formende Wirkung hat. Die Fülle der biblischen Sprachformen prägt so unser Reden, unser Denken und unseren Wortschatz. Wortnahe Übersetzungen prägen uns. Wir eignen uns damit den biblischen Wortschatz und biblische Redeformen an und lernen, uns in der biblischen Sprachwelt zu bewegen. Wortnahe Übersetzungen fördern so die Sprachfähigkeit des Glaubens.

Standard 6: Der Gottesdienst macht Lust auf die Bibel.

Wenn jemand nach dem Gottesdienst nach Hause geht und Freude und Lust hat, selbst in der Bibel zu lesen und sich an ihr zu orientieren, hat der Gottesdienst genau gewirkt, wie er wirken soll. Der Gottesdienst bietet ein Konzentrat an Umgangsformen mit der Bibel, welcher sich im Alltag weiter entfalten kann. Im Gottesdienst werden wir zur Bibellektüre angeregt. Und zwar nicht deshalb, weil in der Predigt beständig zum Bibellesen aufgerufen wird, sondern weil der Umgang mit der Bibel im Gottesdienst so ist, dass er Lust macht auf mehr. Was macht Lust auf die Bibel?

Auslegungspredigt als Grundmodell

Wenn man über unterschiedliche Predigtformen nachdenkt, ist leicht erkennbar, dass Auslegungspredigten eher ein Modell für die alltägliche Bibellektüre bieten als thematische Predigten. Auslegungspredigten haben *einen* Bibeltext bzw. Bibelabschnitt als Grundlage. In thematischen Predigten werden oft mehrere Bibeltexte eingeflochten. Thematische Predigten haben ihren Wert darin, dass bestimmte Themen in biblisch-theologischer Weite entfaltet werden können. Auslegungspredigten haben ihre Stärke darin, dass sie einen konkreten Text entfalten. Damit sind sie näher bei der Art und Weise, wie wir im Alltag die Bibel lesen. Man liest einen Text, lässt sich von ihm ansprechen und überlegt, was dieser Text nun für das eigene Leben bedeutet. Wenn ein solcher Umgang mit dem Bibeltext auch in der Predigt gepflegt wird, wird die Predigt zu einem Muster, wie man selbst Bibel lesen kann. Auslegungspredigten befähigen zur selbstständigen Bibellektüre. Das bedeutet, dass die Auslegungspredigt das Grundmodell des Predigens ist und dass es gelegentlich mit thematischen Predigten ergänzt wird.

Ob der Gottesdienst Lust auf die Bibel macht, entscheidet sich nicht nur an der Predigt, sondern an der gesamten Gottesdienstgestaltung. Manchmal hilft es, umgekehrt zu fragen: Was sind Lustkiller? Davon lässt sich ableiten, was die Lust auf die Bibel fördert.

Lustkiller	*Lustförderer*
Die Bibel kommt gar nicht vor.	Die Bibel ist fester Bestandteil im Gottesdienst.
Die Bibel wird nicht als Wort Gottes gewürdigt.	Die Bibel wird in der Gewissheit gelesen und gehört, dass es Gottes Wort ist.
Die Bibel wird kritisiert nach dem Motto: Wir wissen es heute besser.	Der Bibel wird hohes Vertrauen entgegengebracht. Nicht wir kritisieren die Bibel, sondern wir lassen uns durch die Bibel kritisieren.
Die Bibel ist ein Buch für Profis – man muss studiert sein und die biblischen Ursprachen kennen, um sie richtig zu verstehen.	Die Bibel ist uns allen gegeben. Gott wirkt durch die Heilige Schrift an allen, die sie lesen. Dazu muss man nicht studiert sein.
Die Bibel ist simpel – es wird so getan, als sei alles klar und einfach.	Die Bibel ist wie das Leben, reich und spannungsvoll. Nicht alles ist einfach verständlich. Das Bibelwort wird geachtet, auch wenn Fragen offen bleiben.
Menschenwort ist interessanter und wichtiger als das Bibelwort. Dieser Eindruck entsteht, wenn man Bibelworte immer gleich kommentieren muss und wenn die Bibel nur als Sprungbrett dient, um eigene Gedanken weiterzugeben.	Das Bibelwort hat ein hohes Gewicht. Deshalb gibt es auch die Form der Schriftlesung, in der ein Bibelwort für sich alleine steht und sprechen kann – ohne Kommentar und Erklärung.

Die wohl beste Voraussetzung, dass ein Gottesdienst Lust auf die Bibel macht, ist gegeben, wenn die Personen, die für den Gottesdienst verantwortlich sind, selbst Lust auf die Bibel haben, dem Bibelwort viel zutrauen und aus dem Vertrauen in Gottes Wort heraus den Gottesdienst gestalten.

Kapitel 11 Gebet

Mit Gott reden

Im Dialog mit Gott (→ Kapitel 1c) nimmt das Gebet eine besondere Stellung ein. Hier wenden sich die Betenden an Gott selbst und sprechen ihn an. Im Beten erfolgt eine Antwort auf das von Gott an uns ergangene Wort. Wir stimmen ein in das Gespräch, das Gott selbst begonnen hat.

ICH-Gebet

Es gibt unterschiedliche Orte des Betens. Der eine Ort ist das „stille Kämmerlein", wo der Beter nur mit Gott, seinem Vater, zusammen ist (Mt 6,6). Das ist der Ort für das persönliche intime Gespräch mit dem himmlischen Vater. Dort kann man vor Gott das Herz ausschütten (1Sam 1,15; Ps 62,9). Es ist ein Gebet mit einem ICH-Charakter.

WIR-Gebet

Der andere Ort ist gerade dort, wo man nicht allein mit Gott ist, sondern wo „zwei oder drei" im Namen Jesu Christi zusammenkommen und sich eins machen im Beten (Mt 18,19-20). Diese Gebetsform hat einen anderen Charakter, einen WIR-Charakter. Hier muss man sich im Beten abstimmen, also so beten, dass es ein gemeinsames Gebet ist.

Schon dieser knappe Vergleich zeigt, dass das Gebet im Gottesdienst etwas anderes ist als das Gebet im Kämmerlein. Wenn ich im Gottesdienst etwas anders bete als allein, ist das nicht weniger authentisch und echt – sondern liegt im unterschiedlichen Kontext begründet.

In pietistischen und evangelikalen Traditionen hat das ICH-Gebet einen besonders hohen Stellenwert. Das frei formulierte Gebet des Herzens gilt als die höchste Form des Betens. Diese Haltung zeigt sich auch im Gottesdienst. Es gibt selten gemeinsam gesprochene Gebete. Gebete haben einen individuellen Charakter. Es sind Gebete einer Einzelperson, häufig auch in „Ich"-Form. So werden sie auch oft eingeleitet: „Ich bete". So bedeutsam die individuelle und persönliche Komponente beim Beten ist, so wichtig ist es auch, im Gottesdienst den WIR-Charakter des Betens zu stärken. Darauf werden wir uns in diesem Kapitel konzentrieren.

Standard 1: Im Gottesdienst wird das gemeinsame Beten gefördert.

Wie ist im Gottesdienst erkennbar, dass die versammelte Gemeinde gemeinsam betet? Es gibt drei Hauptmöglichkeiten:

a) *Alle beten gemeinsam die gleichen Worte.* Das geschieht beispielsweise bei einem gemeinsamen Vaterunser oder einem Psalmgebet. Hier wird unmittelbar erfahrbar, dass es sich um ein gemeinsames Gebet handelt. Viele hörbare Stimmen vereinen sich zu einem Gebet. Es gibt eine Gebets-Symphonie, ein Zusammenklingen der Gebete im gemeinsamen Gebet. Der einzelne Gottesdienstteilnehmer klinkt sich in das Gebet der Gemeinde ein. Zugegeben: man kann solche Gebete gedankenlos herunterplappern – so wie man auch gedankenlos Lieder singen kann. Besser als wegen möglichem Missbrauch solche Gebete zu meiden, ist es aber, den rechten Gebrauch zu fördern – also gemeinsame Gebete mit Überzeugung und bewusst zu beten. Die Parallele zum Singen ist hier hilfreich: Genauso, wie wir mit Überzeugung gemeinsam Liedtexte singen, die nicht von uns selbst stammen und die nicht unsere spontanen Gedanken sind, so können wir auch mit Überzeugung gemeinsam Gebete sprechen. Oder noch etwas zugespitzt: Wer gegen gemeinsam gesprochene Gebete ist, müsste konsequenterweise auch auf das gemeinsame Singen von Liedern verzichten.

Best Practice

In einer Freikirche, die mit gemeinsamem Beten nicht vertraut ist, gibt es eine Predigtreihe zum Vaterunser. Im Rahmen dieser Predigtreihe ist es ganz natürlich, nicht nur über das Vaterunser zu sprechen, sondern es auch gemeinsam zu beten. Jede Predigt in der Predigtreihe wurde mit dem gemeinsamen Vaterunser abgeschlossen.

> Der Text wurde eingeblendet, sodass es keine Voraussetzung war, das Vaterunser schon auswendig zu kennen, um mitbeten zu können. Die Gemeinde hat so gleichzeitig über das Vaterunser nachgedacht und es praktiziert. Damit wurde die Gebetspraxis erweitert. Das hat dazu geführt, dass man auch in folgenden Gottesdiensten ohne Probleme und mit Überzeugung das Vaterunser integrieren konnte.

Das zentrale gemeinsame Gebet ist das Vaterunser, das uns Jesus Christus selbst gegeben und gelehrt hat (Mt 6,9-13). Es ist ein Gebet, das die Verehrung Gottes und die Fürbitte in dichter Form verbindet. Das Gebet umspannt die ganze Welt und verbindet die Christenheit miteinander – es ist damit auch Ausdruck der universalen Dimension des Gottesdienstes.

Auch die Psalmen eigenen sich für das gemeinsame Gebet. Ein Psalmgebet kann sehr gut in eine Lobpreiszeit integriert werden. Es kann von allen gemeinsam oder im Wechsel von Leiter und Gemeinde oder z. B. von Männern und Frauen gesprochen werden.

b) *Eine Einzelperson betet mit der Gemeinde.* Das heißt: Man hört nur eine Einzelperson – es ist aber nicht das Gebet eines Einzelnen, sondern das Gebet der Gemeinde. Wenn der liturgische Akteur betet, leiht er seine Stimme der Gemeinde. Er betet so, dass die Gemeinde innerlich mitbetet. Es ist also nicht ein Gebet einer Einzelperson *für die Gemeinde*, sondern ein Gebet *mit der Gemeinde.* Die Gemeinde hört nicht nur zu, wie ein Einzelner betet, sondern betet mit ihm mit.

Das kann man äußerlich durch die *Gestik des Gebets* zum Ausdruck bringen. Mit der leiblichen Gestik wird angezeigt, dass man nun mit Gott spricht. Die Gebetsgestik unterscheidet sich daher von der Gestik, die wir verwenden, wenn wir miteinander sprechen. Da nutzen wir die Hände, um das Gesagte zu unterstreichen. Oder die Hände können auch in den Hosentaschen ruhen oder auf einem Rednerpult liegen. Nicht so bei der Gebetsgestik. Dort zeigen wir mit unserem ganzen Körper, dass wir uns

Gott zuwenden. Die eine typische Gebetsgestik besteht in geschlossenen Augen und gefalteten Händen. Damit wird die Ehrfurcht vor Gott und die innere Konzentration betont. Nichts soll von Gott ablenken. Die andere Grundform des Betens ist die sogenannte „Orante-Haltung“, wie man sie schon auf uralten Abbildungen der Christenheit findet. Die Hände werden leicht erhoben und ruhig gehalten, die Handflächen zeigen gegen den Himmel. Der Kopf wird gesenkt oder auch leicht zum Himmel erhoben. Es ist eine Gestik, bei der sowohl Gesicht als auch die Handflächen die Kommunikationsrichtung anzeigen. Auch das Aufstehen zum Gebet gehört zur Gebetsgestik. Mit dem Aufstehen zeigt die Gemeinde ein inneres Engagement. Wenn sowohl die Einzelperson als auch die Gemeinde eine Gebetsgestik einnehmen, wird auch dadurch deutlich, dass es sich um ein gemeinsames Gebet handelt. Wenn die Gemeinde dann das Gebet mit einem gemeinsamen „Amen“ bekräftigt, wird der Wir-Charakter des Betens auch hörbar.

Für den Betenden bedeutet das, dass er *so betet, dass die Gemeinde innerlich mitbeten kann.* Hier zeigt sich ein Unterschied zum individuellen Gebet. Das „Ich“-Gebet kann ganz chaotisch sein. Nicht immer sind die Gedanken klar geordnet oder strukturiert. Und das darf beim persönlichen Gebet auch so sein. Beim „Wir“-Gebet ist es jedoch hilfreich, dem Gebet eine Struktur zu geben, die Gedanken zu ordnen, sodass die Gemeinde es innerlich nachvollziehen kann.

In der Apostelgeschichte wird uns von einem solchen Gebet berichtet. Die Apostel wurden bedroht. Ihnen wurde die Verkündigung des Evangeliums verboten. Sie berichteten es der Gemeinde. Und dann heißt es: *„Sie erhoben ihre Stimme einmütig zu Gott“* (Apg 4,24a) und es folgt ein Gebet (Apg 4,24b-30), das eine klare Struktur hat, die auch in der frühchristlichen Gebetspraxis aufgenommen wurde (in Klammern werden die Fachausdrücke genannt):

- *„Gott“* (Anaklese): Das Gebet beginnt mit der Anrede. Gott, der Herr, wird genannt. Es bleibt nicht bei einem unbestimmten „Du“, sondern es wird geklärt, an wen sich das Gebet richtet.

- *„Du bist …“* (Prädikation): Es folgt eine Beschreibung, wer Gott ist. Es werden Eigenschaften und Tätigkeiten von Gott genannt.
- *„Wir sind …“* (Explikation): Darauf wird die Situation der Gemeinde beschrieben.
- *„Bitte …“* (Supplikation): Es wird eine klare Bitte an Gott ausgesprochen.
- *„im Namen Jesu …“* (Konklusion): Hinter einem solchen Gebetsabschluss steht der Grundgedanke, dass sich Jesus selbst mit unserem Gebet verbindet und wir mit ihm zusammen in der Kraft des Heiligen Geistes zum himmlischen Vater beten.

Daraus ergibt sich eine hilfreiche *Grundstruktur*, an die man sich halten kann, wenn man als Einzelperson mit der Gemeinde betet. Um deutlich zu machen, dass es sich nicht um ein Einzelgebet handelt, wird das Gebet mit einem Gebetsruf eingeleitet: „Lasst uns beten“ oder ganz knapp: „Wir beten“ (nicht: „Ich bete“). Die Gemeinde kann zum Aufstehen eingeladen werden, falls das nicht schon übliche Praxis ist. Gelegentlich kann man auch auf den Sinn hinweisen: „Wir stehen auf und zeigen damit, dass wir jetzt gemeinsam beten“. Es folgt das Gebet in der Struktur „Gott“ – „Du bist …“ – „Wir sind …“ – „Bitte“. Das Gebet wird mit einem gemeinsamen Amen abgeschlossen.

c) *Gebetsgemeinschaft.* Diese Form ermöglicht es, dass viele Einzelgebete gesprochen werden. Das kann in offener Form im Plenum geschehen, in kleinen Gruppen oder aber auch so, dass alle gleichzeitig laut beten. Manche Freikirchen, die offene Gebetszeiten aus ihrer Geschichte kennen, haben mit dieser Praxis aufgehört. Das hatte verschiedene Gründe: Die Gebete in einem offenen Plenum empfand man als peinlich; es haben sich auch oft die gleichen Personen daran beteiligt. Die Gebete waren immer ähnlich. Man sah es als befremdlich an für mögliche Gäste, die man auch nicht zum Gebet in einer kleinen Gruppe zwingen wollte. Die komplette Preisgabe der Gebetsgemeinschaft ist aber keine wünschenswerte Lösung. Besser wäre es, Gebetsgemeinschaften gezielt und bewusst zu gestalten. Das kann beispielsweise dadurch geschehen, dass die thematischen Schwerpunkte für Gebet und Fürbitte klar benannt werden. Die Freiheit beim Beten in kleinen Gruppen könnte beispielsweise durch folgende Ankündigung klar kommuniziert werden: „In kleinen Gruppen von zwei bis drei Personen oder alleine beten wir für die genannten Anliegen". Gebetsgemeinschaften, wenn sie nicht abgedroschen oder peinlich wirken sollen, brauchen eine gute Anleitung und eine klare und ansprechende Gestaltung.

Standard 2: Im Gottesdienst wird auf vielfältige Weise gebetet.

Zuerst wenden wir uns den Grundformen des Betens zu und kommen dann auf die Vielfalt der Gebetsinhalte zu sprechen.

a) Grundformen des Betens:

- *Biblische Gebete* (Vaterunser, Psalmen, weitere biblische Gebete). Eine Gebetspraxis, die in vielen christlichen Kirchen gepflegt wird, in Freikirchen jedoch nicht so bekannt ist. Die Stärken dieser Gebetsform: Hier betet man zu Gott mit den Worten, die Gottes Geist in der Heiligen Schrift selbst inspiriert hat. Biblische Gebete wirken über denominationelle und konfessionelle Grenzen hinweg verbindend.

- *Gebete aus der Kirchengeschichte*: Es gibt Kirchen, die Gottesdienstbücher haben, in denen die Gebete für den Gottesdienst aufgeschrieben sind (beispielsweise in der römisch-katholischen Kirche durch das Messbuch, in evangelischen Kirchen die Agende). Das ist eine für freikirchliches Empfinden fremde Praxis. Sie hat aber den Vorteil, dass hier Gebete, die sich bewährt haben, von Generation zu Generation weitergegeben werden. Man kann auch hier gelegentlich aus dem Schatz dieser Gebete schöpfen und ein solches bewährtes Gebet in den Gottesdienst integrieren – das könnten beispielsweise auch Liedstrophen sein.
- *Vorbereitete Gebete* sind Gebete, welche der liturgische Akteur selbst formuliert, aber nicht spontan im Gottesdienst, sondern schon vorher bei der Vorbereitung des Gottesdienstes. Es ist eine Praxis, die in den reformierten Kirchen besonders stark verbreitet ist. Der Vorteil ist, dass Gebete gut reflektiert und sorgfältig vorbereitet werden können. Man kann auf die Struktur und auf einzelne Formulierungen achten, die der Gemeinde das Mitbeten erleichtern. Wenn man im Gottesdienst betet, sollte man jedoch das Gebet nicht ablesen, sondern wirklich beten, sodass es nicht wie ein gelesenes Zitat wahrgenommen wird. Die optimale Form besteht darin, sich so vorzubereiten, dass man nachher nicht mehr so stark auf die Notizen angewiesen ist. Ich selbst verwende diese Form häufig für das erste Gebet im Gottesdienst, weil ich hier so klar und eindeutig wie möglich beten will und weil es mir ein Anliegen ist, die Gemeinden von Anfang an in die gottesdienstliche Dramaturgie hineinzunehmen.
- *Ad hoc formulierte Gebete* – wir nennen sie meist „freie Gebete" – sind Gebete, die spontan und unmittelbar formuliert werden. Sie haben den Vorteil, dass sie den persönlichen Charakter der Gottesbeziehung zum Ausdruck bringen und auch aktuelle Situationen direkt aufnehmen können. Wer selbst häufig „frei" betet, merkt jedoch auch, dass das Gebet nicht immer so „frei" ist. Man bewegt sich oft in den immer wieder gleichen Formulierungen, zum Beispiel mit feststehenden

Formeln wie „loben und preisen“ oder „führen und leiten“. Auch die freie Gebetssprache ist geprägt. Es gibt dabei auch Unarten, beispielsweise die häufige Nennung von „Herr“ immer, wenn im geschriebenen Text ein Komma stehen würde, oder die Anhäufung von Füllwörtern wie „eigentlich“, „wirklich“, „einfach“.

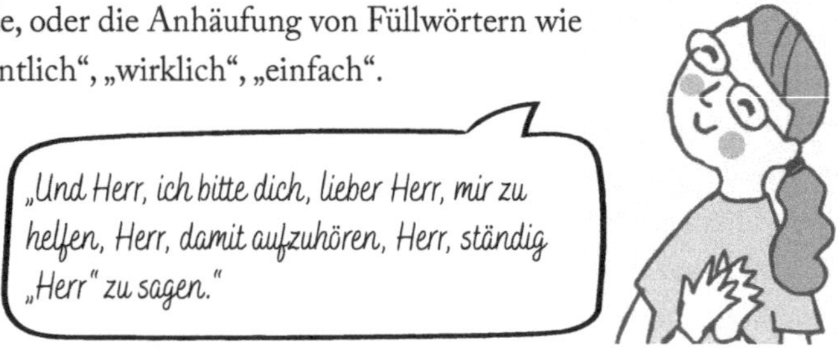

Es ist daher sinnvoll, wenn in einem Gottesdienst unterschiedliche Gebetsformen gepflegt werden. Es gibt keinen Grund, in einem Gottesdienst nur eine Form zu pflegen – beispielsweise nur das freie Gebet. Es bereichert die gemeindliche und individuelle Gebetspraxis, wenn unterschiedliche Grundformen des Gebets in den Gottesdienst integriert werden.

b) Die inhaltliche Vielfalt des Betens zeigt sich in Lobpreis, Dank, Bitte, Fürbitte, Schuldbekenntnis und Klage, auch in Stille und Schweigen.

Lobpreis und *Dank* sind in freikirchlichen Gottesdiensten nach meinen Beobachtungen recht stark präsent – nicht zuletzt durch die charismatische Bewegung, die zu einer Förderung des Lobpreises im Gottesdienst geführt hat. Andere Aspekte des Betens werden dagegen eher weniger gepflegt.

Die *Fürbitte* ist die Bitte nicht für eigene, sondern für fremde Anliegen. Hier wird der Kreis über die lokale Gemeinde hinaus erweitert. Klassischerweise erfolgt die Fürbitte für die weltweite Kirche, für die Gesellschaft und für Menschen in Not. Damit die Fürbitte nicht im Allgemeinoberflächlichen stehenbleibt, ist eine Konkretisierung hilfreich. Diese kann beispielsweise in Verbindung zum Predigtthema stehen, eine aktuelle

Situation aufnehmen oder auch passend zum Kirchenjahr sein. Manche Kirchen kennen die schöne Praxis, dass auch die Fürbitte ein Dienst in der Gemeinde ist und dass die gottesdienstlichen Fürbitten von einem Gebetsteam vorbereitet werden.

Mit einem *gemeinsamen Schuldbekenntnis* macht die Gemeinde deutlich, dass es nicht selbstverständlich ist, als Gemeinde in die Gegenwart Gottes zu treten. Die Gemeinde – und nicht nur der Einzelne – ist auf die Gnade Gottes angewiesen. Das Schuldbekenntnis stellt Worte bereit, um Schuld zu bekennen. Wahrheiten werden deklariert, derer sich der Einzelne nicht immer bewusst ist. So kann das gemeinsame Schuldbekenntnis auch zu persönlicher Sündenerkenntnis führen. Das gemeinsame Schuldbekenntnis will also nicht das individuelle Bekenntnis der Sünden ersetzen, sondern im Gegenteil es anregen. Es geht dabei nicht primär um einzelne moralische Verfehlungen, sondern um die verkehrte Grundausrichtung des menschlichen Lebens, die jetzt vor Gott gebracht wird. Und es ist verbunden mit der Bitte um Vergebung und Erneuerung durch Gottes Geist. Im Zuspruch der Gnade und der Vergebung erfährt die Gemeinde die Gewissheit, von Gott angenommen zu sein.

Ein gemeinsames Schuldbekenntnis kann auch in der Form eines Bußpsalms (z. B. Ps 51) oder in Liedform erfolgen. Man kann es auch gut mit einer Zeit der Stille für individuelles Sündenbekenntnis verbinden.

Best Practice

Schuldbekenntnis und Gnadenzuspruch[16]

Allmächtiger Gott, wir haben gesündigt gegen dich
und unsere Mitmenschen in Gedanken, Worten und Taten,
im Bösen, das wir getan, und im Guten,
das wir unterlassen haben,
durch Unwissenheit, Schwachheit und bewusste Schuld.
Es tut uns ernstlich leid, und wir bereuen unsere Sünden.

Um deines Sohnes Jesus Christus willen, der für uns starb,
bitten wir dich: Vergib uns alle unsere Schuld und gewähre uns,
dass wir dir dienen in einem erneuerten Leben
zum Ruhm deines Namens.

Auf dieses euer Bekenntnis verkündige ich euch
um Jesu Christi willen,
dass euch alle eure Sünden vergeben sind.
Im Namen des Vaters und des Sohnes
und des Heiligen Geistes.
Der Friede des Herrn sei mit uns allen.
Amen.

In der *Klage* wird deutlich, dass wir die schwierigen Situationen in unserem Leben nicht im Griff haben. Es ist das Eingeständnis der eigenen Hilflosigkeit. Und es ist verbunden mit der hoffnungsvollen Bitte um Gottes Erbarmen. Die Klage hat ihre Kraft darin, dass sie das Leben nicht beschönigt, dass sie auch keine Lösungen präsentiert, sondern vor Gott ehrlich ausspricht, wie die Lage ist. Dadurch, dass die Klage vor Gott erfolgt und nicht voreinander, ist sie auch Ausdruck des Glaubens, dass Gott nicht am Ende ist, selbst wenn wir nicht mehr weiter wissen. Eine gute Möglichkeit ist es, konkrete Klagen mit Worten aus den Klagepsalmen zu kombinieren.

Die vielfältigen Gebetsformen und -inhalte lassen sich miteinander kombinieren. So können das Gebet im Gottesdienst auch passend zum jeweiligen Predigt- bzw. Gottesdienstthema gestaltet werden. Zwei Beispiele sollen illustrieren, wie unterschiedliche Formen des Betens im Gottesdienst gefördert werden können.

Best Practice

Beispiel 1: Fürbitte

Nach der Predigt zum Thema „Auf den Frieden warten" gibt es eine Zeit der Stille. Ein Gebet wird eingeblendet. Die Gottesdienstbesucher können das Gebet individuell aufnehmen. Im Anschluss daran beten – stellvertretend für die Gemeinde – vier Personen für den Frieden. Eine Frau, die sich in der Elternarbeit engagiert, betet für Frieden in Ehe und Familie. Ein Pastor betet für Frieden in der Gemeinde. Ein Mitarbeiter der politischen Gemeinde betet für Frieden am Ort. Eine Frau, die sich im Ausland im Aufbau einer Gemeinde engagiert, betet für weltweiten Frieden. In einer Zeit der Stille können alle ihre Anliegen in Bezug auf Frieden vor Gott bringen. Darauf betet die ganze Gemeinde gemeinsam das Vaterunser.

Beispiel 2: Lobpreis

Im Gottesdienst gibt es eine Predigt über „die starke Hand Gottes". Vor der Predigt singt die Gemeinde ein Lobpreislied. Der Gottesdienstleiter sagt: *„Lasst uns Gott weiter loben mit den Worten aus Psalm 89"*. Psalm 89,9-15 wird eingeblendet und von allen gemeinsam gesprochen. Der Gottesdienstleister schließt an: *„Wir wollen diesen Psalm mit eigenen Worten weiterbeten. Bete mit einem Satz, der beginnt: ‚Die starke Hand Gottes …' und dann etwas davon bekennt, was diese starke Hand Gottes tut."* Viele Teilnehmende, Junge und Alte, Männer und Frauen, solche, die zum Urgestein der Gemeinde gehören und solche, die neu dabei sind, beteiligen sich am gemeinsamen Gebet und formulieren kurze Sätze (z. B. Die starke Hand Gottes stillt den Sturm). Der Gottesdienstleiter leitet mit dem letzten Gebet direkt in den Predigtteil über: *„Und jetzt bitten wir dich, großer Gott, dass Deine starke Hand über NN (dem Prediger) ist und über uns allen, damit Deine Worte wirksam sind und Frucht bringen, wie es Dir gefällt."*

Standard 3: Das gottesdienstliche Beten belebt das alltägliche Beten.

Mit dem Gottesdienst ist das Beten nicht zu Ende, sondern setzt sich im alltäglichen Leben fort. Das Beten im Gottesdienst macht Lust auf mehr Beten. Es formt das alltägliche Beten. Im Gottesdienst lerne ich, wie ich beten kann, und zwar nicht nur dadurch, dass ich eine Predigt übers Gebet höre, sondern vor allem dadurch, dass ich selbst schon mit ins Beten hineingenommen werde. Das gottesdienstliche Beten formt mein Gebetsleben. Es gibt mir eine Sprache und eine Gestalt, wie ich auch im Alltag weiter beten kann.

Damit das Beten im Gottesdienst eine formende Wirkung entfalten kann, braucht es beides: Regelmäßigkeit und Variabilität. Wenn man nur einmal alle Jahre ein Vaterunser im Gottesdienst betet, wird dies das persönliche Gebetsleben kaum prägen. Es braucht schon eine bestimmte Regelmäßigkeit von Gebetsformen.

Best Practice

Eine Gemeinde findet es wichtig, das gemeinsame Beten und Bekennen zu fördern. Sie hat daher das Beten des Vaterunsers und das gemeinsame Glaubensbekenntnis in den Gottesdienst eingeführt und gelegentlich eines von beiden praktiziert. In der Folge der Covid-19-Pandemie und der Einschränkungen des gemeinsamen Gesangs hat die Gemeinde entschieden, in jedem Gottesdienst entweder das Vaterunser oder das Glaubensbekenntnis zu integrieren, sodass es in jedem Gottesdienst einer dieser grundlegenden Glaubenstexte enthalten ist. Die Gottesdienstteilnehmer in Präsenz und digital erleben das als eine Hilfe und Stütze ihres Glaubenslebens. Einige haben damit begonnen, diese Grundtexte auch in ihr persönliches Gebetsleben und in das Familienleben zu integrieren.

Nicht nur die Regelmäßigkeit ist bedeutsam, sondern auch die Vielfalt der Formen. Es ist gut, wenn im Gottesdienst ad-hoc-Gebete enthalten sind. Ich lerne dann, wie spontanes Gebet aussehen kann und wie aktuelle Situationen im Gebet vor Gott gebracht werden. Das hilft mir, auch meine alltäglichen Situationen vor Gott zu bringen und im Gebet zu formulieren. Und es ist gut, dass ich im Gottesdienst auch lerne, mit biblischen Texten zu beten. Es mag immer wieder Zeiten geben, in denen die eigenen Worte fehlen oder nicht mehr genügend tragen. Gerade in solchen Zeiten helfen die Gebete der Bibel. Sie geben mir eine Sprache, um beten zu können, auch wenn ich selber keine Worte mehr finde. Und sie bereichern und erweitern meine Gebetssprache.

Kapitel 12 Singen

Singen ist eine zutiefst menschliche Tätigkeit. Es nimmt den Menschen in seiner Ganzheitlichkeit mit Leib und Seele in Beschlag. Das liegt nicht zuletzt am Charakter des Singens. Im Singen verbindet sich *Text und Melodie.* Vom Sprechen unterscheidet sich das Singen durch die Melodie, vom reinen Instrumentalstück durch den Text. Beim Singen wird der Leib des Menschen zum Instrument und kommt ins Schwingen. Diese Kombination von Text und Melodie hat eine ungeheure Kraft. Alle Sinne sind beteiligt. Verschiedene Hirnareale werden aktiviert. Daher ist es auch einfacher, Lieder auswendig zu lernen als reine Texte. Das ist auch der Grund, weshalb beispielsweise Menschen mit Demenz oftmals nicht mehr sprechen, wohl aber noch singen können – die Lieder sind tief verhaftet und im Gehirn mehrfach und vernetzt gespeichert.

Singen hat auch ein *verbindendes Potenzial.* Man stimmt in die gleiche Melodie, in das gleiche Lied ein. Es entsteht eine gemeinsame Schwingung. Im Singen erfahren wir uns als Teil der menschlichen Gemeinschaft.

Singen betrifft uns *existenziell und emotional.* Oder man könnte auch umgekehrt sagen: Was uns in unserem Menschsein zutiefst betrifft, das bringt uns zum Singen: Die Liebe, die Trauer, der Schmerz … und deshalb auch der *christliche Glaube.* Wenn wir uns existenziell an Gott hängen, können wir nicht anders, als zu singen: „Erklären können wir's nicht, verschweigen dürfen wir's nicht, also singen wir" – so hat es der Kirchenvater Augustinus treffend formuliert.[17]

Nicht umsonst wird im Gottesdienst gesungen. Die Gemeinde folgt damit dem Ruf des Apostel Paulus: *„Berauscht euch nicht mit Wein, worin*

Ausschweifung ist, sondern werdet voller Geist, indem ihr zueinander in Psalmen und Lobliedern und geistlichen Liedern redet und dem Herrn mit eurem Herzen singt und spielt" (Eph 5,18-19[18]). Geistesfülle und Lobgesang gehören untrennbar zusammen. Im Singen erfährt die Gemeinde die geistgewirkte Nähe Gottes.

In freikirchlichen Gottesdiensten ist das Singen besonders bedeutsam, weil es oft die einzige Form gemeinsamen gottesdienstlichen Handelns ist, die gepflegt wird. Daher es ist auch nicht zufällig, dass es um die musikalische Gestaltung oft Auseinandersetzungen in Gemeinden gibt. Man streitet nur um Dinge, die einen emotional berühren und wichtig sind. Wenn man ums Singen nicht streiten würde, würde das bedeuten, dass es uns nicht wichtig ist. Gerade weil uns das Singen so berührt, streiten wir darum. Das ist also durchaus verständlich – auch wenn es manchmal sehr mühsam ist. Ein gemeinsames Verständnis des Gottesdienstes hilft gerade auch in solchen konfliktbeladenen Diskussionen rund um Singen und Musik, gemeinsame Lösungen zu finden.

Standard 1: Singen ist gottesdienstliches Handeln.

„Wir singen noch ein Lied und stehen auf dazu, lüften die Fenster, damit wir nachher frisch sind, um auf die Predigt zu hören" – „Vor den Informationen singen wir noch ein Lied". Solche Anmoderationen von Liedern kann man gleich aus dem Repertoire streichen. Lieder sind *keine Lückenfüller*, und sie dienen auch nicht der *Auflockerung* des Gottesdienstes. Singen ist vielmehr eine intensive Form der Kommunikation mit Gott.

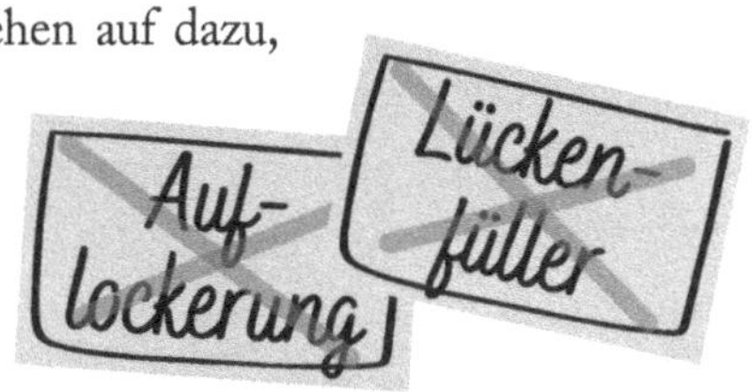

Singen ist auch *nicht ein „Element"* des Gottesdienstes neben anderen Elementen wie Predigt, Gebet, Glaubensbekenntnis. Das Wort „Singen" bezeichnet nicht den Inhalt der Kommunikation, sondern die Kommunikationsform.

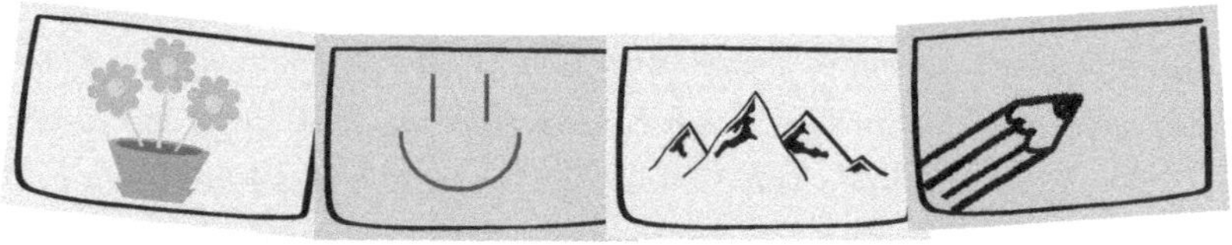

Bei meinen Gottesdienstworkshops verwende ich dazu gerne eine Illustration aus der Malerei. Ich nenne die vier Begriffe Stillleben, Portrait, Landschaftsbild, Bleistiftzeichnung und frage: Welcher Begriff tanzt aus der Reihe? Man sieht leicht, dass es die Bleistiftzeichnung ist. Denn dieser Begriff sagt nicht, was gezeichnet wird, sondern wie gezeichnet wird. Genauso ist es mit dem Singen. Es bezeichnet nicht, *was* kommuniziert wird, sondern *wie* kommuniziert wird – eben singend und nicht etwa sprechend. Das ist eine wichtige Beobachtung. Denn daraus ergibt sich sofort, dass man Singen nicht mit Lobpreis gleichsetzen kann. Nicht jedes Lied ist Lobpreis und es gibt nicht nur gesungenen Lobpreis, sondern auch andere Formen, beispielsweise gesprochenen Lobpreis.

singend beten
singend bekennen
singend lehren
singend ...

Es lohnt sich, darüber nachzudenken, was wir im Gottesdienst gerade *singend tun*. Wir singen nicht nur, sondern wir tun etwas auf singende Art und Weise. Wir beten singend, wir bekennen singend unseren Glauben, wir verkündigen singend Gottes Wort, wir ermutigen einander singend, wir segnen einander singend. Das Singen kann in allen Kommunikationsrichtungen erfolgen (→ Kapitel 2). Wenn wir so über das Singen nachdenken, wird sofort klar, dass das Singen den Dialog zwischen Gott und der Gemeinde fördert und dass der Gesang in die gottesdienstliche Dramaturgie hinein verwoben ist.

Standard 2: Die Gemeinde singt.

Der Gottesdienst ist ein „Wir“-Ereignis. Das gilt auch für das Singen. Träger des Gesangs ist die Gemeinde, nicht der Organist, nicht die Band. Etwas zugespitzt: Musikteams erfüllen ihre Aufgabe gut, wenn die

Gemeinde singt. Es geht also im Gottesdienst nicht zuerst um die Frage: Sind die Musiker gut? Passt mir der Stil? Welche Instrumente werden verwendet? Wie modern sind die Lieder? – sondern die zunächst ganz einfache Frage lautet: *Singt die Gemeinde?* Die eigentliche Band ist nicht die Band auf der Bühne, sondern die Gemeinde. Um sie geht es. Dass sie singend in den Dialog mit Gott eintritt. Die Musiker unterstützen und fördern die Gemeinde in diesem gottesdienstlichen Handeln. Sie sind singende und musizierende Kommunikationshelfer für die Gemeinde.

Ganz unabhängig von der Ausrichtung und dem Liedergut einer Gemeinde ist feststellbar: Wenn eine Gemeinde singt, entwickelt sich eine gottesdienstliche Dynamik. Ganz im Unterschied zu einem Gottesdienst, in dem die Gemeinde distanziert bleibt, eher in der Konsumhaltung, oder nur halbherzig und mit ziemlich angezogener Handbremse mitsingt.

Was hilft der Gemeinde, zu singen? Hier einige singfördernde Aspekte:

- *Bekannte Lieder.* Die Gemeinde singt gerne, was sie kennt. Damit Lieder eine emotionale Kraft entfalten, muss man sie verinnerlicht haben. Wenn man sich noch zu stark auf die exakten Worte und auf die genaue Melodieführung konzentrieren muss, kann ein Lied seine Wirkung nur begrenzt entfalten. Hier haben wir oft eine unterschiedliche Wahrnehmung zwischen der musikalisch begabten und vorbereiteten Band und der Gemeinde. Wer musikalisch begabt ist, wird viel schneller mit einem Lied vertraut, das Lied kommt einem aber auch viel schneller abgedroschen vor. Im Durchschnitt wünscht sich die Band daher deutlich schneller neues Liedgut als die Gemeinde. Was die Gemeinde noch sehr gerne singt, mag die Band nicht mehr so besonders. Manchmal ist es ein Frust für die Band, wenn sie von einem neuen Lied begeistert ist, diese Begeisterung aber nicht auf die Gemeinde überspringt – und wenn man wieder mal einen Klassiker auswählt, ist die Gemeinde voll dabei. Wer Lieder für den Gottesdienst auswählt, muss von der Gemeinde her denken. Und das heißt: schwerpunktmäßig bekannte Lieder nehmen und neue Lieder dosiert einführen und bekannt werden lassen.

- *Lautstärke und Tempo.* Zu leise oder zu laute Begleitung, zu langsames oder zu schnelles Tempo hemmen das Singen der Gemeinde. Beim gemeinsamen Singen mit der Gemeinde sollte man darauf achten, dass es nicht zu einer Überinstrumentalisierung kommt – das ist eine Gefährdung bei Bands ebenso wie bei Orgelbegleitung. Musiker lassen sich manchmal hinreißen, mit vollem Elan in die Tasten zu hauen. So ergreifend das ist – manchmal wäre etwas musikalische Zurückhaltung hilfreich für das Singen der Gemeinde. Die Lautstärke sollte so sein, dass die Gemeinde sich singen hört. Das anleitende Singen der Musikgruppe soll auch bei einer kräftig singenden Gemeinde klar und gut hörbar sein, sodass sich die Gemeinde daran orientieren kann. Das Tempo wird so gewählt, dass die Lieder weder gehetzt noch schleppend gesungen werden.
- *Einfachheit*: Die Musiker im Gottesdienst geben kein Konzert – sie begleiten und unterstützen den Gesang der Gemeinde. Wenn die Lieder sehr komplex arrangiert werden, im Rhythmus verändert oder auf andere Weise sehr kreativ interpretiert werden, hat sich vielleicht der Künstler eindrucksvoll präsentiert, aber der Gemeinde fällt das Mitsingen schwerer.
- *Klare Motivation*: Der Gemeinde hilft es, wenn sie weiß, weshalb sie singt und was sie singend tut. Besser als „Wir singen das nächste Lied“ wäre beispielsweise „Mit dem nächsten Lied bekennen wir gemeinsam unseren Glauben“ oder „Lasst uns Gott loben“.
- *„Verbindungshaken“ zum Lied*: Die Gemeinde singt gerne mit, wenn sie auf irgendeine Art und Weise einen Zugang zum Lied erhält und sich innerlich mit dem Lied verbindet. Dieser Zugang kann unterschiedlich erfolgen, über den Liedstil, über den Liedtext, über eine Hintergrundinformation zum Lied, über eine Erfahrung, die mit dem Lied zusammenhängt. Bei Gemeinden, die ein breites Repertoire an Musikstilen integrieren, wird der Text besonders bedeutsam sein. Man ist viel schneller bereit, in ein Lied einzustimmen, wenn man sich ganz mit

dem Text identifiziert, selbst wenn der Musikstil nicht den eigenen Vorlieben entspricht. Wenn man sich weder mit dem Stil noch mit dem Inhalt des Liedes identifiziert, erschwert dies das Singen enorm. Daher empfiehlt sich eine sorgfältige Liedauswahl.

Best Practice

In einer Gemeinde können alle Gottesdienstteilnehmer auf einem Blatt ihre drei Lieblingslieder angeben. Sie können dabei auch ankreuzen, ob sie bereit wären, in einem Gottesdienst zu berichten, weshalb das ihr Lieblingslied ist. Die Lieder werden gesammelt. Im Laufe von etwa zwei bis drei Jahren werden aus dieser Liederliste bewusst Lieder in den Gottesdienst integriert. Gelegentlich wird eine Person angefragt, dabei eine Erfahrung mit der Gemeinde zu teilen. Ein älterer Mann kommt nach vorne, stellt sein Lieblingslied vor und berichtet mit Tränen in den Augen, dass dieses Lied ihn zur Bekehrung geführt hat. Eine junge Frau erzählt, wie ein modernes Lied ihr geholfen hat, Mobbing auf dem Pausenplatz zu ertragen. Nach den Erfahrungsberichten singt die Gemeinde das Lied. Und es ist auffällig: Die Intensität des Mitsingens ist viel höher geworden – ob es sich nun um ein altes oder modernes Lied handelt. Die Gemeinde hat durch die Erfahrungsberichte Zugang zu den Liedern gefunden.

Standard 3: Repertoire mit gottesdiensttauglichen Liedern erstellen.

Wodurch zeichnen sich *gottesdiensttaugliche* Lieder aus? Es sind Lieder – allgemein gesagt – die der Gemeinde helfen, im Dialog mit Gott zu stehen. Es sind Lieder, die berücksichtigen, dass nicht nur der Einzelne, sondern die Gemeinde das Subjekt des Singens ist. Folgende Fragen helfen bei der konkreten Liedauswahl.

- Welche *liturgische Funktion* hat das Lied? Ist es ein Gebet, ein Lobpreis, ein Bekenntnis, eine Verkündigung, ein Aufruf, ein Ausdruck des

Vertrauens oder der Hingabe etc.? Da hilft es oft, genau hinzuschauen, wer der *Adressat* des Liedes ist. Es gibt Lieder, die an Gott gerichtet sind, und Lieder, in denen wir einander etwas zusingen.

- Wer ist die *Hauptperson* im Lied? Beschreibt das Lied eher, was ich mache – oder stärker, was Gott tut? Manche Lieder neigen dazu, den Fokus eher auf das „Ich" zu legen. Die Lieder beschreiben mehr, was ich mache und wie ich mich fühle – und weniger, wer Gott ist und was er tut. Auch solche „Ich"-Lieder haben ihren berechtigten Platz in einem Repertoire von Gottesdienstliedern – wir finden sie beispielsweise auch in den Psalmen. Dennoch sollten solche Lieder nicht dominieren. Allgemein lässt sich sagen: Je mehr die Lieder von Gott singen, desto eher können Menschen aus unterschiedlichen Lebenssituationen mit einstimmen.
- Welche *Wahrheiten* werden im Lied vermittelt? Welches Bild von Gott wird gezeichnet? Lieder, welche grundlegende theologische Wahrheiten über Gott, den Menschen, die Kirche und die Welt betonen, sind geeigneter für den Gottesdienst als solche, die sich auf subjektive Erlebnisse oder Randbereiche des Glaubens stützen. Je stärker die Lieder die Offenbarung Gottes, wie sie uns in der Heiligen Schrift gegeben ist, widerspiegeln, desto größer ist ihr Potenzial, uns in den Dialog mit Gott zu bringen.[19]

Mehr zum Verhältnis von Lobpreis und Bibel auf

www.schweyer.ch/gd

- Sind die Liedtexte *inhaltlich ausgewogen*? Das Repertoire sollte ein breites inhaltliches Spektrum abbilden: Not und Freude; Sorge und Vertrauen; Kreuz und Auferstehung; Rechtfertigung und Nachfolge; Gnade und Hingabe; Bitte, Lob, Dank, Anbetung; Schöpfung, Erlösung und Vollendung; Weihnachten, Passion, Ostern, Pfingsten; Nähe zu Gott und Sendung in die Welt.
- Wie ist die *poetische Qualität*? Mit welchen *Bildern* arbeitet das Lied? Geeignet sind Lieder mit einer präzisen Wortwahl und einem reichen

Wortschatz, mit einem verständlichen Text und einer klaren Struktur. Passen die verwendeten Bilder und die damit verbundenen Assoziationen zum Inhalt des Liedes?
- Wie ist die *musikalische Qualität* des Liedes? Geeignet für den Gottesdienst sind Lieder mit einer gut singbaren Melodie, in denen der Rhythmus und die Melodie mit dem Inhalt übereinstimmen. Die Melodie sollte nicht zu komplex sein (viele Tempowechsel, schwieriger Rhythmus, großer Tonumfang), aber auch nicht banal wie ein Kindergartenlied. Bewährte Lieder zeichnen sich dadurch aus, dass sie eine Melodie haben, die eingängig, aber nicht langweilig ist. Zu bevorzugen sind Lieder, die man mit oder ohne instrumentale Begleitung singen kann.

Motivierendes Singen setzt voraus, das Lieder bekannt sind. Es ist daher sinnvoll, ein begrenztes *Repertoire* mit gottesdiensttauglichen Liedern zu erstellen. Empfehlenswert ist ein Mehr-Kreise-Modell für ein Repertoire von ca. 100 Liedern.

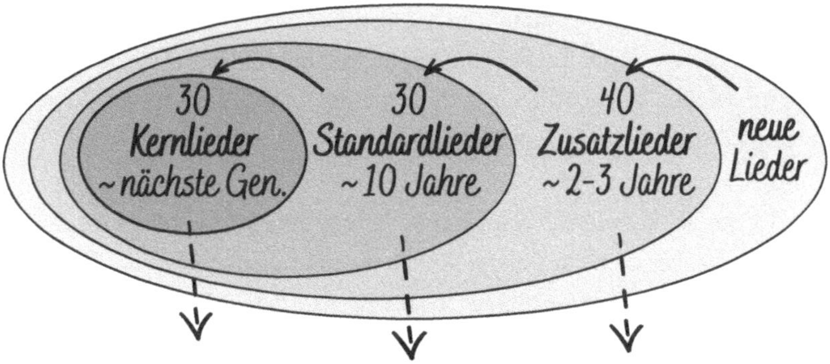

- *Kernlieder:* ca. 30 Lieder, die Generationen überdauern. Das sind Lieder, die sich in vielfältigen Lebenssituationen bewährt haben und die auch die nächste Generation kennenlernen soll. Es sind oft auch Lieder, die Kirchen über Denominations- und Konfessionsgrenzen hinaus miteinander verbinden. Ich halte es für wichtig, dass wir bewährtes Liedgut pflegen.[20] Wir brauchen also Lieder, mit denen wir geboren

werden und mit denen wir sterben können. Es braucht Lieder, die ich in der Jugendzeit gelernt habe, die mir so in „Fleisch und Blut" übergegangen sind, dass ich sie auch noch singen kann und sie mit mir gesungen werden können, wenn ich einmal dement sein sollte. Wenn das gesamte Liederrepertoire zu schnell wechselt, tragen die Lieder nicht durch die Stürme des Lebens. Hilfreich für die Auswahl der Kernlieder sind die Kernliederlisten zum Reformierten Gesangbuch[21] und zum Evangelischen Gesangbuch.[22] Für Freikirchen besonders hilfreich und anschlussfähig ist das Liederschatzprojekt[23] mit 36 Liedern aus dem reformatorischen, pietistischen und erwecklichen Erbe – eine aus meiner Sicht hervorragende Zusammenstellung bewährter Lieder.
- *Standardlieder*: ca. 30 Lieder, die sich über einen Zeitraum von 10 Jahren bewähren. Dieser Kreis beinhaltet auch lokale Hits, also Lieder, die für eine bestimmte Ortsgemeinde bedeutsam und wichtig sind.
- *Zusatzlieder*: ca. 40 Lieder mit einem Zeithorizont von zwei bis drei Jahren. Dieser Kreis enthält Lieder, die das Potenzial haben, einmal Standardlieder zu werden.
- *Neue Lieder*: Neue Lieder, die nicht in diesem Repertoire enthalten sind, werden gelegentlich und dosiert eingeführt. Wenn sie sich bewähren, können sie zu Zusatzliedern werden.

Als Faustregel könnte für den Gottesdienst gelten: mindestens 1 Kernlied, maximal 1 neues Lied, die übrigen Lieder aus dem „Standard"- und „Zusatz"-Repertoire. Bei der regelmäßigen ein- bis zweijährlichen *Pflege des Repertoires* können Lieder einen Kreis nach innen rutschen oder auch ausgemustert werden. Vielleicht ist ein Lied im Kreis der Zusatzlieder so stark, dass es in den Kreis der Standardlieder aufgenommen wird. Ein Standardlied, das kaum mehr verwendet wird, wird aussortiert. Es ist sinnvoll, wenn die Erstellung und Pflege des Repertoires unter Verantwortung der Gemeindeleitung und mit Einbezug einer Vielfalt von Personen (Alter, gottesdienstliche Aufgaben, theologische Kompetenzen, musikalische Kompetenzen) erfolgt.

Standard 4: Lieder stimmig in den Gottesdienst integrieren.

Wenn man Lieder in den Gesamtgottesdienst integrieren möchte, muss man fragen, *was wann wie* gesungen wird:

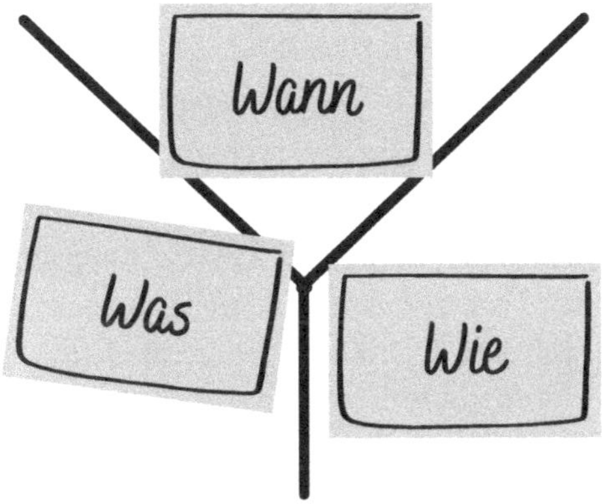

a) *Was?* Zur Liedauswahl haben wir uns bereits Gedanken gemacht. Bei der konkreten Gottesdienstplanung kann man darauf achten, welche Lieder zum Thema und zur Dramaturgie des Gottesdienstes unter Beachtung der liturgischen Funktion der Lieder passen.

b) *Wann?* Nicht jedes Lied passt an jeden Ort im Gottesdienst. Ein Lied, in dem wir die Hingabe unseres Lebens an Gott zum Ausdruck bringen, ist nicht besonders geeignet für den Gottesdiensteinstieg, sondern eher passend als Antwort auf die Verkündigung. Manche Gemeinden kennen eine Gottesdienststruktur, in der einzelne Lieder über den ganzen Gottesdienst verteilt sind. Das hat den Vorteil, dass man Lieder präzise für den jeweiligen dramaturgischen und liturgischen Ort auswählen kann. Andere Gemeinden pflegen die Praxis einer ausgedehnten Lobpreiszeit. Das Singen kann so eine stärkere Dynamik und Intensität entfalten. Wenn allerdings die Lobpreiszeit der einzige Ort des Singens ist, wird diese oft zu einem Container für alle Arten von Liedern. Die in einer Lobpreis-Zeit gesungenen Lieder beinhalten nicht nur Lobpreis – also Gotteslob – sondern auch Bekenntnis, Hingabe, Selbstreflexion vor Gott, Vertrauensbekundung etc. Die Lobpreiszeit wird zwar musikalisch zusammengehalten, bietet aber ein inhaltliches Gemisch und ist dadurch oft liturgisch überfrachtet.

Eine Gesamtsicht auf den Gottesdienst (→ Kapitel 3f) hilft, solche einseitigen Fixierungen aufzubrechen. Aus meiner Sicht spricht nichts dagegen, die positiven Aspekte aus beiden Ansätzen miteinander zu verbinden. Ein Gottesdienst könnte an bestimmten dramaturgischen Stellen ein Einzellied enthalten und an einem passenden Ort auch eine ausgedehnte Lobpreiszeit. Die Lobpreiszeit könnte nicht nur mit Liedern, sondern auch mit gesprochenen Gebeten, Wortlesungen und gemeinsamen Psalmgebeten gestaltet werden. Die einseitige und einengende Vorstellung „Singen = Lobpreis" und „Lobpreis = Singen" wird doppelt aufgesprengt. Es wird deutlich, dass das Singen auch andere Funktionen hat als Lobpreis und dass Lobpreis auch anders erfolgen kann als mit einem Lied.

Lobpreis ist nicht nur Singen – Singen ist nicht nur Lobpreis

c) *Wie?* Musik und Gesang werden auf vielfältige Weise gestaltet, als Gemeindelied, als Liedvortrag, mit Begleitung oder a cappella, als Instrumentalstück. In der Folge der charismatischen Worship-Kultur pflegt man gelegentlich nur noch den durch eine Band geleiteten Gemeindegesang. So schön und wichtig diese Singform ist, ist es im Gottesdienst doch sinnvoll, eine breitere Palette an Singformen zu berücksichtigen.

A-cappella-Gesänge werden von der Gemeinde oft als besonders intensiv erfahren. Die Gemeinde als Subjekt des Singens tritt dabei klar in Erscheinung. Man kann ganze Lieder a cappella singen oder auch nur einzelne Ausschnitte daraus. Es ist schön, wenn eine Gemeinde auch ein Repertoire an einigen sehr gut bekannten Liedern und kurzen Chorussen oder Liedstrophen hat, die man jederzeit auch ohne Vorbereitung und ohne Begleitung singen kann. Das gibt im Gottesdienst mehr Freiraum für Spontaneität (→ Kapitel 5).

Bei der *Liedbegleitung* kann man auf eine Variation der Instrumentalisierung achten. Wenn eine Musikband die Lieder begleitet, bedeutet das nicht, dass alle Musiker der Bandbesetzung jederzeit im Einsatz sein müssen. Gelegentlich ist es sinnvoll, dass einige Musizierende nur bei einigen Liedern mitspielen, weil sie noch nicht mit allen Liedern vertraut sind.

Oder es legt sich von der Dynamik des Gottesdienstes her nahe, dass man ein Lied beispielsweise nicht in Vollbesetzung, sondern nur mit Gitarre- oder Klavierbegleitung spielt. Es ist für die Gemeinde motivierend, wenn Musizierende auch mitsingen – sofern es das Instrument erlaubt –, und wenn sie nicht sich so stark auf das Instrument konzentrieren müssen, dass sie nicht mitsingen können. Das Mitsingen der Musizierenden signalisiert nochmals verstärkt, dass die Begleitung dem Singen der Gemeinde dient.

Liedvorträge eignen sich besonders für Lieder, die an die Gemeinde gerichtet sind. Sie unterstützen und ergänzen singend die Verkündigung. Das Liedgut und das Arrangement können virtuoser, konzertanter und komplexer sein als beim gemeinsamen Gemeindegesang. Der Liedvortrag kann durch eine Einzelperson, eine Musikgruppe oder auch durch einen Chor erfolgen. Wenn eine Gemeinde eine Chorarbeit hat, ist es natürlich sehr schön, wenn ein Chor auch in den Gottesdienst integriert wird. Auch da ist daran zu denken, dass es nicht nur darum geht, dass man jetzt ein „Chorlied" auf dem Programm hat, sondern dass man sich überlegt, welche gottesdienstliche Praxis mit dem Chorlied vollzogen wird.

Instrumentalstücke eignen sich für inhaltlich nicht fixierte Elemente und schaffen Raum, um eigenen Gedanken nachzugehen, zur Ruhe zu kommen oder auch angeregt zu werden. Im Gottesdienst könnten Instrumentalstücke gut vor der Predigt als Zeit der Konzentration eingesetzt werden, nach der Predigt als Zeit der Reflexion, beim Abendmahl als Zeit der Besinnung oder auch während des Austeilens sowie bei der Eröffnung oder beim Abschluss als Gestaltung der Schwelle vom und in den Alltag. Instrumentalstücke können konzertant und virtuos sein. Hier kann ein Musiker seine Fähigkeiten und Begabungen voll zur Ehre Gottes und zum Wohl der Gemeinde ausleben.

Für die Integration der Musik in den Gottesdienst ist es hilfreich, wenn sich die unterschiedlichen Akteure (Gottesdienstleitung, Prediger, Lobpreisleitung) absprechen. Das hilft, ein gemeinsames Verständnis für den

Gottesdienst zu gewinnen und einander wechselseitig zu unterstützen (→ Kapitel 4c).

Zum Schluss: Das Potenzial des Singens

Im Singen liegt eine große Kraft. Singen vereint soziale, leibhafte, emotionale und rationale Aspekte des Menschseins. Im Singen steht die Gemeinde im Dialog. Singen begeistert, steckt an, ermutigt, berührt, stiftet Hoffnung. Singen weckt unsere Sinne für Gott und richtet sie auf ihn hin aus. Da kann man nicht anders, als *freudig* zu singen. Martin Luther sagt es so:

> *„Singet dem Herrn ein neues Lied. Singet dem Herrn alle Welt. Denn Gott hat unser Herz und Mut fröhlich gemacht durch seinen lieben Sohn, welchen er für uns gegeben hat zur Erlösung von Sünden, Tod und Teufel. Wer solches mit Ernst glaubt, der kann's nicht lassen, er muss fröhlich und mit Lust davon singen und sagen, dass es andere auch hören und herzukommen."*[24]

Im Singen klinkt sich die Gemeinde ein in den Lobgesang des endzeitlichen Gottesvolkes. Sie besingt Gottes große Erlösungsgeschichte (das Lied des Lammes und das Lied des Mose) und lobt Gottes große Taten und verehrt ihn als König und Herr:

> *„Dann sah ich etwas, das einem gläsernen Meer glich und mit Feuer durchsetzt war. Und die Sieger über das Tier, über sein Standbild und über die Zahl seines Namens standen auf dem gläsernen Meer und trugen die Harfen Gottes. Sie sangen das Lied des Mose, des Knechtes Gottes, und das Lied zu Ehren des Lammes: Groß und wunderbar sind deine Taten, Herr, Gott und Herrscher über die ganze Schöpfung. Gerecht und zuverlässig sind deine Wege, du König der Völker" (Offb 15,2-3).*[25]

Kapitel 13 Predigt

Gottesdienst ist mehr als eine Predigt mit einem Rahmenprogramm (→ Kapitel 3f). Gottesdienst ist ein gesamtes Geschehen. In diesem Geschehen spielt die Predigt eine wichtige, aber nicht die exklusive Rolle. In diesem Kapitel geht es nicht darum, was eine gute Predigt auszeichnet und wie sie vorbereitet und vorgetragen wird, sondern nur um die Frage, was es für das Predigen bedeutet, dass die Predigt ein Teil des Gottesdienstes ist und nicht ein davon losgelöstes Einzelelement.

Standard 1: Die Predigt ist in den Gottesdienst integriert.

Die Predigt ist in die gottesdienstliche Dramaturgie hineingewoben. Sie ist mit dem Singen, dem Beten, den Lesungen, dem Abendmahl etc. verbunden. Das Predigen ist Teil eines sich bereits vollziehenden Geschehens. Die Predigt startet nicht beim Nullpunkt. Man muss nicht so tun, als hätte man noch nicht gesungen oder gebetet. Was heißt das für mich beim Predigen?

- Als Prediger bin ich auch ganz Teil der Gemeinde und feiere den Gottesdienst aktiv mit. Ich singe mit und bete mit. Ich nutze nicht eine Liederzeit, um meine Notizen nochmals durchzugehen und zu ordnen – das kann man alles vor dem Gottesdienst tun. Ich konzentriere mich nicht nur auf „meinen Part" der Predigt, sondern beteilige mich so intensiv wie möglich am ganzen Geschehen (→ Kapitel 4c).
- Möglicherweise gibt es einen fließenden Übergang vom Element, das vor der Predigt steht, zur Predigt selbst. Eine Variante ist, schon gegen Ende des vorangehenden Elementes zur Kanzel bzw. auf die Bühne zu gehen, das gottesdienstliche Geschehen fließend mit einem Gebet aufzugreifen und von dort her in die Predigt einzusteigen.

Auf Los geht's los!

- Ich gehe ganz vertrauensvoll davon aus, dass die Gottesdienstteilnehmer hörbereit sind. Ich muss sie nicht erst hörbereit machen. Sie sind extra in einen Gottesdienst gekommen. Sie haben gesungen und gebetet. Und jetzt wollen sie Gottes Wort hören. Das erlaubt es mir, in der Predigt sofort auf die Sache zu kommen und lange Einleitungen wegzulassen. Die ersten Sätze der Predigt beinhalten weder eine nochmalige Begrüßung noch lange Einleitungen zur Situation oder Vorstellung der eigenen Person. Vielmehr nutze ich die Startaufmerksamkeit der hörenden Gemeinde, um in den ersten Sätzen präzise und anregend zu sagen, was die Gemeinde von Gott her hören soll. Das lenkt die Aufmerksamkeit auf Gott und auf den Predigtinhalt. Auch wenn ich Gastprediger in einer Gemeinde bin und mich vorstellen muss, mache ich das nicht im Rahmen der Predigt, sondern je nach Ablauf vor der Predigt im Begrüßungs- oder Informationsteil. Die Predigt ist nicht der geeignete liturgische Ort, um sich selbst vorzustellen.

Keine Vor- oder Nachpredigt

Die Integration der Predigt in den Gottesdienst hat auch Auswirkungen auf die anderen Teile des Gottesdienstes. Es bedeutet, dass die anderen liturgischen Akteure das Predigen dem Prediger überlassen und *keine Vor- oder Nachpredigten* halten. Wenn es einen Impuls des Gottesdienstleiters gibt, sollte dieser nicht den Charakter einer Minipredigt haben. Passend sind Impulse, die zur Predigt hinführen und die Spannung für die Predigt wecken – oder aber Impulse, die den Dialog zwischen Gott und der Gemeinde unterstützen. Ganz unangemessen ist es, wenn ein Gottesdienstleiter das Gebet für Korrekturen oder Klarstellungen zur Predigt verwendet. Das wäre ein Missbrauch des Gebets.

Wenn man die Predigt als Teil des ganzen Gottesdienstes versteht, betrifft das auch die *Planung und Gestaltung* des Gottesdienstes. Es gibt zwei typische Gestaltungsformen. In der einen Form versucht man, von der Predigt her dem ganzen Gottesdienst einen „roten Faden" zu geben. Es gibt eine thematische Einheit, die sich in den Liedern, Gebeten und verbalen Beiträgen widerspiegelt. Die andere Form besteht darin, dass der Gottesdienst aus unverbundenen Elementen besteht. Ich plädiere hier weder für einen totalen „roten Faden" noch für Unverbundenheit, sondern für eine Kombination von beiden Aspekten. Wenn man den Gottesdienst rein themenorientiert gestaltet, besteht die Schwierigkeit, dass Personen, die gerade von diesem Thema möglicherweise nicht stark betroffen oder angesprochen sind, sich nirgendwo in den Gottesdienst einklinken können. Es kann auch dazu führen, dass die thematischen Verbindungen erzwungen und künstlich wirken. Wenn man andererseits nur unverbundene Elemente hat, wird auch die gottesdienstliche Dramaturgie schwer nachvollziehbar. Es ist daher empfehlenswert, dem Predigtthema schon eine hohe Beachtung zu geben bei der Gestaltung des Gottesdienstes, aber nur dort, wo es sachlich und inhaltlich sinnvoll ist und wo man es nicht künstlich erzwingen muss. Es macht überhaupt nichts und ist vielleicht sogar gut, wenn es Elemente im Gottesdienst gibt, die gerade nicht mit dem Thema direkt verwoben sind.

Wenn man sich entscheidet, andere Elemente in Bezug auf das Predigtthema zu gestalten, sind vielfältige Varianten möglich:

- *übereinstimmend*: Nach einer Predigt über Verfolgung gibt es eine Fürbitte für verfolgte Christen.
- *kontrastierend*: Nach einer Kreuzespredigt folgt ein Auferstehungslied.
- *ergänzend*: Vor der Predigt gibt es eine ergänzende Schriftlesung (→ Kapitel 10, Standard 2).
- *antwortend*: Nach einer Predigt über das Christusbekenntnis von Petrus antwortet die Gemeinde mit dem Credo.
- *spannungserzeugend*: In der Eröffnungspassage gibt es einen „Teaser" für das Predigtthema. Keine Minipredigt, die bereits Antwort auf mögliche Fragen gibt, sondern ein Impuls, der Fragen weckt und neugierig macht. Das könnte beispielsweise eine kurze Begebenheit sein, die nicht vollständig erzählt wird, sondern nur so weit, dass nachher die

Predigt gut daran anschließen kann. Es könnte ein Bild sein, das in der Predigt aufgenommen wird.

- *vertiefend*: Nach der Predigt gibt es eine Reflexionszeit, begleitet von Instrumentalmusik.

Entlastung der Predigt
Chance der Einseitigkeit

Wenn man den ganzen Gottesdienst im Blick hat, entlastet das die Predigt. Die Predigt muss nicht alles sagen und nicht alles leisten. Sie konzentriert sich auf ihre Aufgabe, nämlich die Auslegung eines konkreten Bibeltextes. Die Predigt kann dabei einseitig sein, weil sie im Wechselspiel mit anderen gottesdienstlichen Elementen steht.

Eine besondere Verbindung soll hier noch besprochen werden, nämlich die Gebete rund um die Predigt. Beim *Gebet vor der Predigt* gibt es die Variante, dass der Gottesdienstleiter betet. Das Gebet sollte dabei nicht nur für den Prediger sein, sondern auch für die Gemeinde. Eine alternative oder ergänzende Variante ist, dass der Prediger nach der Lesung des Predigttextes betet.

Best Practice

Beispiel 1: Gebet für Prediger und Gemeinde:

Großer Gott,
Du schweigst nicht, sondern sprichst.
Dein Wort ruft die Welt ins Dasein und erhält sie.
Dein Wort belebt und verändert uns.
Wir sind hier zusammen, um Dein Wort zu hören.
So bitten wir Dich:
Erfülle uns mit Ehrfurcht vor Deinem Wort.
Lass Dein Wort nicht leer zurückkommen.
Sende Deinen Geist auf XX (Name des Predigers)
und auf uns alle.

Schenke XX die Vollmacht Deines Geistes.
dass wir durch seine Worte Deine Stimme vernehmen.
Wecke all unsre Sinne für Dein Reden.
Wirke an uns, wie es Dir gefällt,
damit in allem Reden und Hören geschieht,
was Dir gefällt.
Amen.

Gebet nach der Schriftlesung (von John Stott):

Himmlischer Vater,
Wir beugen uns in Deiner Gegenwart.
Möge dein Wort uns regieren,
Dein Geist sei unserer Lehrer,
und Deine große Herrlichkeit unser Herzensziel,
durch Jesus Christus, unseren Herrn,
Amen.

Beim *Gebet nach der Predigt* steht man leicht in der Versuchung, das Gebet zur Fortsetzung der Predigt zu verwenden. Die Predigtgedanken werden nochmals zusammengefasst. Ein solches Gebet wird eher zu einer verlängerten Predigt für die Gemeinde als zu einem antwortenden Gebet der Gemeinde. Der Prediger sollte sich stattdessen bewusst sein: Meine Rolle wechselt. Ich werde jetzt vom „Propheten" (ich rede zur Gemeinde) zum „Priester" (ich bete mit der Gemeinde). Sowohl für den Prediger als auch für die Gemeinde kann es hilfreich sein, diese veränderte Kommunikationsrolle gestisch zu zeigen. Beim Gebet wird nicht mehr typische Redegestik verwendet, sondern eine typische Gebetsgestik (→ Kapitel 11, Standard 1b).

Es gehört mit zur Aufgabe der Predigtvorbereitung, zu überlegen, wie das Gebet gestaltet werden kann, damit die Gemeinde innerlich mitbeten kann (→ Kapitel 11, Standard 1). Gute Varianten neben einem spontan formulierten oder einem vorbereiteten Gebet sind hier auch eine passende Liedstrophe oder ein Gebet aus dem Schatz der Kirchengeschichte.

Standard 2: Im Gottesdienst gibt es Raum für eine Antwort des Glaubens.

Wir haben schon bei den Überlegungen zur Dramaturgie des Gottesdienstes gesehen, dass wir nicht nur auf Gottes Reden hören, sondern darauf auch eine erste Antwort geben (→ Kapitel 3f). Es gehört zur Vorbereitung der Predigt und des Gottesdienstes, nicht nur an die Predigt selbst zu denken, sondern auch zu überlegen, wie der Gemeinde der Raum für eine Antwort des Glaubens eröffnet werden kann. Es gibt eine große Palette an Möglichkeiten, wie dieser „Reaktions-Raum" gestaltet werden kann:

- *Fürbitte*: Die Predigt mündet in eine Zeit der Fürbitte ein. In der Fürbitte werden Gedanken der Predigt aufgenommen.
- *Glaubensbekenntnis*: Damit sagt die Gemeinde: Ja, wir glauben an den Gott, der in der Predigt verkündigt wurde. Das Glaubensbekenntnis kann gesprochen oder gesungen werden.
- *Abendmahl*: In einem Abendmahlsgottesdienst führt die Predigt zum Abendmahl hin. Die Antwort des Glaubens besteht im Feiern des Abendmahls.
- *Lobpreis*: Die Predigt malt Gottes Größe vor Augen und führt die Gemeinde in eine ausgedehnte Zeit des Lobpreises, in welcher die Gemeinde praktiziert, was in der Predigt verkündigt wurde.
- *Individuelles Gebets- und Segensangebot*: Personen sind bereit, um mit jemandem zu beten. Das kann sehr gut während einer Lobpreiszeit erfolgen.
- *Inszenierung der Umkehr zu Gott*: Das bietet sich besonders an bei einer evangelistischen Predigt, die zum Glauben ruft. Wir kennen das „Nach-Vorne-Kommen". Alternativen sind unter anderem das „Nach-Hinten-Gehen", das Hand-Erheben, das Aufstehen oder auch ein Gesprächund Seelsorgeangebot nach dem Gottesdienst.

- *Sündenbekenntnis*: Eine Predigt, die zur Sündenerkenntnis führt, mündet in ein individuelles und/oder gemeinsames Sündenbekenntnis (→ Kapitel 11, Standard 2).
- *Hingabelied(er)*: Wenn die Predigt zur Nachfolge aufruft, passt es gut, mit einem oder mehreren Liedern der Gemeinde die Möglichkeit zu geben, der Hingabe des Lebens Ausdruck zu geben.
- *Stille*: Eine Zeit der Stille zur persönlichen Reflexion, möglicherweise mit dezenter Instrumentalmusik. Parallel dazu könnte ein zentrales Bibelwort oder eine zentrale Aussage der Predigt projiziert werden, welche die Selbstreflexion anregt.
- *Zeugnisteil*: Nach der Predigt wird die Gemeinde eingeladen, die Predigt mit Erfahrungsberichten zu unterstreichen.
- *Vertiefende Fragen*: Es gibt die Gelegenheit, sich in kleinen Gruppen über die Predigt auszutauschen oder alleine darüber nachzudenken. Dazu gibt es vertiefende Fragen. Nicht immer passt ein solches Element direkt in den Gottesdienst. Es kann auch sinnvoll sein, ein Predigtnachgespräch oder eine Diskussionsrunde nach dem Gottesdienst anzubieten.
- *Kreative Handlungsformen*: Gelegentlich ist es auch schön, als Ergänzung alternative und kreative Varianten in den Gottesdienst zu integrieren. Damit sich das nicht abnutzt und man nicht unter permanenten Kreativitätszwang gerät, sollten solche kreativen Formen dosiert eingesetzt werden.

Best Practice

Beispiel 1: Spreu & Baum

In der Predigt wird anhand von Psalm 1 der Unterschied zwischen „Spreu" und „Baum" herausgearbeitet. Menschen, die sich von Gottes Wort prägen lassen, sind wie Bäume, am Wasser gepflanzt. Spreu dagegen wird vom Wind verweht und hat keinen Bestand. Nach der Predigt steht vorne im Gottesdienstraum auf einer Seite eine Schüssel mit Spreu, auf der anderen Seite ein „Baum" (z. B. eine große Topfpflanze). Die Gemeinde wird eingeladen, während einer Instrumentalzeit nach vorne zu kommen. Man kann etwas Spreu in die Hand nehmen und hineinblasen – und dabei auch all das, was im eigenen Leben der „Spreu" gleicht, vor Gott hinlegen. Und man kann zum Baum hingehen und dort alleine oder zu zweit beten und den Wunsch und Willen zum Ausdruck bringen, sich von Gottes Wort prägen zu lassen.

Beispiel 2: Zweige auf einen roten Teppich
In der Adventszeit gibt es eine Predigt zu Psalm 24 über den kommenden König. In der anschließenden Lobpreiszeit werden Lieder ausgewählt, die Jesus als König besingen. Im Gottesdienstraum ist ein roter Teppich ausgerollt. Auf zwei Tischen liegen Zweige. Diese kann man holen und – verbunden mit einem Gebet – auf den roten Teppich legen. Am Ende ist der rote Teppich ganz mit Zweigen belegt.

Beispiel 3: Bibelworte
In der Predigt über 2. Chronik 34 (Josias Reform) wird die erneuernde Kraft des Wortes Gottes herausgestrichen. Nach der Predigt gibt es eine Vertiefungszeit. Man kann nach vorne kommen und aus einem Korb ein Bibelwort nehmen. Alle Bibelworte enthalten Aussagen über das Wort Gottes. In Ruhe kann man über dieses Bibelwort reflektieren. Anschließend gibt es eine offene Gebetszeit im Plenum. Wer möchte, kann laut das Bibelwort vorlesen und mit einem Gebet darauf reagieren.

Kapitel 14 Abendmahl

„Der Herr Jesus, in der Nacht, da er verraten ward, nahm er das Brot, dankte und brach's und sprach: Das ist mein Leib für euch; das tut zu meinem Gedächtnis. Desgleichen nahm er auch den Kelch nach dem Mahl und sprach: Dieser Kelch ist der neue Bund in meinem Blut; das tut, sooft ihr daraus trinkt, zu meinem Gedächtnis" (1Kor 11,23b-25).

Jesus hat mit seinen Jüngern gegessen und getrunken. Dabei hat er, wie es damals üblich war, über Brot und Kelch einen Lobpreis gesprochen. Das wäre noch nichts Besonderes gewesen. Dann aber hat er Worte gesprochen, die den üblichen Rahmen gesprengt haben, indem er das Brot als seinen hingegebenen Leib und den Inhalt des Kelchs als sein vergossenes Blut bezeichnet hat. Und er hat angeordnet, dieses Mahl weiter zu feiern: „Tut dies zu meinem Gedächtnis!". Das gibt dem Abendmahl eine besonders hohe Bedeutung, weil es direkt auf die Praxis und die Anordnung von Jesus zurückgeht.

Die Feier mit Brot und Kelch hat im Laufe der Geschichte unterschiedliche Namen erhalten: Im Neuen Testament wird sie unter anderem „Brotbrechen" genannt (Apg 2,42 u. a.) – es wurde also ein Teil der Feier, das Brechen des Brotes, zum Ausdruck für die ganze Feier. Andere Ausdrücke sind „Tisch des Herrn" (1Kor 10,21) oder „Mahl des Herrn" (1Kor 11,20). Hier wird besonders betont, dass der Herr Jesus der eigentliche Gastgeber ist und uns zur Gemeinschaft mit ihm einlädt. Bei „Eucharistie" (=Dank) ist es das Dankgebet über Brot und Kelch, welches der Feier den Namen gegeben hat. Bei „Abendmahl" denkt man besonders daran, dass Jesus „am Abend" (Mt 26,20) mit den Jüngern zusammen war – auch wenn das Mahl bei uns meistens am Vormittag gefeiert wird. Im Anschluss an den allgemeinen Wortgebrauch im evangelischen Bereich sprechen wir in diesem Kapitel durchgängig von „Abendmahl".

Standard 1: Dem Abendmahl wird hohe Aufmerksamkeit gewidmet.

In der Abendmahlsfeier verdichten sich alle gottesdienstlichen Kommunikations- und Handlungsformen. Es wird verkündigt und gebetet, geredet und gehandelt, gedankt und gelobt. Wir erfahren die Gemeinschaft mit Jesus Christus und miteinander in einer höchst intensiven und leibhaften Form.

Wir haben oben gesehen, dass der Gottesdienst eine konzentrierte Form des christlichen Lebens ist (→ Kapitel 8b). Wenn man diesen Gedanken weiterführt, kann man sagen, dass diese Konzentration im Abendmahl nochmals stärker zunimmt. Wenn der Gottesdienst wie „Sirup" ist, ist das Abendmahl wie „verdickter Sirup". Alles, was sonst im Gottesdienst geschieht, wird nochmals intensiviert. Es ist daher nicht zufällig, dass in vielen christlichen Traditionen das Abendmahl den Höhepunkt des Gottesdienstes darstellt. Man sollte aber auf keinen Fall das Abendmahl gegen andere Elemente wie die Predigt oder den Lobpreis ausspielen. In kirchlichen Traditionen, die sich einseitig auf das Abendmahl konzentrieren, wäre es gewinnbringend, der Predigt und dem Lobpreis mehr Beachtung zu schenken. Für predigt- und worshiporientierte Gottesdienste, wie sie beispielsweise oft in reformierten und freikirchlichen Kontexten anzutreffen sind, wäre es dagegen bedeutsam, dem Abendmahl hohe Aufmerksamkeit zukommen zu lassen.

Abendmahlsgottesdienst statt Gottesdienst mit Abendmahl

Manchmal wird das Abendmahl als Anhängsel im Gottesdienst gefeiert und dabei gelegentlich eher oberflächlich und salopp gestaltet. Das entspricht dem Abendmahl nicht. Vielmehr hat das Abendmahl eine hohe Wertschätzung verdient.

In vielen Freikirchen wird – wie in der reformierten Kirche – das Abendmahl nicht jeden Sonntag gefeiert, sondern weniger häufig, oft einmal pro Monat. Das kann man als Chance sehen und sie so nutzen, dass man dann, wenn man Abendmahl feiert, diesem viel Gewicht gibt. Man sollte dann nicht an einen „Gottesdienst mit Abendmahl“ denken, sondern an einen „Abendmahlsgottesdienst“. Diese Sichtweise hilft, dass der ganze Gottesdienst mit dem Abendmahl verbunden wird und das Abendmahl nicht zu einem Anhang oder Sonderteil wird.

Standard 2: Das Abendmahl wird würdig gefeiert.

„Würdig“ ist ein wichtiges Wort im Zusammenhang mit Abendmahl. Es geht zurück auf 1Kor 11,27, wo vom unwürdigen Essen und Trinken gewarnt wird. Bei manchen Gottesdienstteilnehmern führt das zu Unsicherheiten und manche fragen sich leicht ängstlich: Bin ich jetzt würdig? In Gottesdienstseminaren habe ich viele Gespräche mit Personen geführt, die mit halbschlechtem Gewissen am Abendmahl teilgenommen haben, weil sie sich als doch nicht ganz so würdig betrachtet haben.

Würdig feiern, nicht würdig sein

„Würdig“ bzw. „unwürdig“– und das ist in diesem Zusammenhang wichtig – ist im Griechischen ein Adverb, nicht ein Adjektiv. Ein Adverb beschreibt die Art und Weise, wie etwas getan wird, ein Adjektiv dagegen eine Eigenschaft einer Person oder Sache. Es geht also hier nicht darum, ob ich „würdig bin“, sondern darum, ob wir „würdig feiern“. Die Anweisungen von Paulus zielen nicht darauf, dass ich beständig meine Würdigkeit hinterfrage, sondern darauf, dass das Abendmahl auf eine würdige Art und Weise gefeiert wird – genau das war ja in Korinth nicht der Fall. Statt dass die Abendmahlsfeier Menschen am Tisch des Herrn zusammengeführt hat, gab es rund um die Mahlfeier Spaltungen in der Gemeinde. Das entspricht nicht dem Charakter des Abendmahls.

Gemeinsam feiern

Das Abendmahl wird würdig gefeiert, wenn zum Ausdruck kommt, was gefeiert wird. Und was wird gefeiert? Die Gemeinschaft mit dem Leib und Blut von Jesus Christus (1Kor 10,16) und dadurch die Gemeinschaft der Gemeinde (1Kor 10,17). Deshalb feiert man das Abendmahl nicht alleine, sondern in der Gemeinde. Ich suche mir die Mitfeiernden nicht selbst aus, beispielsweise aus der Familie oder dem Freundeskreis; sonst gerate ich in die gleiche Problematik wie die Gemeinde in Korinth und die Feier droht ins Unwürdige abzugleiten. Die Gemeinschaft beim Abendmahl sprengt die natürlichen sozialen Bindungen von Familie, Hausgemeinschaft, Nachbarschaft oder Freundschaft. Beim Abendmahl werde ich in eine Gemeinschaft hineinversetzt, die mein natürliches Gemeinschaftsgefühl übersteigt. Das Abendmahl ist also kein „Ich"-, sondern ein „Wir"-Ereignis (→ Kapitel 1b). Es ist Ausdruck der Gemeinschaft, die wir haben, weil wir mit Christus verbunden sind. Das gilt auch dann, wenn wir beispielsweise in einem Live-Stream Abendmahl feiern (→ Kapitel 7c).

Vorfreude

Würdig zu feiern bedeutet nicht, dass es möglichst ernst zugehen soll und eine Jammerstimmung herrscht. Vielmehr ist die Feier von Dank, Hoffnung und Lobpreis geprägt. Im Vordergrund steht nicht die Trauer über die Sünde, sondern die Freude der Vergebung. In Jesus Christus, seinem Tod und seiner Auferstehung, liegt unser Heil. Das Abendmahl ist ein Vorgeschmack der neuen Schöpfung, ein Amuse-Bouche (Gruß aus der Küche) des himmlischen Banketts. Wir sind erfüllt mit der Vorfreude, einmal mit Jesus selbst das Abendmahl zu feiern (Mt 26,29).

Standard 3: Das Abendmahl wird mit den Einsetzungsworten gefeiert.

Paulus spricht davon, dass er diese Worte „empfangen" und „weitergegeben" hat (1Kor 11,23a). Es ist also schon den frühchristlichen Gemeinden wichtig gewesen, diese von Jesus begründete Tradition hochzuhalten und zu pflegen. Die Einsetzungsworte sind in der Bibel nicht überall im gleichen Wortlaut überliefert. Alle Varianten haben gemeinsam:

- „mein Leib" und „mein Blut": Also die Verbindung vom Brot mit dem Leib Christi bzw. vom Inhalt des Kelches mit dem Blut Christi.

- „Bund“: Jesus hat durch sein Blut einen neuen Bund zwischen Gott und Mensch gestiftet. Die Teilnahme am Abendmahl ist Teilhabe an diesem Bund. Wir werden durch Jesus mit Gott in Verbindung gebracht.
- „für euch“ / „für viele“: Das Abendmahl kommt uns zugute. Für uns hat Jesus seinen Leib gegeben. Zur Vergebung unserer Sünden hat er sein Blut vergossen.

Als Einsetzungsworte kann man einen der entsprechenden Bibeltexte nehmen (Mt 26,26-28; Mk 14,22-24; Lk 22,19-20; 1Kor 11,23-25) oder eine gebräuchliche Mischform verwenden:

> *„Unser Herr Jesus Christus, in der Nacht, da er verraten ward, nahm er das Brot, dankte und brach's und gab's seinen Jüngern und sprach: Nehmet hin und esset: Das ist mein Leib, der für euch gegeben wird. Solches tut zu meinem Gedächtnis. Desgleichen nahm er auch den Kelch nach dem Abendmahl, dankte und gab ihnen den und sprach: Nehmet hin und trinket alle daraus: Dieser Kelch ist der neue Bund in meinem Blut, das für euch vergossen wird zur Vergebung der Sünden. Solches tut, sooft ihr's trinket, zu meinem Gedächtnis.“*[26]

Die Einsetzungsworte sind nicht der richtige Ort, um möglichst kreativ mit eigenen Worten neue Formulierungen zu finden. Es fördert die Qualität des Abendmahls, wenn wir uns an die biblische Vorlage halten. Sehr zu empfehlen ist allerdings, die Einsetzungsworte zu verinnerlichen und auswendig zu lernen, sodass man sie bei der Abendmahlsfeier frei sprechen und die Gemeinde dabei anschauen kann. Damit wird der verkündigende Charakter der Einsetzungsworte unterstrichen.

Standard 4: Die Gestaltung stimmt mit der Bedeutung überein.

Das Abendmahl verbindet *Himmel und Erde*. Im Abendmahl wird die *Erlösung durch Jesus Christus* gefeiert. Er ist das Lamm Gottes, das die Sünde der Welt trägt. Durch seinen Tod und seine Auferstehung erfahren wir Menschen die Vergebung der Sünden und die Versöhnung mit dem heiligen Gott. Sein Blut stiftet den neuen Bund zwischen Gott und Menschen. Das Abendmahl ist die Feier dieses Bundes. Die Gemeinschaft mit Gott stiftet dabei auch die Gemeinschaft untereinander.

Im Abendmahl wird *die Vergangenheit und die Zukunft* gegenwärtig. Es wird unter uns neu lebendig, was geschah, als Jesus Christus am Kreuz starb und auferstand. Und es wird vorweggenommen, was in der Vollendung auf uns wartet.

Die Abendmahlsfeier wird in den verschiedenen Konfessionen in den Details unterschiedlich gestaltet. Man erkennt jedoch eine gemeinsame Grundstruktur, die den biblischen Texten folgt:

- Dank an Gott
- Einsetzungsworte
- Segensgebet über den Gaben und für die Gemeinde
- Einladung
- Austeilen mit einem Zuspruch.

Besonders in der reformierten Tradition gibt es vor der eigentlichen Mahlfeier eine Einführung zum Abendmahl sowie ein Sündenbekenntnis (→ Kapitel 11, Standard 2) – beides wertvolle Aspekte. Bei der Einführung des Abendmahls kann ein Aspekt hervorgehoben werden – möglicherweise auch passend oder ergänzend zur Predigt – beispielsweise:

- Dank und Lobpreis
- Die Vergebung der Sünden
- Die Gemeinschaft mit Jesus
- Die Gemeinschaft der Gemeinde
- Die Verbindung mit dem himmlischen Gottesdienst
- Die Verbindung mit der universalen Gemeinde
- Die Hoffnung auf die Vollendung

Best Practice

Hier nun ein möglicher Ablauf mit konkreten Textvorschlägen:

1. Wort zum Abendmahl mit Hervorhebung eines Aspektes. Alle Varianten münden direkt in eine Handlung der Gemeinde ein, beispielsweise ein gemeinsames Lied oder ein gemeinsames Gebet.

a) Vergebung der Sünden: „Wenn wir Abendmahl feiern, wird unter uns neu lebendig, dass Jesus für uns gelitten hat, dass er sein Leben am Kreuz hingegeben hat und dass er auferstanden ist. Das geschah uns zugute, zur Vergebung unserer Sünden. Durch seinen Leib und sein Blut versöhnt uns Jesus mit Gott. Wenn wir vom Brot essen und aus dem Kelch trinken, sagen wir damit: Jesus, auf deine Vergebung bin ich angewiesen, du bist mein Retter und Herr."

Es folgt ein Lied der Gemeinde, das Jesus als Lamm Gottes besingt (beispielsweise „Lamm Gottes, du nimmst hinweg die Sünde der Welt"[27], oder „Würdig das Lamm"[28]).

b) Gemeinschaft: „Wenn Du vom Brot isst und aus dem Kelch trinkst, bist Du nicht alleine. Du bist mit Jesus verbunden und mit allen anderen, die vom Brot essen und aus dem Kelch trinken. Das Abendmahl ist deshalb auch ein Ort der Versöhnung mit Gott und untereinander. Vielleicht ist heute der Tag, an dem Du mit einem Mitmenschen oder mit Gott etwas in Ordnung bringen musst. Dann mache das! Vielleicht braucht es dazu noch mehr Worte und mehr Klärung. Dazu gibt es das Seelsorge- und Gebetsangebot in unserer Gemeinde. Mach heute einen Schritt auf den anderen zu und beginne das Gespräch, das zur Versöhnung führen kann. In kleiner Form bringen wir die Gemeinschaft untereinander dadurch zum Ausdruck, dass wir einander beim Abendmahl Frieden wünschen. Wir sagen denen, die um uns stehen: ‚Der Friede Christi sei mit Dir!' und heißen sie damit in der Familie Gottes herzlich willkommen."

Die Gottesdienstteilnehmer geben sich den Friedensgruß weiter.

c) Verbindung mit der universalen Gemeinde: *„Wenn wir Abendmahl feiern, sind wir mit Christus und miteinander verbunden. Wir bringen mit lauten oder stillen Gebeten die Fürbitte für die Gemeinden vor Ort und für den weltweiten Leib Christi vor Gott."* Es folgt die Fürbitte. Hier kann man beispielsweise auch an ausgesandte Missionare der Gemeinde denken oder an Missionsarbeiten, mit denen die Gemeinde verbunden ist. *„All unser Danken und Bitten fassen wir zusammen mit dem Gebet, das die ganze Welt umspannt: Vaterunser im Himmel …".*

d) Vorgeschmack auf die neue Welt: *„Wenn man als Schweizer lange im Ausland lebt, freut man sich ganz besonders, wenn jemand zu Besuch kommt und etwas typisch Schweizerisches mitbringt, zum Beispiel Käse-Fondue oder die Schweizerwurst Cervelat. In der Fremde ist das ein Geschmack von Heimat. So ist es auch beim Abendmahl. Wir sind in dieser Welt in der Fremde und genießen in Brot und Wein den Geschmack der himmlischen Heimat. Es ist ein Vorgeschmack auf die neue Schöpfung. Einmal wird Jesus Christus mit uns zusammen das Abendmahl feiern* (Mt 26,29). *Auf diesen Moment freuen wir uns schon heute."*

e) Verbindung mit dem himmlischen Gottesdienst: *„Wenn wir Abendmahl feiern, verbinden wir uns mit dem himmlischen Gottesdienst und stimmen in den Lobgesang der Engel ein. – Wir beten: Wir danken Dir, Vater im Himmel, dass Du deinen Sohn Jesus Christus für uns gegeben hast. Wir danken Dir für sein Leben und sein Leiden, für sein*

Opfer am Kreuz. Wir preisen seine Auferstehung, den Sieg über alles Unheil und alles Böse. Mit den Engeln loben wir Deine Herrlichkeit und bekennen ohne Ende:" – und es folgt direkt anschließend das Bekenntnis, nämlich der gemeinsame „Heilig"-Ruf. Das erfolgt beispielsweise mit einem Lied zu Jes 6,3: „Heilig, heilig, heilig ist der Herr Zebaoth, alle Länder sind seiner Ehre voll" (beispielsweise die 3. Strophe aus „Großer Gott, wir loben Dich"[29] oder die direkte Vertonung von Jes 6,3 „Heilig, heilig, heilig, ist der Herr Zebaoth"[30]).

2. Einsetzungsworte, frei zitiert (zum Text der Einsetzungsworte siehe oben).

3. Dankgebet: *„Der Kelch des Segens, den wir segnen, ist der nicht die Gemeinschaft des Blutes Christi? Das Brot, das wir brechen, ist das nicht die Gemeinschaft des Leibes Christi?* (1Kor 10,16) *Darum bitten wir Dich (Segensgeste): Sende auf uns den Heiligen Geist und belebe Deine Gemeinde. Segne diese Gaben. Lass das Wunder geschehen, dass sie uns zum Brot des Lebens und zum Kelch des Heils werden [oder alternativ: Lass das Wunder geschehen, dass wir beim Essen und Trinken die Gemeinschaft mit Christi Leib und Blut erfahren]."*

4. Einladung: *„Jesus selbst lädt uns ein an seinen Tisch. Wenn Du an Jesus als Deinen Herrn und Retter glaubst, bist Du herzlich willkommen."* – oder alternativ: *„Kommt, es ist alles bereit. Schmecket und sehet, wie freundlich der Herr ist."*

5. Austeilung: Brot und Kelch wird den Gottesdienstteilnehmern mit einem Zuspruch – einem Spendewort – gereicht.

a) Standardform: *„Leib Christi, für Dich gegeben"* – *„Blut Christi, für Dich vergossen"*.

b) Abgewandelte Standardform: *„Jesus hat seinen Leib für Dich gegeben" – „Jesus hat sein Blut für Dich vergossen"*. Diese Form vermeidet es, das Brot und den Kelch direkt mit Leib und Blut Christi zu identifizieren und eignet sich daher gut für Gemeinden in einer reformierten Tradition.

c) Alternativform: *„Das Brot des Lebens" – „Der Kelch des Heils"*

6. Dank/Lobpreis: Es folgt ein Dankgebet und/oder ein Loblied, mit Ausblick auf die Zukunft (beispielsweise „Er ist der Erlöser"[31]).

Die hier geschilderte Form nimmt Anregungen aus unterschiedlichen Abendmahlstraditionen auf. In einer lokalen Gemeinde wird man die lokale Tradition berücksichtigen müssen – diese soll man achten, aber vielleicht tut es auch gut, sie etwas zu erweitern.

Standard 5: Für die Abendmahlsfeier wird eine Standardform etabliert.

Klarheit in der Form ermöglicht eine bessere Konzentration auf den Gehalt und gibt den Leitenden und der Gemeinde Handlungssicherheit. Man kann sich innerlich nicht gut auf das Abendmahlsgeschehen einlassen, wenn es in immer wieder anderer Form gefeiert wird. Es braucht eine Standardform, sodass man sich nicht darauf konzentrieren muss, wann man aufstehen und wie man sich bewegen muss und wie Brot und Kelch gereicht werden. Es ist hilfreich für alle Beteiligten, wenn es hier eine gesunde Routine gibt. Diese kann bei Bedarf auch mal eine Erweiterung oder Auffrischung nötig haben.

Bei der Standardform wird man die lokale Tradition und auch die räumlichen Gegebenheiten berücksichtigen. Was nicht passt, ist eine Abendmahlsfeier in der Form der Selbstbedienung – sodass sich jeder selbst die Abendmahlsgaben holt und nimmt. Es fehlt dann der Aspekt des Empfangens und die Möglichkeit eines Zuspruchs. Sehr schön und innerlich stimmig sind Formen, die Abendmahl und Lobpreis miteinander verbinden, weil das Abendmahl selbst ja einen lobpreisenden Charakter hat. So wird es berichtet von der Jerusalemer Gemeinde: *„Sie brachen das Brot hier und dort in den Häusern, hielten die Mahlzeiten mit Freude und lauterem Herzen und lobten Gott“* (Apg 2,46-47).

Wir wollen noch auf einige praktische Gestaltungsfragen eingehen, die wir noch nicht behandelt haben und die sich beim Abendmahl immer wieder stellen:

a) In welchem Rahmen soll das Abendmahl gefeiert werden? Es passt zum Abendmahl, wenn es im größtmöglichen Rahmen gefeiert wird, im Normalfall also im Gottesdienst der lokalen Gemeinde. Die verbindende und gemeinschaftliche Dimension kommt dabei am besten zum Ausdruck. Wenn das Abendmahl in kleinen Gruppen gefeiert wird – wie das beispielsweise in Zeiten der Corona-Pandemie sinnvoll war – ist darauf zu achten, dass es nicht ein Gruppenabendmahl wird, sondern dass die Verbindung mit der lokalen und universalen Gemeinde gepflegt wird, beispielsweise in der Fürbitte. Es würde dem Charakter des Abendmahls total widersprechen, wenn das Abendmahl in der Gruppe in Abgrenzung oder gar Protest gegen die lokale Gemeinde erfolgen würde.

b) Wer soll das Abendmahl leiten? Die Abendmahlsfeier steht unter der Verantwortung der Gemeindeleitung. Daher empfiehlt es sich, dass Personen aus der Gemeindeleitung das Abendmahl leiten. Die Leitung kann gelegentlich auch an Personen aus der Gemeinde delegiert werden. Bei der Austeilung des Abendmahls können alle Gemeindeglieder einbezogen werden. In Gemeinden, in denen die Abendmahlsgaben durch die Reihen gereicht werden, ist das ja sowieso so: Einer reicht es dem andern. Man kann hier dazu ermutigen, dieses Weiterreichen in den Reihen auch mit dem Zuspruch eines Spendeworts zu verbinden. Es ist Ausdruck des Allgemeinen Priestertums, dass wir auf diese Weise alle einander dienen und zu Empfangenden und Austeilenden werden.

c) Welche Gestalt sollen die Abendmahlsgaben haben? Die Grundformen sind ein Brot, das gebrochen wird, und ein Kelch mit Wein. Man kann auch mit Varianten davon würdig feiern, beispielsweise mit Traubensaft, mit Einzelkelchen oder mit Einzelbrotstückchen. Sicher ist es schön, wenn man in möglichst großer Nähe zur Grundform feiert. Aber man sollte aus der konkreten Gestalt der Abendmahlsgaben keinen Glaubenskrieg machen. Es ist Aufgabe der Gemeindeleitung, die für die lokale Situation angemessene Gestalt zu finden. Man wird es dabei nie allen recht machen können. Und es kann auch nicht die Lösung sein, dass man so viele verschiedene Varianten anbietet, dass alle Gottesdienstteilnehmer genau diejenige vorfinden, die ihnen am besten passt. Ein Gedanke aus der Kirchengeschichte hilft hier vielleicht noch: Eine Gestalt des Abendmahls kann auch stellvertretend für das ganze Mahl stehen – es ist also auch eine Möglichkeit, dass jemand, beispielsweise wegen Allergien oder aus gesundheitlichen Gründen, nur vom Brot isst oder nur aus dem Kelch trinkt. Auch dann ist es für diese Person ein volles Abendmahl.

d) Wie häufig soll Abendmahl gefeiert werden? In der Jerusalemer-Gemeinde hat man es täglich gefeiert (Apg 2,46). Später wurde der wöchentliche Rhythmus üblich. In der vorreformatorischen Kirche haben die Gläubigen nur ganz selten an der Kommunion teilgenommen. Das heißt: Es gab viele Messfeiern, die Gläubigen haben zugeschaut, aber nicht vom Brot gegessen oder aus dem Kelch getrunken. Allen Reformatoren war es wichtig, dass das Abendmahl eine Feier der Gemeinde ist. Luther hat das Abendmahl jeden Sonntag gefeiert, Zwingli an den hohen Festtagen. Diese unterschiedlichen Traditionen sind auch in den Freikirchen bis heute sichtbar. Wenn das Abendmahl nicht jeden Sonntag gefeiert wird, ist nicht eine Erhöhung der Quantität gefragt, sondern der Qualität. Das heißt: Dann, wenn man feiert, dem Abendmahl hohe Aufmerksamkeit schenken. Vielleicht macht das mit der Zeit Lust, das Abendmahl häufiger zu feiern. Dann sollte das sorgfältig geprüft und eingeführt werden.

Best Practice

In einer Gemeinde wird Abendmahl in einer Form gefeiert, die ich als sehr stimmig erlebe, weil sie viele Aspekte des Abendmahls zum Ausdruck bringt.

Im Raum verteilt gibt es vier Tische. Auf jedem Tisch stehen die Abendmahlsgaben bereit. Die Tische sind schön geschmückt, mit einer Kerze und/oder einer Blume. Auf dem Tisch vor der Bühne steht ein Gemeinschaftskelch, an den anderen Tischen gibt es Einzelkelche. Das Abendmahl wird beim Tisch vor der Bühne eingesetzt, mit einem Wort zum Abendmahl, den Einsetzungsworten und einem Gebet über den Gaben und für die Gemeinde. Die Austeilung des Abendmahls ist mit einer Lobpreiszeit und mit einem individuellen Gebets- und Segensangebot verbunden. Die Lobpreisband wählt Lieder, die zum Abendmahl passen. An jedem Tisch gibt es einen Gastgeber und jemanden aus dem Gebetsteam. Die Gemeinde geht in Gruppen von ca. 6-8 Personen zu den Tischen. Die Gruppen formieren sich spontan, also nicht stuhlreihenweise. Diejenigen, die nicht an den Tischen sind, stimmen in den Lobpreis ein. Umgeben von Lobpreis versammeln sich so kleine Abendmahlsgemeinschaften rund um den Tisch. Der Gastgeber begrüßt die Gruppe, beispielsweise mit den Worten: *„Willkommen am Tisch des Herrn. Jesus spricht: Ich bin das Brot des Lebens. Wer zu mir kommt, hat keinen Hunger mehr, und wer an mich glaubt, hat keinen Durst mehr.“* Dann wird den Gottesdienstteilnehmenden das Brot und der Kelch gereicht – entweder so, dass der Gastgeber es jedem Einzelnen gibt, oder so, dass es in der Gruppe weitergereicht wird. Ob man nun die Gaben vom Gastgeber oder vom Gruppennachbarn empfängt, man empfängt sie zusammen mit einem Zuspruch, meist der Spendeworte in einer klassischen Form, gelegentlich auch mit einem frei formulierten Zuspruch. Darauf entlässt der Gastgeber die Gruppe mit einem Friedensgruß, beispielsweise: *„Jesus spricht: Frieden lasse ich euch, meinen Frieden gebe ich euch. Nicht gebe ich euch, wie die Welt gibt. Euer Herz erschrecke nicht und fürchte sich nicht"* (Joh 14,27).

Die Verbindung von Abendmahl und Lobpreis, die gemeinschaftliche Erfahrung im kleinen Kreis um den Tisch, das Empfangen der Gaben mit dem Zuspruch, die Entlassung mit dem Friedensgruß – all das verleiht dem Abendmahl einen intensiven Charakter. Es wird auch individuellen Aspekten gerecht: Einige singen sitzend mit, andere stehend, manche mit erhobenen Händen. Das Abendmahl erfolgt nicht unter Zeitdruck. Man nimmt sich so viel Zeit, wie man braucht. Wer gerne vom Gemeinschaftskelch nimmt, geht an den Tisch vor der Bühne – wer Einzelkelche bevorzugt, an einen anderen Tisch. Wer gerne möchte, kann mit einer Person aus dem Gebetsteam beten oder sich segnen lassen. In diesem Setting fällt es übrigens auch nicht auf und ist überhaupt nicht peinlich, wenn jemand nicht am Abendmahl teilnimmt. Es herrscht gleichzeitig eine gemeinschaftliche und doch nicht uniforme Atmosphäre. Die klare Form an den Tischen ist nicht nur hilfreich für die Gemeinde, sondern auch für die Gastgeber. Sie stellt keine hohen Anforderungen, sodass viele unterschiedliche Personen aus der Gemeinde als Gastgeber tätig sein können. Man weiß, wie es geht. Man kann die bekannte Form übernehmen und variieren, so wie es den unterschiedlichen Persönlichkeiten entspricht.

Kapitel 15 Charismen

„Wie ist es nun, Brüder und Schwestern? Wenn ihr zusammenkommt, so hat ein jeder einen Psalm, er hat eine Lehre, er hat eine Offenbarung, er hat eine Zungenrede, er hat eine Auslegung. Lasst es alles geschehen zur Erbauung!" (1Kor 14,26)

Der Apostel Paulus schildert die gottesdienstliche Versammlung als einen Ort, wo Charismen praktiziert werden. Es wird kein geplanter Gottesdienstablauf geschildert, sondern ein spontanes Geschehen. Es ist keine One-Man-Show, sondern die Gemeinde ist vielfältig beteiligt. Die Vielfalt wird dadurch unterstrichen, dass sich unterschiedliche Personen mit unterschiedlichen Charismen einbringen. Es ist ein Ausdruck davon, dass alle Gemeindeglieder vom Heiligen Geist begabt sind und gemäß ihrer Gaben zum Aufbau der Gemeinde beitragen – das ist mit Erbauung gemeint.

Die charismatische Bewegung hat dem Leib Christi neu die Bedeutung und den Wert der Gnadengaben in Erinnerung gerufen. Das hat in vielen Gemeinden weit über den pfingstlich-charismatischen Bereich hinaus zu einer neue Wahrnehmung von gabengemäßen Diensten in der Gemeinde geführt. Dafür können wir dankbar sein. Gleichzeitig kam es durch einseitige Betonungen bestimmter Charismen und durch fragwürdige Praktiken im Umgang mit Charismen zu Verwerfungen. Das hat dazu geführt, dass das Thema Charismen in bestimmten Gemeinden und Denominationen auch angstbesetzt ist. Es gibt theologische Richtungen, die Charismen wie Zungenrede (Glossolalie) oder Prophetie nur der apostolischen Zeit zuordnen, und es gibt Richtungen, die genau diesen Gaben besonders hohe Beachtung schenken. Es soll hier weder eine Theologie der Charismen entfaltet werden, noch wollen wir in die Detaildiskussionen einsteigen, ob und welche Charismen heute noch in welcher Form zu erwarten sind. Vielmehr wollen wir der Frage nachgehen, welche Bedeutung die Charismen für den

Gottesdienst haben. Wenn man davon ausgeht, dass der Heilige Geist der Gemeinde Charismen schenkt, welche Charismen sollen dann im Gottesdienst auf welche Art und Weise praktiziert werden?

Standard 1: Liturgische Aufgaben werden gabengemäß wahrgenommen.

Zuerst ganz grundsätzlich: Gabengemäßer Einsatz im Gottesdienst zeigt sich nicht nur in den spontanen Beiträgen, sondern in allen Handlungen. Das bedeutet: Es wird angestrebt, dass alle, die eine gottesdienstliche Handlung ausführen, diese entsprechend ihrer Begabung wahrnehmen, sei es predigen, moderieren, singen, musizieren, beten, etc. – sei es bei geplanten oder spontanen Beiträgen.

Man muss in diesem Zusammenhang auch nicht zu stark zwischen „geistlichen" und „natürlichen" Gaben unterscheiden. Alle Gaben sind Gottes Gaben. Gott, der Schöpfer, hat uns geschaffen mit all unseren natürlichen Begabungen und hat uns mit dem Heiligen Geist beschenkt. Bei manchen mag es zwischen natürlicher und geistlicher Begabung ein großes Schnittfeld geben, bei manchen mag es deutlicher sein, dass durch den Heiligen Geist eine spezifische geistliche Gabe hinzugefügt wurde. Bei allen geht es darum, dass das Potenzial, das Gott in sie hineingelegt hat, zum Wohl der Gemeinde und der Welt zur Entfaltung kommt.

Gabengemäßer Dienst bezieht sich nicht nur auf den Gottesdienst, sondern auf das gesamte Gemeindeleben. Es gehört mit zur Aufgabe der Gemeindeleitung, das Gemeindeleben möglichst so zu gestalten, dass alle Gemeindeglieder gemäß ihren Gaben zum Gemeindeaufbau beitragen können.

Standard 2: Im Gottesdienst werden kommunikative Charismen praktiziert.

Die gottesdienstliche Versammlung ist nach der Schilderung im Korintherbrief der Ort, wo besonders die kommunikativen Charismen praktiziert werden, also diejenigen, die mit reden zu tun haben: Prophetie,

Zungenrede, Auslegung etc. Das ist nicht zufällig. Wir haben gesehen, dass der Gottesdienst ein dialogisches Geschehen ist (→ Kapitel 1c). Man kann also sagen: Im Gottesdienst werden diejenigen Gaben praktiziert, die dem Dialog zwischen Gott und Gemeinde dienen. Die Vielfalt der Gaben findet ihre Gemeinsamkeit in der Ausrichtung auf den Aufbau der Gemeinde – und nicht etwa auf individuelle Frömmigkeit. Damit wird der Wir-Charakter des Gottesdienstes (→ Kapitel 1b) gefördert. Deshalb will Paulus, dass die Zungenrede nur dann im Gottesdienst praktiziert wird, wenn sie auch ausgelegt wird. Deshalb soll ein prophetisches Wort geprüft werden. Alles zielt auf die Kommunikation zwischen Gott und der Gemeinde.

Andere Gaben haben ihren natürlichen Ausübungsort außerhalb des Gottesdienstes, so beispielsweise Gaben im Bereich der Diakonie und Fürsorge. Das gilt meines Erachtens auch für die Gabe der Heilung. Sie hat ihren spezifischen Platz nicht im Gottesdienst, sondern am Ort der Heilungsbedürftigen – gerade derjenigen, die deshalb nicht am Gottesdienst teilnehmen können. Schon immer seit der frühchristlichen Zeit gehörte das Gebet um Heilung und die Sorge für die Kranken zusammen. Der Aufbau des Gesundheitswesens ist Folge dieser christlichen Grundimpulse. Es wäre daher sinnvoll, die Gabe der Heilung auch heute noch nach Möglichkeit mit dem Gesundheitswesen zu kombinieren. Das entspricht einer ganzheitlichen Sicht der kranken Menschen und bewahrt vor Einseitigkeit und Missbrauch im Umgang mit der Gabe der Heilung. Was allerdings auf jeden Fall in den Gottesdienst passt, ist die Fürbitte für die Kranken.

Wir kommen zurück zu den kommunikativen Gaben und wollen zwei davon noch etwas genauer anschauen: Lehre und Prophetie.

Dass die Gabe der *Lehre* im Gottesdienst praktiziert wird, ist unumstritten. Sie ist am stärksten mit der Predigt verbunden. Das Predigen umfasst mehr als Lehre. Es beinhaltet unter anderem auch prophetische und seelsorgerliche Aspekte. Dennoch ist die Predigt der typische Ort im

Gottesdienst, wo die Gabe der Lehre zur Entfaltung kommen kann. Für eine Gemeinde könnte das bedeuten, dass Gemeindeglieder, bei denen sich eine Lehrbegabung zeigt, schrittweise in den Verkündigungsdienst integriert werden. Vielleicht zeigt sich dabei auch eine Berufung zu einem vollzeitlichen Pastorendienst. Hier gibt es in manchen Gemeinden noch mehr Potenzial, lehrbegabte Laien stärker zu fördern und in den Predigtdienst einzubeziehen.

Unter der Gabe der *Prophetie* verstehe ich, dass jemand von Gott ein Wort erhält, das für die Gemeinde bestimmt und auf eine konkrete Situation bezogen ist. Prophetie soll geprüft werden. In der Schilderung im ersten Korintherbrief erfolgt diese Prüfung nach der Äußerung der Prophetie. Viele Gemeinden praktizieren es so, dass die Prüfung vor der Äußerung der Prophetie durch gemeindeleitende Personen erfolgt, und erst danach die Prophetie öffentlich weitergegeben wird. Oft gibt es für die Weitergabe eines prophetischen Wortes auch ein entsprechendes Zeitfenster im Gottesdienst, in vielen Fällen integriert in eine Lobpreiszeit. Das ist eine sinnvolle Umsetzung, weil so auf allen Seiten Druck weggenommen wird und weil es so die Möglichkeit gibt, auf problematische Impulse zu reagieren, bevor diese zu viel Unruhe auslösen und Schaden anrichten.

Die Prüfung erfolgt nach den zentralen Kriterien, ob die Prophetie schriftgemäß ist, ob sie dem Dialog mit Gott und dem Aufbau der Gemeinde dient und ob dadurch die Frucht des Geistes (Gal 5,22-23), besonders die Liebe (1Kor 13), gefördert wird. Nicht immer ist der Gottesdienst der geeignete Ort zur Weitergabe eines prophetischen Wortes. Manchmal ist ein Zweiergespräch, ein kleiner Kreis oder auch ein Gemeindeleitungstreffen das passendere Setting.

Wenn Gemeinden, denen prophetisches Reden bisher fremd ist, dies entdecken und ins Gemeindeleben integrieren möchten, ist ein sorgsames und schrittweises Vorgehen empfehlenswert. Wichtig wäre es auf jeden Fall, über Prophetie zu lehren und mit der Gemeinde auch in einen

Austausch über Erwartungen, Erfahrungen und Ängste zu kommen. Das Praktizieren der Gaben könnte dann zuerst im kleinen Kreis erfolgen, beispielsweise bei Gebetstreffen. Wenn ein Gemeindeglied denkt, ein prophetisches Wort erhalten zu haben, wird das einem Gemeindeleitungsmitglied mitgeteilt. Das Gemeindeglied kann in eine Gemeindeleitungssitzung eingeladen werden. Gemeinsam wird über das prophetische Wort ausgetauscht und überlegt, welche Bedeutung es für die Gemeinde hat und welches das beste Setting ist, um dieses Wort weiterzugeben. Das wären behutsame Schritte zur Praktizierung der prophetischen Gabe, bevor diese langsam in den Gottesdienst integriert wird.

Standard 3: Freiraum für spontane Charismen erfordert klare Leitung.

Wir haben uns bereits Gedanken gemacht über Spontaneität und Planung (→ Kapitel 5). Wenn wir diese Überlegungen auf das Praktizieren von spontanen Charismen im Gottesdienst anwenden, bedeutet das: Je mehr Freiraum man dafür gibt, desto mehr klare Leitung braucht es. Denn im Gottesdienst soll es würdig und geordnet zugehen (1Kor 14,40). Wer den Gottesdienst leitet, benötigt die Fähigkeit, situativ, schnell und geistesgegenwärtig zu agieren und reagieren. Deshalb ist die Aufgabe, den Gottesdienst zu leiten, mehr als einfach eine Moderation (→ Kapitel 4c). Es ist eine Leitungsaufgabe. Und deshalb ist es sinnvoll, wenn die Gottesdienstleitung und die Gemeindeleitung eng miteinander verwoben sind (→ Kapitel 4c). Man sollte sich hier auch nicht überfordern. Es ist auch völlig in Ordnung, wenn eine Gemeindeleitung sich mit zu viel Spontaneität überfordert sieht. Und man muss ein für die Gemeinde passendes Maß finden und gelegentlich auch neu justieren, in welchem Rahmen und in welchem Umfang Freiräume für spontane Charismen geschaffen werden.

Am Ende dieses Kapitels wollen wir nochmals den Faden aus den Überlegungen zu Spontaneität (→ Kapitel 5b) aufgreifen und unterstreichen:

Es gibt zwei weitverbreitete falsche Gleichungen, die wir aus unserem Empfinden und Denken streichen müssen:

a) Charismen = spontan. Ja, es gibt sie, die Charismen, die spontan zum Ausdruck gebracht werden. Aber nicht alle Charismen zielen auf spontane Ausübung. Man kann also Spontaneität nicht mit Charisma gleichsetzen. Charismen umfassen sowohl spontane als auch geplante Tätigkeiten. Es braucht alle Charismen zum Aufbau der Gemeinde. Da wäre eine Höhergewichtung des Spontanen gegenüber dem Geplanten schädlich – und umgekehrt.

b) Spontan = geistgewirkt. Ja, was der Heilige Geist wirkt, kann spontan sein. Aber nicht alles, was spontan ist, kommt vom Heiligen Geist. Spontanes kann auch ganz menschlich sein. Und der Heilige Geist kann auch im Geplanten und Regelmäßigen wirken. Wir sollten das Spontane nicht überbewerten, aber offen sein für das spontane Wirken des Heiligen Geistes. Das Kriterium im Gottesdienst ist, ob alles, das Geplante und das Spontane, das Regelmäßige und das Einmalige, das Gewöhnliche und das Außergewöhnliche, zur Begegnung zwischen Gott und seiner Gemeinde beiträgt.

Kapitel 16 Informationen

„Wir kommen zu den Informationen“ – bei dieser Ankündigung schalten manche Gottesdienstteilnehmer den Langeweile-Modus ein. Man will nicht schon wieder hören, wo man mitarbeiten und für welchen Anlass man Kuchen backen sollte. Andere werden etwas nervös, weil man nicht so sicher weiß, wie es kommt. Wieder andere sind freudig gespannt. Der Gottesdienstleiter schaut immer wieder mal auf die Uhr in der Hoffnung, dass das Zeitmanagement einigermaßen aufgeht. Wie soll man mit diesem Teil des Gottesdienstes bloß umgehen? Manchmal ist man versucht zu denken: Am besten wäre es, die Informationen ganz aus dem Gottesdienst zu verbannen. Die stören nur den liturgischen Fluss. Das kann man auch anders sehen. Wenn wir davon ausgehen, dass das Wir der Gemeinde für den Gottesdienst wesentlich ist, dann gehören auch Mitteilungen dazu, die Ausdruck des Gemeindelebens und der Gemeinschaft auch über den Gottesdienst hinaus sind.

Standard 1: Informationen integrieren.

Informationen sind *keine Fremdkörper* im Gottesdienst. Sie zeigen die irdische Dimension und die konkrete Gestalt des Gemeindelebens. Manchmal erscheinen die Informationen wie ein „Bauklotz“, der gar nicht mit dem Rest des Gottesdienstes verbunden ist. Informationen kann man eher wie „Puzzleteile“ verstehen, die in den Gottesdienst gut integriert sind (→ Kapitel 3f).

Welche Wege gibt es, Informationen zu integrieren?

- Die Einführung „Jetzt kommen wir zu den Informationen“ weglassen. Das ist eine überflüssige Anmoderation. Besser ist es, die Information einfach gleich zu sagen. Wenn man dic Anmoderation weglässt, kann man den Übergang vom vorherigen Element zur Information fließend gestalten.

- Die Informationen nicht alle in einem Block weitergeben, sondern an zwei oder drei Orten dort, wo sie gut passen, im Gottesdienst einstreuen.
- Die Informationen mit anderen gottesdienstlichen Elementen direkt verknüpfen, beispielsweise mit Fürbitte oder Lobpreis.

Best Practice

Der Gottesdienst beginnt mit dem Lied „Lobe den Herrn meine Seele". In fließendem Übergang zitiert der Gottesdienstleiter frei die Worte aus Psalm 73,25-26: „*Wenn ich nur dich habe, so frage ich nichts nach Himmel und Erde. Wenn mir gleich Leib und Seele verschmachtet, so bist du doch, Gott, allezeit meines Herzens Trost und mein Teil.*"

Er fährt fort: „*Hier spricht einer, der Gott begegnet ist. Das hat ihn verändert, für immer. Eine neue Ausrichtung. Nichts im Himmel und auf der Erde ist Gott gleich. Alles gebe ich hin, sogar meine Gesundheit – aber Gott nicht! Packend und bewegend. Wir spüren sofort: Es ist anders, über Gott zu diskutieren, als ihm zu begegnen. Und wenn man ihm mal begegnet, lässt es sich kaum in Worte fassen. Blaise Pascal, der geniale Mathematiker und Philosoph aus dem 17. Jahrhundert, hatte eine solche intensive Begegnung. Und er hat sie aufgeschrieben auf einem Notizzettel und diesen in das Futter seines Mantels eingenäht. Da steht: ‚Seit ungefähr halb elf Uhr abends bis ungefähr eine halbe Stunde nach Mitternacht. Feuer. Der Gott Abrahams, der Gott Isaaks und der Gott Jakobs, nicht der Philosophen und der Gelehrten. Gewissheit, Gewissheit, Empfinden, Freude, Frieden. Der Gott Jesu Christi.'*

Wie wünsche ich mir, dass ich selbst so von Gott ergriffen bin und auch meine Mitmenschen. In diesem Herbst heften wir uns in den Predigten an die Spuren von Menschen, die Jesus begegnet sind und dadurch verändert wurden. Mögen diesen Predigten auch bei Dir dieses Feuer neu wecken, mögest Du neu angesteckt werden von der Freude der Begegnung mit Gott. Life on Stage [eine Form von Großevangelisation] steht vor der Tür. Wie schön, wenn das unsere Sehnsucht weckt, dass auch unsere Freunde und Nachbarn eine solch unvergessliche und lebensverändernde Begegnung mit Jesus haben.

O Jesus, du bist der Weg, die Wahrheit und das Leben.
Welch Geschenk ist es, dich zu kennen, Retter und Herr.
Es gibt nichts Besseres, als dir zu begegnen.
Jesus, du kennst uns,
die Momente, in denen es in uns brennt,
und auch, wenn der Glaube
zur langweiligen Routine geworden ist.
Wir bitten dich:
Entfache dein Feuer wieder neu in uns.
Wecke die Sehnsucht in uns,
dass wir dir begegnen,
und dass unsere Mitmenschen dir begegnen.
Wenn mir gleich Leib und Seele verschmachtet,
so bist du doch, Gott,
allezeit meines Herzens Trost und mein Teil.
Amen.

Die Eröffnung enthält die Reihenfolge Bibelwort – Kurzbeitrag – Gebet (→ Kapitel 9, Standard 3). Eine explizite Begrüßung gibt es nicht. Die Informationen zur Predigtserie und zur bevorstehenden Großevangelisation sind in den Kurzbeitrag integriert. Sie werden nicht als solche bezeichnet und werden im Gebet direkt aufgenommen. Die horizontale Kommunikation (Kurzbeitrag) ist in die vertikale Kommunikation (Bibelwort, Gebet) eingebettet.

Standard 2: Wenige und gut ausgewählte Informationen.

Informationen gehören in den Gottesdienst. Ja! Aber nicht alle Infos. Der Gottesdienst ist keine Informations-, Werbe- oder Vereinsveranstaltung. Deshalb sollten in jedem Gottesdienst nur wenige und gut ausgewählte Informationen weitergegeben werden. Dabei werden nicht nur nüchterne Fakten weitergegeben, sondern auch deren Bedeutung vermittelt. Das kann – wie im obigen Beispiel – ein theologischer Akzent sein, das könnte auch eine persönliche Facette sein oder ein Kurzinterview. Oder es kann sinnvoll sein, die Bedeutung einer Information für die ganze Gemeinde zu erläutern.

Wie wählt man aus, welche Informationen in den Gottesdienst gehören? Je nach Gemeindegröße lohnt es sich, ein *Kommunikationskonzept* zu erstellen. Da wird beschrieben, welche Art von Informationen auf welchen Kanälen vermittelt wird.

Der *Gottesdienst* ist einer dieser Kanäle. Informationen, die dort weitergegeben werden, erfüllen im Grundsatz folgende Kriterien:

- Sie betreffen die *Gesamtgemeinde*. Das heißt: Infos einer Arbeitsgruppe gehören nicht in den Gottesdienst, außer sie sind für die Gemeinde sehr wichtig (beispielsweise ein besonderes Event oder ein Wechsel der Hauptleitung).
- Sie sind *öffentlichkeitstauglich*. Der Gottesdienst ist keine Privatveranstaltung der Gemeinde, sondern ein öffentlicher Anlass. Informationen mit Insider-Charakter gehören nicht in den Gottesdienst.
- Sie haben hohe *Priorität*. Das ist eine Einschätzung, die von der Gemeindeleitung oder einem Glied davon vorgenommen werden muss.

Man kann natürlich nicht Informationen aus dem Gottesdienst ausschließen, ohne einen *alternativen Kommunikationskanal* anzubieten. Es ist empfehlenswert, einen vom Gottesdienst unabhängigen Standard-Kanal für Kommunikation einzurichten, der von möglichst allen genutzt werden kann. In der gegenwärtigen technischen Landschaft scheint mir ein

E-Mail-Newsletter – wenn möglich in wöchentlichem Rhythmus – die einfachste Lösung zu sein. Fast alle Gemeindeglieder haben eine E-Mail-Adresse. Für die wenigen, die keine haben, lässt sich ein „Info-Partner“ finden, der die E-Mails jeweils in gedruckter oder mündlicher Form weitergibt. Ein solcher Kommunikationskanal kann für die Weitergabe sehr unterschiedlicher Informationen verwendet werden. Hier können auch Insider- und Gruppeninformationen weitergegeben werden und es gibt Raum für Informationen mit weniger hoher Priorität.

Eine gute Möglichkeit ist auch ein *Sonntags-Informationsblatt*, das alle Gottesdienstteilnehmenden beim Eingang erhalten. Auch hier können weitere Informationen aufgenommen werden. Man kann die Kanäle auch so kombinieren, dass das Sonntags-Informationsblatt mit dem E-Mail-Newsletter verschickt wird, sodass alle – und nicht nur die Anwesenden – Zugang zu diesen Informationen haben.

Die Umstellung der Kommunikationsformen wird eine Gewöhnungszeit brauchen, die vielleicht nicht für alle einfach ist. Personen, die vorher ihre Informationen im Gottesdienst weitergeben konnten, können das plötzlich nicht mehr tun und werden auf die schriftlichen Kanäle verwiesen. Manche haben den Eindruck: Was nicht mündlich im Gottesdienst kommuniziert wird, ist nicht wichtig. Und wenn jetzt meine Info nicht mehr im Gottesdienst gesagt werden kann, hört mir niemand zu! Hier braucht es eine sorgsame, aber auch konsequente Begleitung der Gemeinde. Das wird dazu führen, dass man beginnt, schriftliche Informationen ernster zu nehmen und den Gottesdienst nicht mehr als Hauptinformationsplattform zu betrachten.

Kapitel 17 Kollekte

„Was aber die Sammlung für die Heiligen angeht: Wie ich den Gemeinden in Galatien geboten habe, so sollt auch ihr tun! An jedem ersten Tag der Woche lege ein jeder von euch bei sich etwas zurück und sammle an, so viel ihm möglich ist" (1Kor 16,1-2).

Schon in den ersten christlichen Gemeinden war die Kollekte Teil des Gottesdienstes. Sie erfolgte „am ersten Tag der Woche", dann nämlich, wenn man sich zum Gottesdienst versammelt. In Korinth wurde für die verarmte und notleidende Gemeinde in Jerusalem gesammelt. Es handelte sich hier um Geldspenden, da bei einer so großen geografischen Distanz Naturalgaben unpraktisch gewesen wären.

Bei dieser Anordnung von Paulus handelte es sich um eine Sonderspende. Der Normalfall bestand darin, dass man Naturalgaben zum Gottesdienst mitbrachte. Aus diesen wurden Brot und Wein für die Abendmahlsfeier genommen. Nach dem Gottesdienst brachten Diakone die Abendmahlsgaben den abwesenden Gemeindegliedern in die Häuser. Die Naturalgaben wurden an Waisen und Witwen, Kranke und Gefangene sowie weitere Bedürftige verteilt. Später wurden die Naturalgaben durch Geldspenden ersetzt.

Hingabe
Antwort

Die Kollekte bringt zum Ausdruck, dass ich mit allem, was ich bin und habe, Gott gehöre und mich ihm hingebe. Das, was ich besitze, ist mir von Gott anvertraut. Daher setze ich es auch zum Bau seines Reiches und zum Wohl meiner Mitmenschen ein. Die Kollekte ist damit Ausdruck der Hingabe des Lebens an Gott und eine Form, wie die Gemeinde auf das empfangene Wort Gottes Antwort gibt.

Mit der Kollekte wird auch deutlich, dass ich Teil der lokalen Gemeinde bin und für ihr Gedeihen Mitverantwortung trage. Die Kollekte im

Gottesdienst entspricht in dieser Hinsicht dem „Wir"-Charakter des Gottesdienstes (→ Kapitel 1b). Und in der Kollekte wird der lokale Rahmen auch aufgesprengt. Die Verbundenheit mit der universalen Gemeinde erhält eine konkrete Gestalt (→ Kapitel 1f), so wie in neutestamentlicher Zeit durch die Sammlung für die Jerusalemer Gemeinde. Deshalb sollte im Gottesdienst nicht nur für die eigene Gemeindearbeit gesammelt werden. In vielen Kirchen ist die Verwendung eines Teils der Kollekten vorgegeben, was die Verbindung zur universalen Kirche und die Verantwortung der Gemeinde für Mission oder sozialdiakonische Tätigkeiten unterstreicht. Die Gemeinde dreht sich auch bei der Kollekte nicht nur um sich selbst. Wichtig ist dabei, dass der Verwendungszweck der Sammlung genannt wird.

Wir-Charakter Universale Kirche

Standard 1: Kollekte integrieren.

Die Kollekte ist ein normaler Bestandteil des christlichen und kirchlichen Lebens. Sie kann daher auch gut in den Gottesdienst integriert werden und bildet keinen Fremdkörper.

In manchen Gemeinden ist es üblich, dass die *Kollekte beim Ausgang* in Spendenboxen eingelegt werden kann. Das ist an sich keine schlechte Praxis. Sie hat den Vorteil, dass das Durchreichen von Körben entfällt und das Einlegen der Kollekte etwas dezenter erfolgt. Diese Praxis verleitet aber leicht dazu, dass die Kollekte im Gottesdienst gar nicht mehr thematisiert wird. Eine Wirklichkeit des Gemeindelebens wird damit aus dem Gottesdienst ausgeblendet.

Eine direkte *Sammlung im Gottesdienst* zeigt klarer, dass die Kollekte eine gottesdienstliche Handlung ist. Weil Zahlungen zunehmend digital erfolgen, blenden Gemeinden dazu gelegentlich auch die Bankverbindung sowie einen Barcode für digitale Bezahldienste ein. Aber auch da muss man sich bewusst sein, dass die Grundbeiträge der Gemeindeglieder zur Unterstützung der Gemeinde meist nicht am Sonntag abgegeben werden, sondern durch Zahlungsanweisungen, die außerhalb des Gottesdienstes ausgeführt werden. Dennoch scheint es mir Sinn zu ergeben, dass die Kollekte – wie auch immer sie eingesammelt wird – einen festen Bestandteil des Gottesdienstes darstellt.

Es gibt unterschiedliche Ansätze, wie die Kollekte in den Gottesdienst integriert werden kann:

- *Kollekte als Teil des Lobpreises.* Damit wird verdeutlicht, dass das Spenden ebenso ein Ausdruck der Ehrerbietung und Dankbarkeit Gott gegenüber ist wie das Singen von Liedern. Das Sammeln der Kollekte erfolgt während des Singens.
- *Kollekte als Teil der Hingabe.* Hier wird der Aspekt der Hingabe unterstrichen. Passend könnte das als Antwort auf eine entsprechende Predigt sein, die zur Hingabe des Lebens an Gott hinführt. Die Sammlung der Kollekte könnte mit dem Singen von Liedern verbunden werden, welche die Hingabe betonen.
- *Kollekte als Teil der Fürbitte.* Das ist besonders passend, wenn die Kollekte zweckbestimmt erhoben wird. Die Kollekte lässt sich problemlos mit der Weitergabe konkreter Informationen und mit entsprechenden Fürbitten verbinden. Fürbitte und Kollekte bringen beide die Verbundenheit mit der weltweiten Kirche zum Ausdruck.
- *Kollekte als Teil der Gemeindeinformationen.* Wenn die Kollekte für den Eigenbedarf der Gemeinde erhoben wird, wäre es passend, sie im Zusammenhang mit dem Informationsteil einzusammeln. Dabei wird deutlich, dass die gemeinsamen Gaben das Gemeindeleben ermöglichen. Die Kollekte wird so zum Ausdruck der lokalen Gemeinschaft. Die Sammlung der Kollekte könnte gut von einem Instrumentalstück begleitet und mit einem Dankgebet abgeschlossen werden.

Standard 2: Kollekte angemessen ankündigen.

Zentral für das Sammeln der Kollekte ist die Beachtung der individuellen Freiheit und der Verzicht auf Druck und Zwang: *„Ein Jeder gebe, wie er's* *sich im Herzen vorgenommen hat, nicht mit Unwillen oder aus Zwang; denn einen fröhlichen Geber hat Gott lieb*" (2Kor 9,7). Das heißt aber: Der Versuch, durch rhetorische Tricks zu höheren Spenden zu motivieren, mag vielleicht erfolgreich sein, entspricht aber nicht dem Freiwilligkeitsprinzip. Es gibt einige besonders heikle Ansätze, die sofort klar werden, wenn man sie aus der Sicht des Nicht-Spenders betrachtet:

- *Appell ans schlechte Gewissen*: „Du bist so reich, du solltest doch spenden, denk mal an die armen hungernden Kinder". Nicht-Spender erscheinen dann als Personen, die gleichgültig gegenüber der Armut anderer sind.
- *Versprechen von Belohnung*: „Wenn du spendest, wird Gott deine Probleme lösen". Oder: „Wenn du den Zehnten gibst, wird Gott dich mit Segen aus der Höhe belohnen" (in Anlehnung an Mal 3,10). Spenden wird hier zu einem Tauschgeschäft für Gottes Gaben. Ich spende, damit ich von Gott etwas erhalte. Richtig wäre es andersherum: Mein Spenden ist Ausdruck davon, dass ich alles, was ich bin und habe, Gott verdanke.
- *Spenden als Gebot*: „Es ist ein biblisches Gebot, zu spenden". Sich an der Kollekte nicht zu beteiligen wäre dann Ungehorsam gegenüber Gott. Aus der Freiwilligkeit, die im Evangelium begründet liegt, wird Gesetzlichkeit.

Besser ist es, klare und sachliche Informationen weiterzugeben und mit einfachen Worten um Beteiligung an der Kollekte zu bitten.

Best Practice

Anmoderation für eine Kollekte, die in die Lobpreiszeit integriert ist:

„Wir verehren Gott mit unseren Stimmen und mit unserem Singen. Wir verehren ihn mit unserem ganzen Leben. Wir verehren ihn mit unseren Gaben. Mit dem nächsten Lied („Mittelpunkt"[32]) singen wir

Gott zu, dass er der Mittelpunkt unseres Lebens ist und wir ihm gehören. Die Kollektenkörbe gehen durch die Reihen. Mit der Kollekte wird die Arbeit unserer Gemeinde unterstützt und ermöglicht. Möge Gott geehrt werden durch die Kollekte, durch unser Singen und durch all unsere Gemeindetätigkeiten."

Kapitel 18 Sendung & Segen

Wir kommen zur letzten Sequenz des Gottesdienstes. Im Eröffnungsteil (→ Kapitel 9) geht es darum, dass die Gemeinde sich zu Gott hin gesammelt. Im Schlussteil werden die Gottesdienstteilnehmer als von Gott gesegnete Menschen in die Welt gesandt. Eröffnung und Schluss sind Schwellen zwischen Gottesdienst und Alltag in der Spannung von Sammlung und Sendung (→ Kapitel 3f). Hier im Schlussteil wird die Brücke vom Gottesdienst in den Alltag beschritten.

Standard 1: Der Gottesdienst endet mit Sendung und Segen.

Sendung und Segen gehören zusammen. Eine Sendung ohne Segen wäre eine Überforderung. Es wäre dann nicht klar, woher die Kraft kommt, um die Sendung auszuführen. Ein Segen ohne Sendung ist ein Wohlfühlprogramm. Es ist schön, gesegnet zu werden. Aber es würde nicht deutlich, wozu der Segen befähigt und weshalb überhaupt ein Segen benötigt wird.

Beides, Sendung und Segen, kann am Ende des Gottesdienstes knapp gehalten werden. Es braucht keine ausführlichen Erklärungen und keine ausschweifenden Worte.

Die *Sendung* im klassischen Gottesdienst lautet: „Gehet hin in Frieden". In der lateinischen Version „Ite, missa est" (wörtlich: „Gehet hin, das ist die Entlassung/Sendung") klingt noch eine stärkere Verbindung zur Sendung und zur Mission an, die im lateinischen Wort „missa" mitschwingt. Es ist übrigens dieser Schlussruf, der dazu geführt hat, dass man den Gottesdienst „Messe" nennt. Die Sendung verbindet den sonntäglichen und alltäglichen Gottesdienst (→ Kapitel 8). Hier wird auch deutlich, dass die Evangelisation aus dem Gottesdienst strömt (→ Kapitel 6c). Die Gottesdienstteilnehmenden werden in die Welt gesandt, um dort als Christen zu leben, die Welt nach Gottes Willen zu gestalten und Jesus Christus als Herrn zu bezeugen.

Das Sendungswort im Gottesdienst kann unterschiedlich gestaltet werden. Es kann allgemein gehalten sein oder sich auch aus der Predigtthematik ergeben. Es kann sich um ein Bibelwort handeln, eine Liedstrophe oder auch um eine freie Formulierung.

Best Practice

Biblische Sendungsworte:

„Ihr seid das Licht der Welt. So lasst euer Licht leuchten vor den Leuten, damit sie eure guten Werke sehen und euren Vater im Himmel preisen“ (Mt 5,14a.16).

„Wandelt als Kinder des Lichts; die Frucht des Lichts ist lauter Güte und Gerechtigkeit und Wahrheit“ (Eph 5,8b-9).

„Freuet euch in dem Herrn allewege, und abermals sage ich: Freuet euch! Eure Güte lasst kund sein allen Menschen! Der Herr ist nahe“ (Phil 4,4-5).

„Lass ab vom Bösen und tue Gutes; suche Frieden und jage ihm nach“ (Ps 34,15).

„Den Herrn aber, Christus, haltet heilig in euren Herzen. Seid stets bereit, Rede und Antwort zu stehen, wenn jemand von euch Rechenschaft fordert über die Hoffnung, die in euch ist“ (1Petr 3,15).

„Stärkt die müden Hände und macht fest die wankenden Knie, sagt denen, die verzagten Herzens sind: Fürchtet euch nicht! Seht, euer Gott ist da; er kommt und wird euch helfen“ (frei nach Jes 35,3-4).

„Wachet, steht im Glauben, seid mutig und seid stark! Alle eure Dinge lasst in der Liebe geschehen“ (1Kor 16,13-14).

Freie Formulierungen:

„Geht in der Kraft, die euch der Heilige Geist gegeben hat und bezeugt Christus, wo Euch die Gelegenheit gegeben wird."

„Geht hin als Geliebte Gottes und werdet zu Boten seiner Liebe."

„Geht nun in Frieden und dient Gott in eurem Alltag. Und wo immer ihr hinkommt, ist Jesus schon da."

Im *Segen* wird der Gottesdienstgemeinde und damit jedem Einzelnen die Gegenwart Gottes zugesprochen. Die Gegenwart Gottes ist es, welche uns befähigt, als von ihm gesandte Menschen in unserem Alltag zu leben. Dieser Zusammenhang wird beispielsweise auch deutlich beim sogenannten „Missionsbefehl" (Mt 28,18-20). Der Auftrag, hinzugehen, zu taufen und zu lehren (Vers 19), wird eingerahmt von der Vollmacht Jesu Christi (Vers 18) und von der Zusage seiner Gegenwart (Vers 20). Im Gottesdienst wird die Gemeinde mit dem Zuspruch der Gegenwart Gottes in diese Welt gesandt.

Standard 2: „Der Herr segne Dich" als Grundformulierung des Segens.

Ausgangspunkt ist der Segnungsauftrag, den Gott durch Mose dem Aaron und seinen Söhnen gegeben hat, der sogenannte „aaronitische Segen":

> *„Der HERR redete mit Mose und sprach: Sage Aaron und seinen Söhnen und sprich: So sollt ihr sagen zu den Israeliten, wenn ihr sie segnet: Der HERR segne dich und behüte dich; der HERR lasse sein Angesicht leuchten über dir und sei dir gnädig; der HERR hebe sein Angesicht über dich und gebe dir Frieden. So sollen sie meinen Namen auf die Israeliten legen, dass ich sie segne" (4Mose 6,22-27).*

Im Segen verbinden sich zwei Beziehungsrichtungen. Einerseits beinhaltet der Segen Worte, die von Menschen zu anderen Menschen gesprochen werden, hier von Aaron zum Volk Israel. Andererseits ist es Gott selbst, von dem der Segen kommt. Das heißt also: Beim Segnen spricht ein Mensch einem anderen Menschen etwas zu, was nur Gott geben kann. Der Inhalt des Segens ist beim aaronitischen Segen in der größtmöglichen Weite gefasst. Es ist der Zuspruch der gnädigen Gegenwart Gottes und all der Folgen, welche diese Gegenwart beinhaltet, wie Schutz und Frieden.

Für den Segen gibt es diese ganz typische Sprachform: „Der Herr segne Dich". Deutlich wird, dass das „Du" im Segen ein Mitmensch beziehungsweise die Gemeinde ist. Die sprechende Person (Ich, in der Skizze „I") spricht eine andere Person (Du, in der Skizze „D") an. Das, was dem Du zugesprochen wird, stammt aber nicht vom Ich, sondern von Gott selbst (in der Skizze „G"). Der Segen wird also vom Ich dem Du zugesprochen (durchgezogene Linie), stammt aber von Gott (gestrichelte Linie). Gerade weil das Ich nicht im Besitz des Segens ist, dem Du aber den Segen wünscht, wird bei der Formulierung die Wunschform, „segne", gewählt. Es ist aber mehr als ein bloßer oder vager Wunsch. Der Wunsch beruht auf der Gewissheit, dass geschieht, was gesagt wird – und zwar, weil der segnende Gott ja selbst den Auftrag zum Segnen gegeben hat.

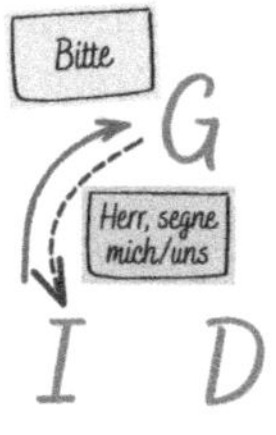

Damit unterscheidet sich das Segnen von anderen Sprechweisen, die wir auch kennen. Der Segen ist *kein Gebet*. Beim Gebet wird Gott als Du adressiert, nicht der Mitmensch. Der Segen unterscheidet sich daher von der *Bitte* um Segen. In der Bitte wende ich mich an Gott und bitte ihn, mich oder jemand anderen zu segnen. Die Bitte um Segen ist biblisch gut verankert. Uns begegnet sie beispielsweise in der Szene, in der Jakob am Jabbok mit Gott ringt und ihn dann bittet: *„Ich lasse dich nicht, du segnest mich denn"* (1Mose 32,27). Oder auch Jabez bittet Gott darum, gesegnet zu werden: *„Ach dass du mich segnetest …“* (1Chr 4,10). Hier handelt es sich um an Gott gerichtete Gebete mit dem Wunsch, selbst von Gott gesegnet zu werden.

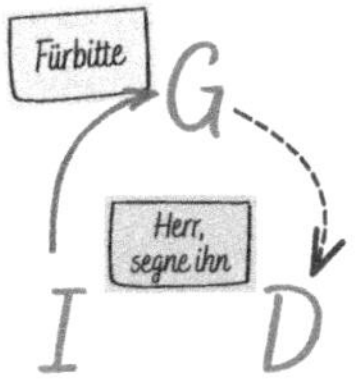

Nun kann es auch sein, dass man Gott bittet, eine andere Person zu segnen. Das ist die Sprachform der *Fürbitte*: „Herr, segne meinen Nachbarn“. Der Sprechende richtet sich an Gott und bittet ihn, eine bestimmte Person zu segnen. Diese Form eignet sich bei Personen, die nicht anwesend sind und denen man den Segen daher nicht direkt zusprechen kann. Im Gottesdienst passt diese Sprachform in die Fürbitte (→ Kapitel 11, Standard 2). Wenn jedoch eine Person anwesend ist, ist die typische Segensform angebracht, sodass man der Person den Segen Gottes zuspricht.

Dann gibt es auch die recht weitverbreitete Sprechweise: „Ich segne dich“. Eigentlich handelt es sich hier um eine *Selbstbeschreibung*. Die sprechende Person sagt, was sie tut. Dass wir so oft Selbstbeschreibungen verwenden, gehört zu den Merkmalen unserer Zeit. Das gilt nicht nur beim Segnen, sondern ganz allgemein: Wir verwenden Worte, um anderen mitzuteilen, was wir tun. Die Social-Media-Kultur trägt dazu bei, dass wir beständig über uns berichten und sagen, was wir gerade machen: „Ich bin in fünf Minuten zu Hause“, „Ich bin am Kochen“. Das prägt unsere Redeweise. Statt „Danke“ sagen wir „Ich danke Dir“. Diese Redeweise färbt nun auch im Gottesdienst an manchen Orten ab. Beispielsweise im Lobpreis: Da verwenden wir gerne Selbstbeschreibungen wie „Ich stehe vor Dir und lobe Dich“ – statt dass wir aufstehen und zu Gott sagen „Du bist groß“. Und jetzt begegnet uns auch beim Segnen diese Selbstbeschreibungs-Formulierung: „Ich segne dich mit Frieden“ statt „Gott gebe Dir Frieden“. Die Selbstbeschreibung hat das Problem, dass das Ich betont wird. Es wird unklar, woher der Segen stammt. Kommt er vom Ich oder von Gott? Hat das Ich einen Besitz an

Segen, den es dem Du weitergeben kann? Wird das Ich zu einem Mittler des Segens zwischen Gott und dem Du? Das würde dem biblischen Zeugnis widersprechen, bei dem klar ist, dass der Segen zwar vom Ich dem Du zugesprochen wird, aber ihm direkt von Gott zukommt. Ich würde daher empfehlen, diese Sprachform der Selbstbeschreibung ganz zu vermeiden. Wenn ich jemanden segne, sage ich nicht, dass ich ihn segne, sondern spreche ihm einen Segen zu! Ich habe begonnen, das auch in meiner alltäglichen Kommunikation umzusetzen. Statt dass ich jemandem sage: „Ich wünsche Dir Gottes Segen“ sage ich beispielsweise „Gott sei mit Dir“, „Gott segne Dich“ oder „Der Friede Gottes sei mit Dir“.

Natürlich bin ich dankbar, dass Gott nicht auf einen korrekten Gebrauch der Sprache angewiesen ist. Sein Segen ist nicht davon abhängig, ob ich nun eine passendere Formulierung verwende oder nicht. Ich finde aber, dass es uns hilft, besser zu verstehen, was mit Segen gemeint ist, wenn wir so präzise wie möglich sprechen. Daher plädiere ich dafür, gerade beim Segen im Gottesdienst diese biblische Sprechform des Segens zu verwenden.

Best Practice

Segensworte:

„Der Herr segne dich und behüte dich; der Herr lasse sein Angesicht leuchten über dir und sei dir gnädig; der Herr hebe sein Angesicht über dich und gebe dir Frieden“ (4Mose 6,24-26).

„Der Herr behüte dich vor allem Übel, er behüte deine Seele. Der Herr behüte deinen Ausgang und Eingang von nun an bis in Ewigkeit“ (Ps 121,7-8).

„Die Gnade unseres Herrn Jesus Christus und die Liebe Gottes und die Gemeinschaft des Heiligen Geistes sei mit euch allen“ (2Kor 13,13).

„Der Friede Gottes, der höher ist als alle Vernunft, bewahre eure Herzen und Sinne in Christus Jesus“ (Phil 4,7).

„Der Gott des Friedens heilige euch durch und durch und bewahre euren Geist samt Seele und Leib unversehrt, untadelig für die Ankunft unseres Herrn Jesus Christus. Treu ist er, der euch ruft; er wird's auch tun“ (1Thess 5,23-24, LUT84).

„Gnade sei mit euch und Friede von dem, der da ist und der da war und der da kommt“ (Offb 1,4).

„Gnade sei mit euch und Friede von Gott, unserm Vater, und dem Herrn Jesus Christus“ (Röm 1,7).

„Es segne und behüte euch der allmächtige Gott, der Vater und der Sohn und der Heilige Geist.“

Auch gestisch kann man die Sprachform des Segens unterstreichen. Er ist kein Gebet, daher passt auch die Gebetsgestik (→ Kapitel 11, Standard 1b) für den Segen nicht. Vielmehr passt es, dass ich die Personen anblicke, die ich segne: Der Segen wird also mit offenen Augen zugesprochen und empfangen. Die erhobenen Hände und die der Gemeinde zugewendeten Handflächen unterstützen diese Kommunikationsrichtung. Die Gemeinde antwortet auf den Segen mit einem „Amen!“.

Kapitel 19 Gebäude & Raum

Welche Bedeutung spielen Gebäude und Raum für den Gottesdienst? Die erste Antwort lautet: Keine entscheidende. Auf die Frage der Samariterin, ob man auf dem Berg Garizim oder in Jerusalem Gott anbeten müsse, antwortet Jesus: Weder hier noch dort, sondern überall, wo Gott *„im Geist und in der Wahrheit“* angebetet wird (Joh 4,20-23). Es gehört zum Merkmal der christlichen Gemeinde, dass es keine vorgegebenen Gebäudenormen und keine zentralen heiligen Orte gibt. Überall auf dem ganzen Erdball und in unterschiedlichsten Gebäuden wird Gott angebetet und verehrt. Nicht die Beschaffenheit und Gestaltung eines Kirchengebäudes sind entscheidend, sondern was darin geschieht. Jesus verheißt seine Gegenwart nicht in einer bestimmten Lokalität, sondern bei einer bestimmten Tätigkeit: *„Wo zwei oder drei versammelt sind in meinem Namen, da bin ich mitten unter ihnen“*(Mt 18,20). Jeder Raum hat das Potenzial, ein Gottesdienstraum – und damit ein heiliger Raum – zu werden. Und kein Gebäude ist schon an sich ein heiliges Gebäude – wenn nicht Gott darin angebetet und verehrt wird.

Und doch: Gleichgültig sind Gebäude nicht! Das spüren und merken wir sofort. Deshalb vermieten Freikirchen ihre Gottesdiensträume nicht für Veranstaltungen mit einem gegen-christlichen Profil. Deshalb werden Gottesdiensträume liebevoll gestaltet. Deshalb gibt es Räume, in denen wir einfacher in eine Hör- und Gebetshaltung kommen als in anderen Räumen. Vielleicht könnte man sagen: Gott benötigt keinen heiligen Raum – aber ich benötige ihn. Mir hilft der Raum, mich auf Gott auszurichten, – und manchmal hindert er mich daran. Gebäude und ihre Einrichtung können bestimmte Kommunikations- und Handlungsformen fördern und andere hemmen. Gebäude haben damit einen *funktionalen* Charakter.

Standard 1: Der Raum unterstützt die gottesdienstliche Kommunikation.

Wir haben gesehen, dass sich der Gottesdienst durch horizontale und vertikale Kommunikation auszeichnet – nämlich durch den Dialog zwischen Gott und der versammelten Gemeinde (→ Kapitel 1c; → Kapitel 2c-e). Man kann daher sagen: Ein Raum erfüllt seine Funktion, wenn er diese Kommunikation unterstützt. Es gibt kein Idealrezept, wie ein solcher Raum oder ein solches Gebäude aussieht – es sollen aber doch einige Merkmale benannt werden:

Einzweck-Raum
Mehrzweck-Raum

a) *Es gibt „Einzweck"- und „Mehrzweck"-Räume.* Einzweckräume haben den Vorteil, dass die gesamte Architektur – also auch alle nicht beweglichen Elemente – auf diesen einen Zweck ausgerichtet sind. Typische Kirchenbauten sind „Einzweck"-Bauten. Sie dienen nur dem Gottesdienst. Wenn man andere Anlässe in Kirchen durchführen will – wie beispielsweise Konzerte – muss man die einseitigen baulichen Gegebenheiten berücksichtigen. Mehrzweck-Bauten sind dagegen auf vielfältige Nutzung ausgerichtet. Sie sind so konzipiert, dass man darin nicht nur Gottesdienst feiern kann. Meist bedeutet das, dass die Architektur selbst sehr offen gestaltet ist und dass das Mobiliar frei bewegt und angeordnet werden kann. Nun ist gut erkennbar, dass sowohl Einzweck- als auch Mehrzweck-Räume ihre Vor- und Nachteile haben. Ein gottesdienstlicher Einzweckraum hat den Vorteil, dass er bis in die Details auf gottesdienstliche Kommunikation ausgerichtet werden kann. Er hat aber den Nachteil, dass bei veränderten Kommunikationsgewohnheiten der ursprüngliche Zweck nicht mehr so gut erfüllt werden kann – man sieht das beispielsweise an den Grenzen, welche klassische Kirchenbauten für Multimedia-Nutzung darstellen. Einzweck-Räume sind durch die begrenzte Nutzungsmöglichkeit oft auch weniger stark genutzt – was sich auf die Finanzierung der Räumlichkeiten negativ auswirken kann. Die multifunktionale Ausrichtung der Mehrzweckräume ist für eine Mehrfachnutzung angenehm, unterstützt aber nicht so stark die gottesdienstliche Kommunikation. Das heißt: In Mehrzweckräumen muss man in die mobile Einrichtung mehr investieren, um die gottesdienstliche Kommunikation zu fördern. Das erfolgt meist durch eine geschickte Bestuhlung, durch eine passende Beleuchtung und durch eine gute Gestaltung des Fokusbereichs (siehe unten unter c).

Vertikal Horizontal

b) *Welche Kommunikation wird durch die Architektur unterstützt?* Gotische Kirchenbauten ziehen die Aufmerksamkeit nach oben. Sie sind hoch gebaut. Sie bilden mit ihren langen schmalen Fenstern und ihren hohen Decken vertikale Kommunikationsformen ab. Der ganze Raum sagt: Hier geht es darum, dass die Gedanken und Blicke nach oben gezogen werden. Hier geht es um Gott. Umgekehrt sind typische freikirchliche Mehrzweckräume auf die horizontale Kommunikation ausgerichtet. Ein großzügiges Foyer mit einer Cafeteria und bequemen Sitzgelegenheiten laden zu zwischenmenschlichen Begegnungen und zum Gespräch ein. Der Übergang der Begegnungszone in den Gottesdienstraum ist oft fließend gestaltet. Das spiegelt sich im Verhalten der Gottesdienstteilnehmenden wider, sodass man auch problemlos ungezwungene Gespräche im Gottesdienstraum führt. Multimediale Audio-, Video- und Beleuchtungstechnik sorgt für optimale und kontextuell angepasste horizontale Kommunikation. Die Aufmerksamkeit wird weniger durch den Raum selbst als durch die eingesetzte Technik – also durch Beleuchtung und Tonverstärkung – gesteuert. Wäre es nicht sinnvoll und möglich, die guten Seiten dieser beiden typischen Grundformen zu kombinieren? Bei einem Neubau oder einer Renovierung könnte man darauf achten, dass die Eingangszone die horizontale Kommunikation und der Gottesdienstbereich die vertikale Kommunikation unterstützt. Christliche Symbole könnten dabei ebenso hilfreich sein wie hohe Fenster und eine passende künstlerische Gestaltung.

c) *Worauf konzentriert sich die Aufmerksamkeit im Raum?* Wovon wird das Auge angezogen? Was befindet sich im zentralen Sichtbereich des

Gottesdienstraums? Diese Frage kann helfen, den Gottesdienstraum so zu konzipieren bzw. einzurichten, dass er die gottesdienstliche Kommunikation unterstützt. Es ist sinnvoll, wenn das, was im zentralen Sichtbereich des Gottesdienstes stattfindet, auf die Kommunikation mit Gott hinweist. Im klassischen Kirchenbau steht dort der *Abendmahlstisch*. Das ist nach wie vor eine sehr gute Lösung. Auch das *Kreuz* als zentrales christliches Symbol oder eine große Bibel sind passende Varianten. Mit Kerzen und Blumen oder anderen dekorativen Elementen lässt sich ein passendes Gesamtbild gestalten.

Eine andere passende Möglichkeit ist eine *offene Mitte* ohne irgendwelche Gegenstände, nur mit einer weißen Wand, die auch für Projektionstechnik zum Einsatz kommen kann. Dadurch wird die Aufmerksamkeit konzentriert und trotzdem ganz offen gehalten, indem nicht ein bestimmter Gegenstand Aufmerksamkeit erhält, sondern die Handlung, die dort stattfindet. Auch projizierte Texte, wie beispielsweise Liedtexte, erhalten entsprechende Aufmerksamkeit. In einem solchen Konzept wäre eine minimalistische Präsentation zu bevorzugen, d. h. weißer Text auf schwarzem Hintergrund. Dadurch erscheinen die weißen Buchstaben auf der Wand – ohne irgendwelche anderen gestalterischen Elemente, die vom Text ablenken.

Man kann natürlich auch fragen: Was gehört nicht in den Fokusbereich? Aufgrund der bisherigen Überlegungen können wir sagen: Musikinstrumente gehören nicht in den zentralen Fokusbereich, weder ein Flügel noch ein Schlagzeug. Musikinstrumente im zentralen Fokusbereich wären typisch für ein Konzert – aber nicht für einen Gottesdienst. Auch das Gemeindelogo gehört ebenso wenig in die Mitte der gottesdienstlichen Kommunikation wie eine regionale oder nationale Flagge. Ein im Gebäude fest angebrachter Bibelspruch verweist auf den Charakter des Gebäudes und hat daher durchaus eine sinnvolle Bedeutung. Aber einen solchen Wandspruch sollte man nicht im zentralen Fokusbereich des Gottesdienstraums platzieren.

d) *Wo sollen Band und Rednerpult hin?* Auch hier wird man auf die gegebenen Umstände Rücksicht nehmen und im jeweiligen Raum praktikable Lösungen finden müssen. Wenn man prinzipiell überlegt, wird sofort klar: Die Kommunikationsrichtung ist ziemlich unterschiedlich. Beim Predigen wird die Gemeinde angesprochen. Das Rednerpult sollte daher, um diese Kommunikationsrichtung zu unterstützen, der Gemeinde frontal gegenüber aufgestellt sein (ausgezogene hellgraue Pfeile). Anders beim Singen. Dort haben wir gesehen, dass es die Aufgabe der Musikgruppe ist, *mit der Gemeinde zu Gott* zu singen und nicht, die Gemeinde *anzusingen* (das könnte gelegentlich der Fall sein bei einem Liedvortrag, beispielsweise durch einen Chor). Wenn die Musikgruppe der Gemeinde frontal entgegengesetzt ist, wird es schwierig sein, dieses gemeinsame Singen räumlich zum Ausdruck zu bringen. Es wird dann immer so sein, dass sich

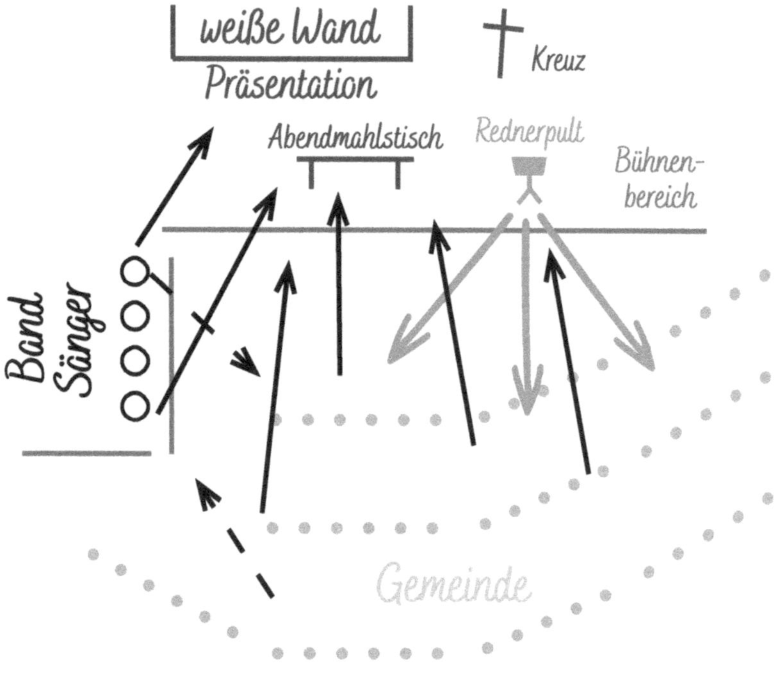

Gemeinde und Band wechselseitig anschauen. Besser wäre es, eine Variante zu wählen, die es Gemeinde und Band ermöglicht, eine mehr oder weniger gemeinsame Blickrichtung einzunehmen (ausgezogene schwarze Pfeile). Eine gute Möglichkeit wäre es, die Musikgruppe seitlich zu platzieren. Die natürliche Blickrichtung der Gemeinde ist nicht auf die Musikgruppe selbst konzentriert, sondern auf die Mitte, auf das Kreuz, auf den Abendmahlstisch oder auch auf die projizierten Liedtexte. Der Band hilft eine solche Anordnung, ihre Rolle als Unterstützung des Gemeindegesangs wahrzunehmen und nicht in eine Konzert-Rolle zu verfallen. Und der Gemeinde hilft es, sich nicht auf die Band, sondern auf das Singen zu konzentrieren. Die seitliche Anordnung ermöglicht es der Gemeinde aber auch, dass man sich bei Unsicherheiten beim Singen sofort und leicht an der Musikgruppe orientieren kann (gestrichelte Pfeile).

Standard 2: Ästhetisch ansprechende und kulturell sensitive Gestaltung.

Es gibt nicht die eine richtige Raumgestaltung. Das gibt die Freiheit, auf *ästhetische und kulturelle Befindlichkeiten* Rücksicht zu nehmen. Um einen Eindruck kultureller Raumgestaltung zu gewinnen, lohnt sich ein Rundgang durch lokale öffentliche Gebäude: Schulhäuser, Regierungsgebäude, Museen, andere Kirchen. Man kann so ein Gespür für kulturelle ästhetische Präferenzen entwickeln. Bei der Gestaltung des Gottesdienstraums spielen dabei die Kriterien zum Verhältnis von Gottesdienst und Alltag eine Rolle (→ Kapitel 8). Der Gottesdienst ist weder eine Verdoppelung des Alltags noch eine eigene Sonderwelt. Für die Ästhetik heißt das: Der Gottesdienstraum nimmt kulturelle ästhetische Formen auf – er bietet aber auch nochmal eine ganz eigene Ästhetik und Erfahrung. Der Gottesdienstraum hat Elemente einer Konzerthalle – ist damit aber nicht identisch. Er nimmt künstlerische Aspekte auf wie ein Museum – ist aber kein Museum. Vielleicht gleicht die Gestaltung auch einem öffentlichen Mehrzweckraum, der für eine Vereinsversammlung verwendet wird – und doch ist der Gottesdienst mehr als das. Man kann also gut ästhetische Formen übernehmen, die kontextuell angepasst und zeitgenössisch ansprechend sind – es wird aber auch die spezifischen Gottesdienstgestaltungselemente geben, welche das kulturell ästhetische Empfinden aufbrechen und deutlich machen: Hier geht es nochmal um etwas ganz anderes. Hier geht es um Gott! Aus meiner Sicht ist gerade das Kreuz ein Symbol, das diese Wahrheit sehr gut zum Ausdruck bringt. Denn im Gottesdienst wird der Gekreuzigte gepredigt (1Kor 1,23; 2,2) – ob das nun dem kulturellen und ästhetischen Empfinden entspricht oder nicht.

Auch dem *Öffentlichkeitscharakter* des Gottesdienstes wird Rechnung getragen. Die Raumgestaltung folgt daher nicht dem Empfinden eines Wohnzimmers, sondern eher demjenigen einer öffentlichen Einrichtung mit einer gottesdienstlichen Funktion. Das Gebäude und der Raum signalisieren Zugänglichkeit und Offenheit. Man muss nicht Insider sein, um den Eingang zu finden und sich im Gebäude schnell orientieren zu können. Räume sind klar beschriftet und markiert. Eine helle, offene und freundliche Raumatmosphäre – nicht vollgestopft wie eine Abstellkammer, aber auch nicht kalte Nüchternheit – wird für viele Zeitgenossen ansprechend sein. Dazu passt eine Kombination von natürlichen und künstlichen Baustoffen, von Fenstern mit Sonnenlicht und Beleuchtungstechnik, von guter Raumakustik und passender Verstärkeranlage, von dezenten Farben und bewusst gesetzten Farbtupfern. Künstlerisch-ästhetische Elemente verleihen einem Gottesdienstraum eine Atmosphäre, die deutlich macht, dass es hier um etwas geht, was den normalen Alltag durchbricht und übersteigt. Es wird darauf ankommen, dass der Gesamteindruck zu einer gottesdienstlichen Versammlung passt und dass die Raumgestaltung nicht vom Gottesdienst ablenkt, sondern die Aufmerksamkeit auf die gottesdienstlichen Handlungen selbst hinlenkt.

III. Gottesdienst im Rhythmus der Zeit

Im dritten Teil widmen wir uns der Zeit des Gottesdienstes. Wann und in welchem Rhythmus feiern wir Gottesdienst? Weshalb eigentlich am Sonntag (→ Kapitel 20)? Und was ist mit dem Kirchenjahr und den besonderen Festtagen wie Weihnachten, Ostern und Pfingsten (→ Kapitel 21)? Was bedeutet es für den Gottesdienst, wenn er mit besonderen lebensgeschichtlichen Ereignissen zusammenfällt – beispielsweise einer Hochzeits- oder Abschiedsfeier (→ Kapitel 22)? Und wie setzt sich der Gottesdienst in den alltäglichen gottesdienstlichen Lebensformen fort (→ Kapitel 23)?

Kapitel 20 Gottesdienst im Wochenrhythmus: der Sonntag

Im Sonntag in der heutigen Form verbinden sich Ruhetag, Versammlungstag und Wochenendkultur. Das ist das Ergebnis einer langen historischen Entwicklung. Einige Etappen müssen wir uns ansehen, um die gegenwärtige Situation besser zu verstehen und daraus auch Orientierung zu gewinnen.

a) Der Sonntag als Versammlungstag

Die ersten christlichen Gemeinden haben sich „am ersten Tag der Woche" versammelt, um auf die Lehre der Apostel zu hören und Abendmahl zu feiern (Apg 20,7). Das ist zunächst erstaunlich. Denn der erste Tag der Woche ist ein ganz gewöhnlicher Arbeitstag. Wie kommt es, dass man nicht an einem Ruhetag, sondern an einem Arbeitstag Gottesdienst feiert? Das hat mit der Auferstehung von Jesus Christus zu tun. Denn diese erfolgte „am ersten Tag der Woche" (Mt 28,1). Das heißt also: Jesus Christus ist an einem gewöhnlichen Arbeitstag von den Toten auferstanden. Der gottesdienstliche Rhythmus orientiert sich an der Auferstehung. Jeder Sonntag ist ein kleines Osterfest! An jedem ersten Tag der Woche feiern die Christen, dass Jesus von den Toten auferstanden ist. Wir halten hier schon einmal fest: *Die Auferstehung von Jesus Christus ist das wichtigste Ereignis für die christliche Gestaltung der Zeit!* Und weil am Auferstehungstag Jesus als Herr angebetet wird, wird der erste Tag der Woche zum „Herrentag" (Offb 1,10). Die Spuren sind in der Bezeichnung des Sonntags in den romanischen, also stark vom Latein

Jeder Sonntag ist ein Osterfest.

geprägten Sprachen gut erkennbar: „Domenica" (italienisch, Sonntag, von lateinisch „dominica dies" = Tag des Herrn) oder auch „Dimanche" (französisch) bzw. „Domingo" (spanisch). Der Sonntag ist der Tag, an dem Jesus als Herr gefeiert wird.

Sonntag war also in der ersten Zeit der Christenheit *Versammlungstag, aber nicht Ruhetag.* Man hat Gottesdienst gefeiert und gearbeitet. Man traf sich am Morgen früh vor der Arbeit oder am Abend nach der Arbeit zum Gottesdienst. Der Ruhetag wurde in dieser Zeit unterschiedlich gehalten. Im jüdischen Kontext galt der Sabbat als Ruhetag. Juden, die zum Glauben an Jesus gekommen sind, haben nach allem, was wir wissen, den Sabbat als Ruhetag gefeiert und sich am ersten Tag der Woche zur Auferstehungsfeier getroffen – zusammen auch mit gläubigen Nicht-Juden. Im römisch-hellenistischen Reich gab es eine vielfältige Festkultur, die sich von der jüdischen Siebentagewoche unterschied. Christen haben am ersten Tag der Woche gemeinsam die Auferstehung gefeiert – ob sie nun aus jüdischem oder aus nicht-jüdischem Hintergrund stammten und unabhängig von der jeweiligen Ruhe- und Festtagskultur. Der Sonntag war also in der ersten Zeit der Christen kein Sabbatersatz. Und niemand wäre auf die Idee gekommen, das Sabbatgebot auf den Sonntag anzuwenden. Und es war völlig klar, dass die nicht-jüdischen Christen nicht verpflichtet waren, den Sabbat nach jüdischer Ordnung zu halten.

Man kann sagen: Die Versammlung am ersten Tag der Woche war eine kulturelle Revolution, sowohl im Vergleich zum Judentum als auch zum hellenistischen Kontext. Entscheidend war, dass man mitten in dieser Welt die Auferstehung von Jesus gefeiert hat.

b) Der Sonntag als der achte Tag

Schon früh in der Christenheit bezeichnete man den Sonntag auch als den *achten Tag*. Jesus ist „am ersten Tag nach dem Sabbat" auferstanden (Mt 28,1), also am achten Tag. Damit wird signalisiert, dass mit der Auferstehung die neue Schöpfung beginnt. Die Woche, die mit dem Sabbat endet, steht für die erste Schöpfung. Mit dem Tag nach dem Sabbat bricht die neue Schöpfung an. Ostern ist der achte Tag – nämlich der erste Tag der neuen Schöpfung.

Der achte Tag ist der erste Tag der neuen Schöpfung.

Den Hintergrund zu diesen Überlegungen finden wir im Alten Testament. Zum einen gibt es das *Laubhüttenfest*. Es wurde sieben Tage gefeiert. Und am achten Tag gab es eine zusätzliche heilige Versammlung (3Mose 23,36; Neh 8,18). Der gleiche Ablauf gilt für die Einweihung des Tempels. Sieben Tage lang Einweihung – und am achten Tag gleich nochmals eine besondere Feier (2Chr 7,8-9; Hes 43,27). Man kann sagen: Am achten Tag wird feierlich in Betrieb genommen, was sieben Tage vorbereitet wurde. Am achten Tag geht es nun richtig los! Es ist der Startschuss für das Neue, das kommt.

Einen ähnlichen Zusammenhang gibt es bei der *Beschneidung*. Auch diese wurde am achten Tag vollzogen (1Mose 17,12; Lk 2,21; Phil 3,5). Nach sieben Tagen der Pflege und der Reinigung wird das Kind am achten Tag in die Bundesfamilie Gottes aufgenommen, wird Gott unterstellt und lebt nun im Bund mit ihm. Es ist daher nicht zufällig, dass Taufkapellen häufig achteckig gebaut wurden und so die Logik des achten Tags symbolisch darstellen. Bei allen Unterschieden, auf die wir hier nicht eingehen können, haben *Taufe* und Beschneidung gemeinsam, dass jemand in den Bund mit Gott aufgenommen wird. Die eigene Identität gewinnt in der Beziehung mit Gott ihren festen und eigentlichen Grund. Die schöpfungsgemäße biologische Herkunft rückt in den Hintergrund. Der achte Tag ist der Tag des Neuen Bundes. In der Taufe identifiziert sich der Täufling mit Jesu Tod und Auferstehung. Taufe wird so zu einem achten Tag, zu einem Osterfest, zum Beginn des neuen Lebens mit Gott, zu einem Start der neuen Schöpfung.

Das heißt: Gott beendet sein Werk nicht mit der Siebentage-Schöpfung. Es gibt einen Tag nach diesen sieben Tagen, den achten Tag. *Dieser achte Tag steht für die neue Schöpfung.* Die Sieben repräsentiert den gegenwärtigen Lauf des Lebens. Der achte Tag markiert den Beginn eines neuen Lebens. Wenn die Christen am ersten bzw. achten Tag Gottesdienst feiern, sagen sie damit: Diese erste Schöpfung ist nicht alles – es kommt die neue Schöpfung. Sie hat mit der Auferstehung von Jesus Christus ihren Anfang genommen. Und sie setzt sich nun fort im neuen Leben des Christen. Deshalb gilt: Wer in Christus ist, ist „neue Schöpfung" (2Kor 5,17). Der Sonntag durchbricht den natürlichen Kreislauf. Er ist Anfang und Vorgeschmack auf die Vollendung der neuen Schöpfung.

c) Der Sonntag als Ruhetag

Sonntag als Kombination von Versammlungstag und Ruhetag.

Unter Kaiser Konstantin wurde 321 n. Chr. der *Sonntag zum allgemeinen Ruhetag* erklärt. Das war natürlich angenehm. Der Versammlungstag der Christen war nun nicht mehr durch Arbeit geprägt. Frei von den Lasten der täglichen Arbeit konnte man Gottesdienst feiern.

Diese Bestimmung hat dazu geführt, dass der *Sonntag den Sabbat in sich aufgesogen* hat. Der Sonntag blieb nicht nur Versammlungstag (erster Tag der Woche), sondern wurde auch zum Ruhetag (Sabbat). Man begann daher, den Sonntag auch mit dem Sabbatgebot aus den Zehn Geboten zu begründen. Und aus der Sabbatheiligung wurde die Sonntagsheiligung. Einerseits war das im Verhältnis zum Judentum konfliktbehaftet, weil nun die jüdische Praxis vom Sabbat auf die nicht-jüdische Praxis des Sonntags verlegt wurde. Und andererseits erhielt der Sonntag stärker den Charakter des Ausruhens und weniger den Charakter des Starts der neuen Schöpfung.

Aus gesellschaftlicher Sicht hat sich der 7-Tage-Rhythmus bewährt. Im Unterschied zu anderen möglichen Rhythmen scheint der 7-Tage-Rhythmus, wie er in der ersten Schöpfung und in den Zehn Geboten angelegt ist, dem Menschen zu entsprechen. Für die christliche Kirche hat der Sonntag den Vorteil, dass der Gottesdienst in den Vormittag fallen kann und dass die Mehrheit der Bevölkerung am Sonntag nicht arbeiten muss und daher grundsätzlich die Möglichkeit hat, am Gottesdienst teilzunehmen. Es ist daher nicht zufällig, dass nach wie vor die Sonntagsgottesdienste die bestbesuchten Gottesdienste sind. Alternative Gottesdiensttage können den Sonntagsgottesdienst ergänzen, nicht aber ersetzen. Wenn an einem durchschnittlichen Sonntag vier bis fünf Prozent der Bevölkerung an einem Gottesdienst teilnehmen, bedeutet das aber auch, dass für die große Mehrheit der Sonntag nur noch Ruhetag ist und nicht mehr gottesdienstlicher Versammlungstag. Der Sonntag verliert damit sein österliches Profil.

d) Der Sonntag als Teil des Wochenendes

Kalendarisch blieb der Sonntag auch als Ruhetag der erste Tag der Woche. Zumindest in dieser Hinsicht blieb trotz allem die Erinnerung noch wach, dass der Sonntag eben kein Sabbatersatz ist, dass es sich also nicht um den letzten Tag der Woche handelt, sondern um den Start der Woche. Das gilt im kirchlichen und im säkularen Kontext. Eigentlich müsste in den Kalendern der 1. Tag der Woche der Sonntag sein.

September

So	Mo	Di	Mi	Do	Fr	Sa
				1	2	3
4	5	6	7	8	9	10
11	12	13	14	15	16	17
18	19	20	21	22	23	24
25	26	27	28	29	30	

Allerdings begann sich in der Nachkriegszeit die Arbeitsgewohnheit zu ändern und aus der 6-Tage-Woche wurde eine *5-Tage-Woche*. Der Samstag wurde zu einem zweiten Ruhetag, an dem man keiner Erwerbstätigkeit nachgehen musste. Auch die Schulen wechselten von der 6- zur 5-Tage-Woche, ein Prozess, der flächendeckend

September

Mo	Di	Mi	Do	Fr	Sa	**So**
			1	2	3	**4**
5	6	7	8	9	10	**11**
12	13	14	15	16	17	**18**
19	20	21	22	23	24	**25**
26	27	28	29	30		

gegen Ende des 20. Jahrhunderts realisiert wurde. Damit entstand das *Wochenende* als Kombination des arbeitsfreien Samstags und des Sonntags – und in den Kalendern ist heute der Sonntag der letzte Tag der Woche.

International wurde 1978 durch einen gemeinsamen Beschluss der UNO die Zählung der Wochentage vereinheitlicht und angepasst. Der Samstag wurde zum sechsten Tag der Woche, der Sonntag zum siebten Tag der Woche. Damit war das Wochenende hochoffiziell etabliert. Das Wochenende hat natürlich praktische Vorteile, weil jetzt zwei Tage hintereinander arbeitsfrei sind, die man nach eigenem Ermessen gestalten kann. Also eine Art zweitägiger Sabbat – aber ohne Sabbatgebote. An dieses Zeitempfinden haben wir uns gewöhnt. Der Gottesdienst wird damit zu einem Teil des Wochenendes. Nicht mehr der Sonntag ist der Start in die Woche, sondern der Montag.

Für die Freizeitgestaltung und für das gemeinsame Familienleben ist das Wochenende sicher hilfreich. Für die geistliche Einstellung und für die eigentliche Bedeutung des Sonntags ist die Wochenendkultur auch eine Herausforderung. Es bedarf in diesem Setting bewusster Anstrengungen, um den österlichen Charakter des Sonntags als des ersten bzw. achten Tags wieder ins Bewusstsein zu rufen und erfahrbar werden zu lassen.

e) Perspektiven für den Sonntag

Was heißt das für den sonntäglichen Gottesdienst?

Österliche Gesinnung

1) Gefragt ist nicht eine Reform des Kalenders, sondern eine *Transformation des Herzens*, eine Veränderung der Haltung und eine neue Gesinnung. Es ist das Bewusstsein, dass jeder Sonntag eine kleine Osterfeier ist, ein Anbruch und ein Vorgeschmack der neuen Schöpfung. Das soll mein Denken, Handeln, Fühlen und Wollen bestimmen. Es ist sicher gut, wenn der sonntägliche Gottesdienst ein Ort ist, wo man zur

Ruhe kommen kann. Aber der Gottesdienst ist mehr als das. Er bleibt nicht bei der Ruhe stehen, sondern führt uns in das neue Leben der neuen Schöpfung hinein.

Sonntag als Versammlungstag

Sonntag als Arbeitsstart

2) Für die gesellschaftliche Regelung des Sonntags als allgemeinem Ruhetag können wir dankbar sein. Solange das so ist, ist es empfehlenswert, die damit verbundenen Vorteile zu nutzen und den *Sonntag als bevorzugten Versammlungstag* zu gestalten. Es wird keinen alternativen Tag geben, an dem von der Arbeitsstruktur her mehr Menschen an einem Gottesdienst teilnehmen können als am Sonntag. Trotzdem wäre es auch wichtig, dass ergänzend Gottesdienste zu anderen Terminen angeboten werden – gerade auch für Menschen, die auch an den allgemeinen Ruhetagen arbeiten müssen. Vielleicht hätten solche Gottesdienste unter der Woche die Chance, die Verbindung von Gottesdienst und Arbeit noch stärker zu berücksichtigen.

Sonntag als kleines Osterfest

3) Wenn ich den Sonntag als ersten Tag der Woche betrachte, wirft das ein *neues Licht auf meine Arbeit.* Meine Arbeit beginnt nicht am Montag um acht Uhr, sondern sie beginnt mit dem Gotteslob. Oder noch genauer: Gott selbst beginnt meine Arbeit. Er initiiert sie. Er begleitet sie. Durch den Sonntag erstrahlt das Licht der neuen Schöpfung über meiner täglichen Tätigkeit. Ob ich in der Schule lehre oder lerne, ob ich einem Handwerk nachgehe oder in einem Dienstleistungsbetrieb tätig bin, ob ich den Garten pflege, den Haushalt mache, Windeln wechsle oder in einem Büro arbeite – das alles gewinnt durch das österliche Licht eine neue Würde. Was im Sonntag als neue Schöpfung anbricht, setzt sich fort in meinem Leben und in meiner Arbeit. Der Zusammenhang von sonntäglichem und alltäglichem Gottesdienst wird dadurch viel klarer (→ Kapitel 8). Durch mein alltägliches Leben und durch meine alltägliche Arbeit will Gott einen Hauch der neuen Welt mitten in unsere alte Welt hineinbringen. Ostern ist der Beginn vom

Ende der alten Welt und der Anfang der neuen Schöpfung. Das feiern wir jeden Sonntag!

4) Wenn der Sonntag der erste Tag der neuen Schöpfung ist, wenn ich am Sonntag Ostern feiere, dann reißt das mich *aus dem Alltagstrott* heraus. Im Gottesdienst lerne ich eine neue Zeit- und Lebensordnung. Gott selbst schafft sich Raum, spricht zu mir, spricht mich an und bringt mich in Bewegung. Der Sonntag hilft mir so, nicht um mich selbst zu kreisen, mich nicht durch meine kleine Welt gefangen nehmen zu lassen, sondern mich mit hineinziehen zu lassen in Gottes neue Schöpfung.

Kapitel 21

Gottesdienst im Jahresrhythmus: das Kirchenjahr

Der christliche Zeitrhythmus ist ganz von der Auferstehung Jesu Christi bestimmt. Das gilt für den Wochenrhythmus, wie wir bereits beim Sonntag als dem „ersten“, bzw. „achten“ Tag gesehen haben (→ Kapitel 20), und es gilt genauso für den Jahresrhythmus. Das zentrale christliche Fest ist die Feier der Auferstehung des Herrn. Wir beginnen daher unsere Überlegungen zum Kirchenjahr mit Ostern.

a) Der Oster-Festkreis

Ostern ist das christliche Zentralfest.

Die frühe Christenheit hat an jedem ersten Tag der Woche die Auferstehung des Herrn gefeiert. Schon bald hat man in Anlehnung an die jüdische Passah-Tradition begonnen, auch im Jahresrhythmus Ostern zu feiern. In den ersten drei Jahrhunderten war Ostern das einzige typisch christliche Fest im Jahreskreis. Die Feier war verbunden mit der Taufe derjenigen, die neu zum Glauben gekommen sind.

Osterfestkreis: den Weg mit Jesus mitgehen

In der Ausgestaltung des Festkreises rund um Ostern folgt man dem Weg von Jesus – in den exakt gleichen zeitlichen Abständen, wie sie uns aus seinem Leben bekannt sind, d. h.:

- *Palmsonntag*: die Feier des Einzugs Jesu in Jerusalem.
- *Gründonnerstag*: der Abend vor dem Tag der Kreuzigung; Einsetzung des Abendmahls; Fußwaschung der Jünger.
- *Karfreitag*: Tag der Kreuzigung; am Tag vor dem Sabbat; am Freitag vor Ostern.

- *Ostern:* Tag der Auferstehung
- 40 Tage nach Ostern: *Himmelfahrt.* Einsetzung von Jesus Christus als dem himmlischen König zur Rechten Gottes.
- 50 Tage nach Ostern: *Pfingsten.* Ausgießung des Heiligen Geistes.

Im Laufe der Kirchengeschichte wurden genaue Bestimmungen festgelegt, an welchem Tag Ostern stattfinden soll, nämlich am ersten Sonntag nach dem ersten Vollmond nach Frühjahrsbeginn. Das hat zur Folge, dass der Ostertermin nicht – wie Weihnachten – an ein fixes Datum gebunden ist. Die Ostkirchen orientieren sich am julianischen Kalender, die Westkirchen am gregorianischen. Deshalb gibt es bis heute keinen einheitlichen Ostertermin.

Das Kirchenjahr durchbricht die natürlichen Rhythmen.

Das Kirchenjahr ist nicht zwingend mit den Jahreszeiten verbunden. Dass bei uns zu Ostern Bäume zu blühen beginnen, die Weihnachtszeit hingegen von Dunkelheit geprägt ist, empfinden wir als schön und passend. Das hat aber mehr mit unserer geografischen Lage zu tun als mit der Feier der Auferstehung oder der Geburt. An anderen Orten dieser Welt feiert man Ostern im Winter und Weihnachten im Sommer. Das neue Leben, das wir an Ostern feiern, ist also nicht eine Verdoppelung der natürlichen Prozesse von Werden und Vergehen, sondern eine Durchbrechung des natürlichen Rhythmus und ein Anbruch der neuen Schöpfung. Ostern ist im innersten Kern also nicht Frühlingsfest, sondern Auferstehungsfeier.

b) Der Weihnachts-Festkreis

Weihnachten: Gott wird Mensch.

Seit dem Ende des 3. Jahrhunderts begann man in der Christenheit, die Menschwerdung Jesu zu feiern. In den Westkirchen wird am 24./25. Dezember – an Weihnachten – die Geburt Jesu gefeiert. Am 6. Januar erinnert man sich an die Anbetung der Weisen aus dem

Morgenland. In den Ostkirchen wird an Epiphanias (das bedeutet wörtlich: Erscheinung), die Geburt und die Taufe von Jesus gefeiert.

Inhaltlich ist der Weihnachts-Festkreis davon bestimmt, dass Gott sich uns in Jesus offenbart hat. Bei allen kulturellen, familiären und kommerziellen Aspekten, die das Weihnachtsfest auch in sich integriert, bleibt daher im Zentrum, dass in der Geburt von Jesus Christus das Wort Fleisch geworden ist (Joh 1,14) und Gott selbst zu uns gekommen ist. Jesus ist der Immanuel (=Gott mit uns; Mt 1,23).

c) Neuausrichtung: Passion und Advent

Sowohl vor Ostern als auch vor Weihnachten hat sich die Praxis einer Fastenzeit entwickelt. Vor Ostern betraf das zunächst die Täuflinge. Sie haben vor der Taufe gefastet. Mit der Zeit wurde das Fasten auf alle Gläubigen ausgedehnt und dauerte 40 Tage, also so lange, wie Jesus in der Wüste gefastet hat (Mt 4,2). Die Fastenzeit vor Ostern ist besonders mit der *Passion* verbunden. Im Fasten verbindet man sich mit dem Leiden von Jesus und richtet sich innerlich auf die Erlösung und auf Ostern aus. Die 40-tägige Fastenzeit wird durch die Sonntage unterbrochen, an denen – auch in der Fastenzeit – die Auferstehung des Herrn gefeiert und darum nicht gefastet wird.

Fasten: Intensivierung der Gottesbeziehung
Advent: Ankunft des Königs

Das *Fasten* kann dabei unterschiedliche Formen annehmen: den Verzicht auf Genussmittel, Fleisch und Wein; den Verzicht auf einzelne Mahlzeiten; den Verzicht auf Nahrungsaufnahme an einzelnen Tagen oder über eine längere Zeit. In jedem Fall ist das Fasten kein Selbstzweck, sondern dient dazu, die Beziehung zu Gott zu intensivieren.

Auch vor Weihnachten gibt es eine Vorbereitungszeit. Diese entwickelte sich auch aus der Taufpraxis und dauerte 40 Tage vom Martinsfest (11. November) bis zu Epiphanias (6. Januar), dem neben Ostern zweitwichtigsten Tauf-Termin. Daraus entwickelte sich später der *Advent*, der vier Wochen dauert. Mit dem Advent beginnt das Kirchenjahr. In der heutigen Praxis erlebt man Advent als Vorweihnachtszeit, in der man sich mit Adventskalender und Adventskranz auf Weihnachten einstellt. Dadurch verschmelzen Advent und Weihnachten.

Advent – Weihnachten

Es ist aber auch sinnvoll, sich die Unterschiede in Erinnerung zu rufen. Der Advent ist ein Sich-Einstimmen auf den ganzen Weg Jesu Christi bis zu seiner Wiederkunft. Im Mittelpunkt steht die Ankunft (lateinisch: *adventus*) von Jesus Christus als König. Man erwartet, dass Jesus bei uns als König einzieht, so wie an Palmsonntag in Jerusalem, und dass Jesus als König herrscht, so wie er an Himmelfahrt den königlichen Platz zur Rechten Gottes eingenommen hat, und dass er wiederkommt, um die Welt zur Vollendung zu führen. Es gehört daher ganz typisch zum Advent, dass man Bilder und Worte verwendet, die gar nicht an die Geburt erinnern, sondern an Palmsonntag, Himmelfahrt und Wiederkunft. Man kann daran Advents- und Weihnachtslieder unterscheiden:

- *Weihnachtslieder* besingen die Geburt von Jesus Christus. Es geht um das Kind in der Krippe, um die Hirten, um die Engel bei den Hirten, um Maria und Josef – so zum Beispiel in „O du fröhliche“ oder in „Stille Nacht“.
- *Adventslieder* besingen Jesus als König. Vom Kind in der Krippe ist nicht die Rede, wohl aber vom königlichen Einzug von Jesus bei uns, von Palmzweigen (wie an Palmsonntag), vom Empfang des Königs in unseren Herzen, von seiner Wiederkunft – so zum Beispiel in „Macht hoch die Tür“, in „Wie soll ich dich empfangen“ oder in „Tochter Zion“.

Best Practice

Ein Adventssonntag beginnt mit dem Lied „Wie soll ich dich empfangen“, Strophen 1+2. Die zweite Strophe bleibt projiziert:

„Dein Zion streut dir Palmen und grüne Zweige hin,
und ich will dir in Psalmen ermuntern meinen Sinn.
Mein Herze soll dir grünen in stetem Lob und Preis
und deinem Namen dienen, so gut es kann und weiß."

Die Gottesdienstleiterin nimmt den Gedanken im Gebet auf:

Herr Jesus, was ist es für eine Ehre,
wenn Du bei uns einziehst,
wenn Du als König zu uns kommst.
Wie können wir das bloß erfassen?
Herr Jesus, Du kennst die Momente,
in denen wir dich lieber nicht bei uns hätten,
in denen wir lieber selbst König wären.
So bringen wir vor Dich
unsere Selbstsucht und unseren Eigensinn,
unsere Sehnsucht und unsere Hoffnung.
Vater im Himmel, wir bitten dich:
Erfülle uns mit deinem Geist,
dass wir deinen Sohn recht empfangen können,
mit Palmen und Psalmen,
im Herzen und im ganzen Leben.
Möge das heute Morgen geschehen,
hier und überall, wo Menschen auf Gottes Wort hören.
Dir, Gott, gehört alle Ehre und Anbetung,
jetzt und für alle Zeiten. Amen.

Wir feiern den dritten Adventssonntag – mit Palmen und Psalmen. So haben wir es gesungen. Mit Palmen und Psalmen – das ist die richtige Art, den König willkommen zu heißen. Aber halt mal. Palmen. Das passt ja gar nicht zu

Weihnachten, sondern zu Palmsonntag. Und im Lied, das wir gesungen haben, geht es gar nicht um ein Kind in der Krippe. Es gibt keine Hirten und keine Maria. Alles dreht sich um Jesus als den König. Darum geht es im Advent. Dass Jesus als König kommt und mit Palmen und Psalmen willkommen geheißen wird. So wie er in Jerusalem einzog, so soll er in mein Herz einziehen und in unsere Gemeinde. Und so erwarten wir seine Wiederkunft, wenn er kommt, um als König alles wieder zurechtzubringen und eine neue Schöpfung voller Frieden und Gerechtigkeit herbeizuführen. Dann wird eine unzählbare Schar aus allen Völkern und Sprachen vor dem Thron stehen – und wieder haben sie Palmzweige in ihren Händen und beten Gott an (vgl. Offb 7,9-10).

Im Advent stehen wir da, zusammen mit den Einwohnern Jerusalems und der endzeitlichen Gemeinde, und heißen Jesus als König willkommen. Wir singen ihm zu: Hosianna, Davids Sohn, sei gegrüßet, König mild.

Noch während der letzten Worte wird das Adventslied „Tochter Zion" intoniert und dann gemeinsam gesungen.

Die Adventszeit – so wird deutlich – zielt nicht nur auf Weihnachten, sondern erweitert den Blick auf Jesus als denjenigen, der als *„König aller Könige"* und *„Herr aller Herren"* (Offb 19,16) schon heute angebetet wird und dessen Wiederkunft wir erwarten.

d) In Gottes Gegenwart leben: Trinitatis-Zeit

Am Sonntag nach Pfingsten steht die Dreieinigkeit Gottes im Mittelpunkt. Der Sonntag wird daher *Trinitatis* genannt. Es ist eine ideale Gelegenheit, mindestens einmal im Jahr im Gottesdienst dem Geheimnis der Dreieinigkeit nachzuspüren. Diese Fragestellungen kann man in entsprechenden Predigten aufgreifen. Und natürlich gehört auch dazu, dass Gott als Vater, Sohn und Heiliger Geist mit Liedern und Gebeten verehrt und angebetet wird:

„Lob, Ehr und Preis sei Gott dem Vater und dem Sohne
und Gott dem Heilgen Geist im höchsten Himmelsthrone,
ihm, dem dreiein'gen Gott, wie es im Anfang war
und ist und bleiben wird so jetzt und immerdar."
(Nun danket alle Gott, Strophe 3[33]*)*

Die folgenden Sonntage werden als Sonntage nach Trinitatis gezählt. Die Trinitatiszeit dauert bis zum Advent und endet mit dem Ewigkeitssonntag, also der Perspektive auf die Vollendung der neuen Schöpfung.

In der Gegenwart des dreieinen Gottes das Leben gestalten

In der Trinitatiszeit liegt der Schwerpunkt darauf, in der Gegenwart des dreieinen Gottes das christliche Leben zu gestalten. In dieser Zeit sind auch Feste angesiedelt wie Erntedank oder Buß- und Bettag. In Kirchen, die sich am Kirchenjahr orientieren, bietet die Trinitatiszeit auch eine gute Gelegenheit für thematische Schwerpunktsetzungen. Man kann beispielsweise im Weihnachts- und Osterkreis den vorgesehenen Predigt- und Lesungsordnungen folgen und so diese Zeiten in großer Nähe zum Kirchenjahr gestalten und dann in der Trinitatiszeit Themen mit Rücksicht auf die lokale Gemeindesituation oder auf kontextuelle Gegebenheiten aufgreifen. So kann man gut zentrale Aspekte des Kirchenjahrs mit Aspekten des konkreten Gemeindeaufbaus vor Ort verbinden.

e) Chancen des Kirchenjahrs nutzen

Chance, nicht Zwang

Das Kirchenjahr ist kein Zwang. Es sollte nicht als Gesetz verstanden werden. Vielmehr ist es mit seiner Grundstruktur eine Hilfe für den Glauben und eine Stütze für den Gemeindeaufbau.

Vielfalt statt Einheitsbrei

Das Kirchenjahr – besonders mit den großen Festen – bietet die Chance, regelmäßig zentrale heilsgeschichtliche Themen zu vertiefen. Das gibt dem Leben der Einzelnen und der Gemeinde eine Struktur. Man muss nicht immer über alles sprechen, sondern zu bestimmten Zeiten über bestimmte Themen. Das gibt dem christlichen Leben eine Vielfalt und bewahrt vor einem Einheitsbrei. Vielleicht so ähnlich wie bei Früchten: Statt dass es jeden Tag die gleiche Fruchtsalat-Mischung gibt, gibt es wechselnd je nach Jahreszeiten Erdbeeren, Orangen, Äpfel etc. Besser also immer „etwas zu seiner Zeit" als „alles zu jeder Zeit".

Evangelistische Chance

Es gibt eine kulturelle Offenheit, besonders rund um Weihnachten und Ostern, über religiöse Fragen zu sprechen. Die großen Feste bilden damit eine gute Gelegenheit, öffentlich das Evangelium zu kommunizieren und zum Glauben einzuladen. Man kann auch einen Glaubensgrundkurs entlang dieser großen Feste gestalten. Der Vorteil ist, dass man dabei an kulturelles Vorwissen anknüpfen kann – und sofort mittendrin ist bei den zentralen Ereignissen aus dem Leben von Jesus. Die großen Feste lassen sich auch gut mit zentralen theologischen Themen verbinden: Weihnachten mit der Schöpfung und der Menschwerdung Christi, Karfreitag und Ostern mit der Erlösung, Himmelfahrt und Pfingsten mit der Erneuerung, der Ewigkeitssonntag mit der Vollendung.

Neues entdecken

Das Kirchenjahr hilft auch, etwas weniger bekannte Themen und Fragestellungen neu zu entdecken. Gut, wenn Himmelfahrt nicht nur ein Tag für den Gemeindeausflug ist, sondern man sich neu vergegenwärtigt, was es bedeutet, dass Jesus zur Rechten Gottes erhöht wurde. Gut, wenn im Abschluss des Kirchenjahrs die Vergänglichkeit des Menschen und der Horizont der Ewigkeit thematisiert werden. Gut, wenn es einen Buß- und Bettag gibt, an dem individuelle und gemeinsame Schuld benannt und vor Gott bekannt wird. Gut, wenn Advent und Passion bewusst als Zeiten der geistlichen Erneuerung gestaltet werden.

Bei allen Vorteilen, die das Kirchenjahr bietet, sollte nicht vergessen werden, dass das christliche Leben nicht in einem immer wiederkehrenden Kreislauf gefangen ist. Das Kirchenjahr könnte auch eine etwas einschläfernde und ermüdende „Alle-Jahre-wieder"-Haltung auslösen. Genau das Gegenteil wäre richtig: Das Kirchenjahr – richtig verstanden – durchbricht mit seiner österlichen Mitte diesen immer wiederkehrenden Kreislauf und lässt uns nach vorne blicken auf die Wiederkunft des Herrn und auf die Vollendung der neuen Schöpfung.

Kapitel 22

Gottesdienst im Lebensrhythmus: Kasualien

Unter Kasualien (von Lateinisch *casus* = Fall) versteht man entscheidende biografische *Lebensübergänge*, die besonders gefeiert und unter Gottes Segen gestellt werden. Das geschieht typischerweise bei der Geburt, beim Erwachsenwerden, bei der Heirat oder bei einem Todesfall, aber auch bei markanten Ereignissen im *geistlichen Werdegang*, beispielsweise bei der Taufe oder bei der Ordination zu einem geistlichen Dienst.

In diesem Kapitel werden einige grundsätzliche Gedanken entfaltet, die für alle *Kasualgottesdienste* bedeutsam sind. Dafür wird ein theologisch-inhaltliches (→ a) und ein praktisches (→ b) Raster entwickelt. Daran schließen sich grundsätzliche Empfehlungen für die Gestaltung von Kasualgottesdiensten an (→ c). Anhand der Kindersegnung (→ d) wird beispielhaft gezeigt, wie das Raster für die Gestaltung von Kasualien angewendet werden kann.[34]

a) Theologisch-inhaltliches Raster für Kasualgottesdienste

Kasualgottesdienste finden im Schnittfeld von Gott und Mensch, von Gemeinde und Öffentlichkeit statt.

Der Anlass des Gottesdienstes ist eine *besondere menschliche Lebenssituation.* Der innere Grund, weshalb diese Lebenssituation gottesdienstlich gefeiert wird – und nicht in einem anderen Rahmen – liegt in der Zuwendung Gottes zum Menschen. Gott ist ein *segnender Gott.* Was ganz allgemein gilt, dass nämlich im Gottesdienst Gott und Mensch einander begegnen (→ Kapitel 1), findet hier eine ganz konkrete Ausprägung. Im Kasualgottesdienst wird einem Menschen an einem besonderen Wendepunkt des Lebens der Segen Gottes zugesprochen. Das verleiht dem Gottesdienst einen individuellen und persönlichen Charakter. Ebenfalls wird zu bedenken sein, auf welchen *biblisch-theologischen Grundlagen* der Segen Gottes für eine bestimmte Lebenssituation zugesprochen werden kann und soll.

Der Gottesdienst ist jedoch keine isolierte Privatfeier, sondern ist eingebettet in das Leben der christlichen *Gemeinde*. Bei Kasualfeiern, die im Rahmen eines sonntäglichen Gottesdienstes stattfinden – beispielsweise einer Kindersegnung, einer Taufe, einer Ordination – ist der Bezug zur lokalen Gemeinde besonders deutlich. Bei Extra-Gottesdiensten wie beispielsweise einer Trauung oder einer Bestattung formiert sich eine „Gemeinde auf Zeit", die für diesen spezifischen Anlass zusammenkommt.

Bei Kasualgottesdiensten wird der *öffentliche Charakter* des Gottesdienstes besonders deutlich. Weil sie durch Freundschaft oder Verwandtschaft mit der feiernden Person verbunden sind, nehmen an Kasualgottesdiensten oft Personen teil, die sonst keine regelmäßigen Kirchgänger sind. Im Kasualgottesdienst muss man sich daher darauf einstellen, dass nicht alle mit dem gottesdienstlichen Ablauf vertraut sind und dass manche auch gar nicht in erster Linie kommen, um einen Gottesdienst zu feiern, sondern einfach nur, um am Wendepunkt des Lebens einer befreundeten oder verwandten Person teilzuhaben. Kasualgottesdienste haben einen *gesellschaftlichen Bezug*, weil hier Menschen als Mitglied der menschlichen Gemeinschaft gewürdigt und öffentlich unter Gottes Segen gestellt werden.

Aus diesen Überlegungen ergibt sich folgendes *theologisch-inhaltliches Raster* für Kasualgottesdienste:

1. *Fall*: Worin besteht die besondere Lebenssituation?
2. *Mensch*: Worin besteht das menschliche Bedürfnis, in einer bestimmten Lebenssituation den Segen Gottes zu empfangen?
3. *Gott*: Auf welcher biblisch-theologischen Grundlage erfolgt der Segenszuspruch?
4. *Gemeinde*: Welche Bedeutung hat das Ereignis für die Gemeinde?
5. *Gesellschaft*: Welche Bedeutung hat das Ereignis für die Gesellschaft?

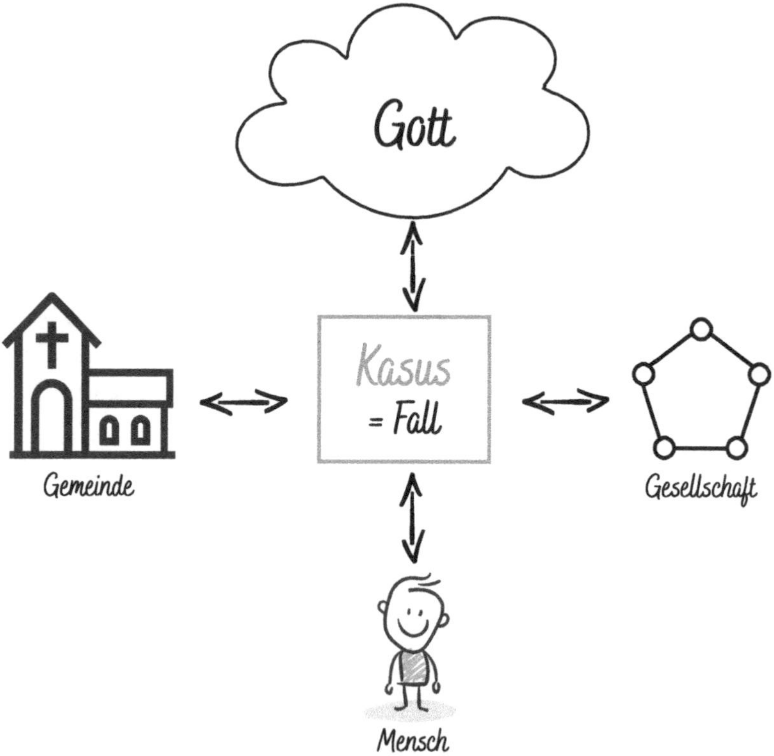

b) Praktisches Raster für Kasualgottesdienste

In der Regel kann man fünf Phasen bei Kasualfeiern unterscheiden:

1. *Wunsch*-Phase: Die betroffene Person äußert den Wunsch nach einer Kasualie.
2. *Klärungs*-Phase: In Gesprächen erfolgt eine Klärung des Wunsches.
3. *Konkretisierungs*-Phase: Der Kasualgottesdienst wird unter Einbeziehung der betroffenen Person(en) geplant und vorbereitet.
4. *Durchführungs*-Phase: Der Kasualgottesdienst wird gefeiert. Neben üblichen gottesdienstlichen Elementen enthält der Gottesdienst insbesondere:

   4a. Eine zur Kasualie passende *Predigt*

4b. Ein *Wort zur Kasualie*
4c. Einen *Segnungsakt*
5. *Weitergehen*-Phase: Begleitung der betroffenen Person(en) über den Kasualgottesdienst hinaus. Gerade weil Kasualien mit Lebensübergängen zu tun haben, ist diese Phase für die Menschen selbst und auch für den Gemeindeaufbau bedeutsam.

c) Grundsätzliche Empfehlungen für Kasualgottesdienste

Bei Kasualgottesdiensten nimmt man auf die besonderen Umstände Rücksicht. Es gibt einen besonderen Anlass, einen anderen Kreis von Teilnehmern, die auch aus anderen Motiven dabei sind und mit keinen oder anderen kirchlichen Gewohnheiten vertraut sind. Die Gestaltung von Kasualgottesdiensten weicht daher in der Gestaltung von normalen sonntäglichen Gemeindegottesdiensten ab. Ganz praktisch ist für Kasualgottesdienste empfehlenswert:

- Das *Grundkonzept* des Gottesdienstes muss mit den beteiligten Personen geklärt werden: Ist es ein Gottesdienst, den möglichst viele *mitfeiern* können? Das bedingt eine Gottesdienstgestaltung, in der man leicht mitsingen und mitbeten kann. Oder ist es ein Gottesdienst, bei dem die Anwesenden *zuhören und zuschauen*, ohne selbst aktiv mitzufeiern? Dann verzichtet man auf Elemente, bei denen sich Anwesende gedrängt fühlen, irgendwie mitmachen zu müssen.
- Die *Gesamtdauer* des Gottesdienstes wird im Blick gehalten. Eine gute Stunde ist eine Dauer, die auch für Nicht-Kirchgänger angemessen ist.
- Der Gottesdienst wird *abwechslungsreich* gestaltet. Die einzelnen Elemente dauern nicht lange. Das gibt Personen, die mit gottesdienstlichen Gewohnheiten nicht vertraut sind, immer wieder neue Orientierungspunkte. Falls es eine Lobpreiszeit gibt, wird diese abwechslungsreich gestaltet mit Liedern, Bibeltexten und gesprochenen Gebeten.
- Die Inhalte werden auf *mehrere Rede-Einheiten* verteilt – bei der Eröffnung, beim Wort zum Kasus und in einer kurzen und prägnanten

Predigt. Das entlastet die Predigt. Man muss nicht alles in die Predigt einpacken. Sonst wird sie leicht überfrachtet und zu lang.

- Die Predigt hat ein *Bibelwort* als Grundlage. Der „Fall" ist zwar der Anlass für den Gottesdienst, bildet aber nicht die Grundlage der Predigt. Die Auswahl des Bibelworts wird in Berücksichtigung des Anlasses gewählt. Die Predigt erläutert das Bibelwort und verdeutlicht damit, dass es um mehr geht als um menschliche Bedürfnisse und Wünsche. Gott selbst spricht. Sein Wort und seine Selbstoffenbarung sind der innere Grund, weshalb ein Lebensereignis überhaupt in einem Gottesdienst gefeiert werden kann. Das Evangelium wird im Blick auf den Kasus zum Leuchten gebracht.
- Beim Segnungsakt ist zwischen *Segnung* (→ Kapitel 18; Standard 2) und *Fürbitte zu unterscheiden.* Wenn mehrere Personen beteiligt sind, ist es sinnvoll, sich abzusprechen, wer den Segen zuspricht und wer für welche Anliegen in der Fürbitte einsteht.
- Bei der *Liedauswahl* passt eine Kombination aus Liedern, die der betroffenen Person besonders wichtig sind und Liedern, die allgemein bekannt sind und von vielen mitgesungen werden können.
- Hilfreich ist ein *Gottesdienstheft*, das den Ablauf, die Namen der beteiligten Personen, Lieder und Gebetstexte sowie den Predigttext enthält. Auch Informationen zum weiteren Ablauf der Feier können darin weitergegeben werden. Ein solches Heft gibt allen Teilnehmenden Erwartungs- und Handlungssicherheit. Man muss dann auch gottesdienstliche Handlungen nicht lange mündlich erklären. Entsprechende Moderationseinheiten können knapp gehalten werden.

d) Beispiel Kindersegnung

Theologisch-inhaltliches Raster:

1. *Fall: Ein Kind wird geboren.* Das Kind ist auf Gottes Segen und Schutz angewiesen. Auch die Eltern spüren, dass sie das Leben des Kindes und seine Entwicklung nicht in den eigenen Händen halten. Sie wünschen

sich Gottes Beistand für das Kind und für sich als Eltern. Mit der Segnung bringen die Eltern auch zum Ausdruck, dass sie das Kind christlich erziehen und ihm im Glauben ein Vorbild sein wollen.

2. *Mensch*: Das Kind, das zur Segnung gebracht wird, ist eine eigene Person. Das zeigt sich auch in der Namensgebung. Vielleicht passt es, etwas zur Bedeutung des Namens in den Segnungsakt einzubauen. Das Kind ist in ein Beziehungsnetz hineingestellt: Eltern, Paten, vielleicht Geschwister und weitere Verwandte. Mit dem Segensakt in der Gemeinde ist das Segnen nicht abgeschlossen, sondern setzt sich fort, wenn Eltern ihre Kinder segnen.
3. *Gott*: Kinder sind eine Gabe Gottes (Ps 127,3). Gott ist die Quelle des Lebens, der Schöpfer. Das Kind ist von Gott geschaffen, gewollt und geliebt. Jesus Christus ist uns ein Vorbild im Segnen von Kindern (Mk 10,13-16). Wenn wir ein Kind segnen, sprechen wir ihm Gottes Zuwendung und Nähe zu.
4. *Gemeinde*: Wenn Kinder in der Gemeinde gesegnet werden, wird die Gemeinde damit auch in die Verantwortung genommen, die Eltern in der Erziehungsaufgabe zu unterstützen und sich für Kinder und Jugendliche einzusetzen. Die Gemeinde steht in der Fürbitte für Eltern und Kinder ein. In manchen Gemeinden übernehmen bei einer Kindersegnung einige Gemeindeglieder eine „Gebetspatenschaft" für das Kind und die Eltern. Mit der Kindersegnung sagt die Gemeinde auch: Kinder sind uns wichtig! Wir investieren in Kinder und begleiten sie auf dem Glaubensweg. Es passt daher sehr gut, wenn bei der Kindersegnung auf den Zusammenhang mit den Angeboten für Kinder und Eltern in der Gemeinde hingewiesen wird.
5. *Gesellschaft*: Die Kindersegnung ist auch ein öffentliches „Ja" zu Kindern und zu Familie und vermittelt eine positive und christliche Vision von Familie und Erziehung. Die Kindersegnung signalisiert, dass das Familienleben grundsätzlich etwas Schönes und Positives ist und dass es sich lohnt, sich dafür zu investieren.

Praktisches Raster:

1. *Wunsch:* Eltern äußern den Wunsch, ihr Kind segnen zu lassen.
2. *Klärung*: Der Pastor oder eine andere verantwortliche Person aus der Gemeinde sucht das Gespräch mit den Eltern:
   - Weshalb wünschen sich die Eltern überhaupt eine Segnung des Kindes? Welche Erwartung und Hoffnungen sind damit verbunden?
   - Worum geht es beim Segnen?
   - Was bedeutet die Segnung für die christliche Erziehung? Was ist die Aufgabe der Gemeinde? Was ist die Aufgabe der Eltern?
   - Worüber freuen sich die Eltern? Was macht ihnen Sorge? Wo benötigen sie Unterstützung?
3. *Konkretisierung*: Zusammen mit den Eltern werden die Details der Kindersegnung besprochen:
   - Welche Gäste kommen? Was haben diese für einen religiösen Hintergrund?
   - Wer wirkt beim Segnungsakt mit? (Eltern, Paten ...)
   - Wie läuft der Segnungsakt genau ab?
   - Gibt es noch besondere Wünsche?

   Für die Gestaltung des Gottesdienstes werden zudem folgende Fragen zu klären sein:
   - Wie ist die Segnung in die gottesdienstliche Dramaturgie eingebettet? Wann findet sie statt?
   - Ist es möglich, dass die Kinder, die vielleicht sonst in ihrem eigenen Programm sind, an der Segnung teilnehmen?
   - Wer steht genau wo? Wer hält wann was in den Händen? (das Kind; aber auch Mikrofon, Bibelspruch-Karte, Notizen etc.)
4. *Durchführung*

   4a. *Predigt*: Möglicherweise bietet es sich an, die Predigt mit der Kindersegnung zu verbinden und Aspekte rund um „Kind" / „Familie" / „Erziehung" aufzunehmen. Passende Predigttexte könnten sein Gal 4,4-7 (über Gotteskindschaft); Mk 10,13-16 (Jesus segnet

Kinder); Eph 6,1-4 (über Erziehungsfragen); Ps 78,3-7 oder 5Mose 6,7 (über die Aufgabe der Glaubensvermittlung).

4b. *Wort zur Kasualie*: Hier werden einzelne Aspekte der Kindersegnung beleuchtet, z. B. dass Gott ein segnender Gott ist; dass das Segnen in der Familie weitergeht; dass die Gemeinde in der Fürbitte die Familie begleitet. Je nach Kontext und Situation kann es auch sinnvoll sein, etwas darüber zu sagen, weshalb das Kind gesegnet und nicht getauft wird.

Best Practice

Textbaustein zum Themenbereich Segnung – Taufe: *„Wir taufen heute NN nicht, sondern segnen NN. Damit sprechen wir NN zu: Du hast einen Gott, der dich liebt, der über dir wacht, der mit dir geht. Diesem Gott befehlen wir dich an und wünschen dir, dass du ihn in deinem Leben persönlich kennenlernen kannst. Bei uns in der Gemeinde halten wir es so, dass wir jemanden taufen, wenn er sich bewusst der Herrschaft von Jesus unterstellt und mit Jesus leben will. Wir wünschen uns, dass das auch bei NN einmal der Fall sein wird."*

Textbaustein zum Themenbereich Gott als Schöpfer: *„Wenn wir heute NN segnen, tun wir es aus Dankbarkeit Gott gegenüber für das Wunder eines neuen Lebens. Kinder sind eine Gabe des Herrn – so steht es im Psalm 127. Wenn wir NN segnen, ist das auch ein Bekenntnis: NN gehört nicht uns, NN gehört nicht den Eltern. Es ist Gott, der NN das Leben gegeben hat und NN den Eltern anvertraut hat."*

4c. *Segnungsakt*:

- Das Kind kommt mit Eltern und Paten (und vielleicht auch Geschwistern) nach vorne. Die Personen werden mit Vor- und Nachnamen begrüßt. Wenn es passt, kann man etwas zum Namen des Kindes sagen.

- Dem Kind wird ein Bibelvers zugesprochen.
- Für den Segnungsakt steht die Gemeinde auf: „Wir stehen auf – als Zeichen dafür, dass wir als Gemeinde hinter der Familie und NN stehen."
- Die Segnung selbst erfolgt mit Handauflegung: „NN, es segne dich Gott, der Vater, der Sohn und der Heilige Geist. Er beschütze dich und behüte dich auf deinem Lebensweg und begleite dich mit seinem Frieden."
- Die Fürbitte beinhaltet die Bitten für das Kind und die Eltern. Es ist sehr schön, wenn der Horizont geweitet wird und Bitten für die gemeindliche Arbeit mit Kindern und Jugendlichen und für gesellschaftliche Anliegen (Familienpolitik, Kindergarten, Schule etc.) aufgenommen werden. Wenn mehrere Personen beteiligt sind, kann man sich vorher absprechen, wer welche Schwerpunkte in die Fürbitte aufnimmt.
- Den Eltern wird die Karte mit dem Bibelvers überreicht.
- Mit einem passenden Lied oder Musikstück wird der Segnungsakt abgeschlossen.

5. *Weitergehen*: Die Familie wird weiter begleitet. Eine Möglichkeit besteht darin, dass die Eltern in den ersten Lebensjahren des Kindes regelmäßig besucht werden oder dass sie regelmäßig Informationen erhalten, worauf in der Altersphase der Kinder besonders geachtet werden kann. Dazu bieten sich beispielsweise die „Phasenkarten" von „Orange leben" an.[35]

Anhand des Beispiels der Kindersegnung wurde hier illustriert, wie man das theologisch-inhaltliche und das praktische Raster verwenden kann, um über Kasualien nachzudenken und sie passend zu gestalten. Das Raster lässt sich in ähnlicher Art und Weise auf andere Kasualien übertragen. Einige Beispiele hierfür gibt es auf der Homepage mit den zusätzlichen Materialen (www.schweyer.ch/gd).

Wie an diesem Beispiel deutlich wurde, bieten Kasualien eine gute Möglichkeit, Menschen in einer bestimmten Lebensphase zu begleiten. Sie haben ein großes Potenzial, Fragen des christlichen Lebens in einem persönlichen, gemeindlichen und gesellschaftlichen Kontext aufzunehmen und zu thematisieren.

Kapitel 23
Gottesdienst im Tagesrhythmus: Tagesgebete

Nachdem wir uns über das gottesdienstliche Leben im Wochen-, Jahres- und Lebensrhythmus Gedanken gemacht haben, fokussieren wir uns in diesem letzten Kapitel auf den Tagesrhythmus. Es geht darum, wie sich die sonntägliche gottesdienstliche Bibel- und Gebetspraxis im Alltag fortsetzt (→ Kapitel 8c). Die alltäglichen kleinen gottesdienstlichen Praktiken fördern den inneren Zusammenhang zwischen dem Gottesdienst und der alltäglichen Lebensführung.

a) Tagzeitengebete

Die Bibel berichtet an unterschiedlichen Stellen von Gebeten, die mit *bestimmten Tageszeiten* zusammenfallen:

- abends und morgens (Ps 55,18),
- siebenmal am Tag (Ps 119,164),
- mitten in der Nacht (Ps 119,62),
- dreimal am Tag (Dan 6,11),
- zur sechsten Stunde (Apg 10,9),
- zur neunten Stunde (Apg 3,1).

In der frühen Christenheit hatte sich vor dem jüdischen Hintergrund eine Gebetspraxis entwickelt, in der Gebete zu bestimmten Tageszeiten aufgenommen und diese mit dem Karfreitags-Geschehen verbunden wurden. Jesus wurde zur dritten Stunde gekreuzigt (Mk 15,25); zur sechsten Stunde kam eine Finsternis über das Land (Mk 15,33); in der neunten Stunde starb Jesus (Mk 15,34). Das dreimalige Gebet am Tag spiegelt sich in der frühchristlichen Regel der „Didache" wider, die lehrt, dreimal am Tag das Vaterunser zu beten (Did 8,3).

Aus all diesen verschiedenen Strömungen und Ansätzen hat sich der Gebetsrhythmus des Tagzeitengebets bzw. Stundengebets mit acht Gebetszeiten herausgebildet:

- Vigil/Matutin: in der Nacht, vor Tagesanbruch
- Laudes: bei Tagesanbruch / Morgengebet
- Prim: zur ersten Stunde = 6 Uhr
- Terz: zur dritten Stunde = 9 Uhr
- Sext: zur sechsten Stunde = 12 Uhr
- Non: zur neunten Stunde = 15 Uhr
- Vesper: nach Arbeitsschluss / Abendgebet
- Komplet: vor dem Schlafen / Nachtgebet

Die beiden wichtigsten Gebetszeiten sind das Morgen- und Abendgebet, gefolgt vom Nachtgebet. Die über den Tag verteilten Zeiten zur ersten, dritten, sechsten und neunten Stunde nennt man die „kleinen Horen" (also die kleinen Stundengebete).

Die Gebetszeiten werden insbesondere mit Psalmen gestaltet, je nach Intensität so, dass alle Psalmen innerhalb einer Woche (so z. B. in der Benediktsregel aus dem 6. Jahrhundert) bzw. vier Wochen (so im aktuellen römisch-katholischen Stundenbuch)[36] gebetet werden. Dazu kommen andere biblische Gebete und Lobgesänge, Bibeltextlesungen sowie Fürbitten und Lieder. Eine besondere Rolle spielen die Lobgesänge aus der Weihnachtsgeschichte nach dem Lukasevangelium. In der Laudes wird immer der Lobgesang des Zacharias gebetet (das *Benedictus*, Lk 1,68-79), in der Vesper der Lobgesang der Maria (das *Magnificat*, Lk 1,46-55) und im Komplet der Lobgesang des Simeon (das *Nunc dimittis*, Lk 2,29-32). Im evangelischen Kontext wurde es üblich, beim Mittagsgebet die *Seligpreisungen* (Mt 5,3-12) zu integrieren.

b) Morgen- und Abendgebet

Im Kontext der Kirchen der Reformation wurde das enge und zeitintensive Korsett des Stundengebets aufgesprengt. Es wurde nach neuen Wegen gesucht, wie die alltägliche Gebetspraxis gestaltet werden konnte. Martin Luther hat den Gläubigen als Hilfe ein *Morgen- und Abendgebet* mitgegeben, das die häusliche Gebetspraxis stark geprägt und begleitet hat.

Best Practice[37]

Luthers Morgensegen:

> *„Des Morgens, wenn du aufstehst, kannst du dich segnen mit dem Zeichen des heiligen Kreuzes und sagen:*
> *Das walte Gott Vater, Sohn und Heiliger Geist! Amen*
> *Darauf kniend oder stehend das Glaubensbekenntnis*
> *und das Vaterunser.*
> *Willst du, so kannst du dies Gebet dazu sprechen:*
> *Ich danke dir, mein himmlischer Vater, durch Jesus Christus, deinen lieben Sohn, dass du mich diese Nacht vor allem Schaden und Gefahr behütet hast, und bitte dich, du wollest mich diesen Tag auch behüten vor Sünden und allem Übel, dass dir all mein Tun und Leben gefalle. Denn ich befehle mich, meinen Leib und Seele und alles in deine Hände. Dein heiliger Engel sei mit mir, daß der böse Feind keine Macht an mir finde.*
> *Als dann mit Freuden an dein Werk gegangen*
> *und etwa ein Lied gesungen*
> *oder was dir deine Andacht eingibt."*

Luthers Abendsegen:

> *„Des Abends, wenn du zu Bett gehst, kannst du dich segnen mit dem Zeichen des heiligen Kreuzes und sagen:*

Das walte Gott Vater, Sohn und Heiliger Geist! Amen
Darauf kniend oder stehend das Glaubensbekenntnis und das Vaterunser.
Willst du, so kannst du dies Gebet dazu sprechen:
Ich danke dir, mein himmlischer Vater, durch Jesus Christus, deinen lieben Sohn, dass du mich diesen Tag gnädiglich behütet hast, und bitte dich, du wollest mir vergeben alle meine Sünde, wo ich Unrecht getan habe, und mich diese Nacht auch gnädiglich behüten. Denn ich befehle mich, meinen Leib und Seele und alles in deine Hände. Dein heiliger Engel sei mit mir, dass der böse Feind keine Macht an mir finde.
Alsdann flugs und fröhlich geschlafen."

Die Rhythmisierung des Tages durch das Morgen- und Abendgebet erscheint sehr stimmig. Es sind die Gebete, die an der Schwelle zwischen Wachsein und Schlafen erfolgen. Sie thematisieren, dass man im Schlafen und im Wachen auf Gottes Schutz und Begleitung angewiesen ist.

Schlafen – Wachen Tod – Auferstehung

Der Tagesrhythmus wird dabei zu einem *Abbild des Lebensrhythmus*. Die Nacht und das Schlafen werden zu einem „Tod auf Raten". Jedes Einschlafen ist ein Stück Loslassen und Sterben. Jede Nacht ein Stück Finsternis. Niemand ist gewiss, ob er am nächsten Tag wieder erwacht. Deshalb legt man das eigene Leben in Gottes Hände. Einschlafen und Aufwachen werden zu einem kleinen Abbild von Tod und Auferstehung. Das Einschlafen ist getragen von der Gewissheit, dass selbst in der finstersten Nacht Gott bei mir ist und dass Christus, das Licht, die Nacht erhellt. Es ist die Hoffnung auf Auferstehung, die mich den neuen Tag erwarten lässt. Die aufgehende Sonne wird zum Sinnbild der Auferstehung von den Toten. Wer wieder erwacht, kann daher mit Freuden singen: „All Morgen ist ganz frisch und neu des Herren Gnad und große Treu" (nach Klgl 3,22-23). Über allem leuchtet die endzeitliche

Perspektive der neuen Schöpfung auf, in der „keine Nacht" mehr sein wird (Offb 21,25; 22,5).

Es tut uns gut, wenn unsere ersten Gedanken am Morgen und die letzten Gedanken am Abend nicht um die Probleme und Aktualitäten des Tages kreisen, sondern wenn wir uns in diesen Momenten auf Gott ausrichten, unser Leben in seine Hand legen und aus seiner Gnade schöpfen.

c) Stille Zeit und Familienandacht

Bibellektüre & Gebet

Im Pietismus hat sich das Morgen- und Abendgebet weiterentwickelt. Das Morgengebet wurde persönlich gestaltet, das Abendgebet im Familienkreis. Aus dem Morgengebet wurde die sogenannte *„Stille Zeit"*, eine tägliche Andacht mit Bibellektüre, Reflexion über den Bibeltext und das Gebet. Die Stille Zeit wird häufig mit speziellen Bibellesehilfen oder Kalendern oder mit den Herrnhuter Losungen gestaltet. Die klare Struktur und die regelmäßige Durchführung der persönlichen Andacht können dabei als Stütze erfahren werden. Wenn allerdings die Andacht zur „bloßen Routine" verkommt, kann es auch hilfreich sein, neue Akzente zu setzen und die Gestalt der persönlichen Andacht zu variieren.

Die *Familienandacht* wird heute eher in Familien mit jüngeren Kindern als Bestandteil des „Ins-Bett-Geh-Rituals" gestaltet, beispielsweise mit einer biblischen Geschichte, einem Lied, einem Tagesrückblick und mit Gebet. Für Familien mit älteren Kindern erweist es sich oft sowohl für Eltern als auch für Kinder als Herausforderung, eine familiäre Andachtsform zu gestalten, an der alle teilnehmen können und wollen. Im Wissen, dass Zwang sich kontraproduktiv auswirkt, ist hier eine Haltung von Flexibilität und Gelassenheit gefragt. Gerade deshalb ist es auch sinnvoll, Kinder von klein auf in die Praxis des Betens und Bibellesens einzuführen. Damit ist eine Grundlage gelegt, die durch manche Stürme des Lebens – auch durch die Teenagerjahre und die Pubertätszeit – hindurch bewahrt bleibt und auf die man immer wieder neu zurückgreifen kann. Für Eltern wird es darauf ankommen, das eigene geistliche Leben alleine und als Ehepaar auch unabhängig vom Alter und vom geistlichen Interesse der Kinder zu pflegen und einen dafür passenden Tagesrhythmus zu finden.

Vielfältige Gebetsformen

In den täglichen Andachten – seien sie persönlich oder gemeinsam gestaltet – werden die *Gebete* in pietistisch-erwecklicher Tradition meist frei formuliert (→ Kapitel 11). Wie im sonntäglichen Gottesdienst wäre es auch bei den täglichen Gebeten sinnvoll, unterschiedliche Gebetsformen zu kombinieren und auch das Vaterunser und Psalmen in die täglichen Andachten zu integrieren.

Singen im Familienkreis

Und noch ein Gedanke zum *Singen*: Manchmal ist der Gottesdienst für manche Christen fast der einzige Ort, an dem sie selbst singen. Der Alltag ist stärker vom Musikkonsum als vom Selber-Singen geprägt. Das kann man gut verstehen, ist aber auch eine Verarmung der Singkultur. Es wäre daher wünschenswert, wenn man auch im Familienkreis so gut wie möglich das Singen pflegt. Lieder aus dem gottesdienstlichen Repertoire (→ Kapitel 12, Standard 3), die man auch ohne Instrumentalbegleitung singen kann, eigenen sich besonders gut für das Singen im Familienkreis, beispielsweise einfache Lobpreislieder, Chorusse oder auch Lieder aus der Taizé-Tradition. Dazu benötigt man keine hohen musikalischen Fähigkeiten. Wenn es in der Familie musikalisch begabte Personen gibt, ist es natürlich auch schön, mit Instrumentalbegleitung zu singen. Bei Gemeinden, die im Gottesdienst ein Liederbuch verwenden, ist es naheliegend, das gleiche Liederbuch auch für die Familie anzuschaffen und zu verwenden. Das fördert den inneren Zusammenhang zwischen dem sonntäglichen und alltäglichen gottesdienstlichen Leben.

Es gibt auch im pietistisch-evangelikalen Raum eine *Wiederentdeckung der Tagzeitengebete* für die persönliche und/oder gemeinschaftliche Praxis.[38] Im Vergleich mit der klassischen Form des römisch-katholischen Stundengebets sind die neu entwickelten Formen kürzer und etwas freier gestaltet. Das sind anregende und inspirierende Entwicklungen, die einen hilfreichen Beitrag dazu leisten, sonntägliche und alltägliche gottesdienstliche Praktiken näher miteinander zu verbinden. Solche Tagzeitengebete eignen sich auch gut für die Gestaltung gemeinsamer Gebetszeiten in Wohngemeinschaften.

d) Tischgebete

Die Gebete am Tisch verleihen dem Essen eine gottesdienstliche Perspektive. Wir empfangen die Gaben von Gott, dem Schöpfer und danken ihm dafür:

„Aller Augen warten auf dich, und du gibst ihnen ihre Speise zur rechten Zeit. Du tust deine Hand auf und sättigst alles, was lebt, mit Wohlgefallen" (Ps 145,15-16).

„Alles, was Gott geschaffen hat, ist gut, und nichts ist verwerflich, was mit Danksagung empfangen wird; denn es wird geheiligt durch das Wort Gottes und Gebet" (1Tim 4,4).

Dank & Segen

Im Tischgebet verbinden sich *Dank* und *Segen*. Der Segen verweist auf Gott als die eigentliche Quelle des Lebens. Die Nahrung wird durch das Gebet in diese Segenswirkung Gottes hineingestellt. Wir verdanken unser Leben Gott. Die Dankbarkeit prägt unsere Einstellung zum Essen. Das Gebet verweist darauf, dass Nahrung nicht selbstverständlich ist, und bewahrt vor einem hastigen und gedankenlosen Verbrauch. Das Tischgebet verbindet auch die täglichen Mahlzeiten mit dem Abendmahl. Es erinnert uns daran, dass der Schöpfergott, der uns mit den irdischen Gaben versorgt, auch der Erlöser ist, der uns in seinem Sohn Jesus Christus Anteil am ewigen Leben schenkt.

e) Betet ohne Unterlass

Betende Grundhaltung

Die über den Tag verteilten Gebete sind Ausdruck einer Gebetshaltung, die das ganze Leben umfasst: *„Betet ohne Unterlass“* (1Thess 5,17). Das unablässige Beten bedeutet nun aber nicht einfach, dass man keine anderen Tätigkeiten ausübt. Vielmehr sind die täglichen Gebetszeiten eine Hilfe, die tägliche Arbeit in Haus und Beruf in einer betenden Grundhaltung auszuführen.

Herzensgebet

Eine Möglichkeit zur Einübung einer betenden Grundhaltung ist das sogenannte Jesus- oder Herzensgebet, wie es sich in den Ostkirchen als Gebetspraxis entwickelt hat. Man wiederholt ein kurzes Gebet immer wieder, bis es sich ganz verinnerlicht. Die einfache Form des Jesusgebets, wie es beispielsweise die Mönche auf dem Berg Athos praktizieren, lautet: *„Jesus Christus, Sohn Gottes, erbarme dich meiner“*. Es gibt aber zahlreiche andere und individuelle Formen solcher Herzensgebete. Es kann auch ein Psalmvers sein „Der Herr ist mein Hirte“ (Ps 23,1); ein kurzes Bibelzitat oder auch die Nennung von Namen oder Bezeichnungen Gottes: „Jahwe Zidkenu – der Herr, unsere Gerechtigkeit“; „Abba – lieber Vater“.

Das häufige Wiederholen des Gebets – zunächst laut, dann auch nur innerlich – versucht man dann, mit dem Atem- und Herzschlagrhythmus zu verbinden, sodass die Gebetsworte einem „in Leib und Blut“ übergehen. So wie wir Ein- und Ausatmen, ohne darüber nachzudenken, so soll uns auch die Beziehung zu Gott im gesamten Leben begleiten, sodass in allem Gott geehrt wird.

„Alles, was ihr tut mit Worten oder mit Werken, das tut alles im Namen des Herrn Jesus und dankt Gott, dem Vater, durch ihn“ (Kol 3,17).

Der Alltag wird durch eine gottesdienstliche Haltung ebenso geprägt wie durch kleine gottesdienstliche Handlungen. Beides führt dazu, dass der sonntägliche und alltägliche Gottesdienst eng miteinander verbunden sind und bleiben.

Epilog

Unsere Reise hat uns vom großen Bild der gottesdienstlichen Versammlung über Detailfragen der Gottesdienstgestaltung bis zum alltäglichen Gottesdienst geführt. Dabei spüren wir: Gottesdienst ist ein umfassendes Geschehen. Er betrifft mich als Einzelperson und uns als Gemeinde. Er betrifft den Sonntag und den Alltag. Es geht um Gott und um den Menschen. Gottesdienst beinhaltet Reden und Handeln, Hören und Sehen, Singen und Schweigen. Der Gottesdienst nimmt mich ganz in Beschlag, mit allem was ich bin und habe. Der Gottesdienst der versammelten Gemeinde wird so zur Quelle und zum Höhepunkt eines ganzheitlichen gottesdienstlichen Lebensstils.

Gottesdienst ist das großartige Geschehen, in dem wir erhoffen, dass Gott mit uns Gemeinschaft hat, dass er mit uns redet und wir mit ihm. Diese Gemeinschaft lässt sich nicht herstellen oder erzwingen. Es ist ein Wunder, auf das wir warten, weil Gott selbst verheißen hat, in unserer Mitte wohnen zu wollen. Im Gottesdienst leuchtet schon in der Gegenwart etwas von dem auf, was uns in der Zukunft erwartet, wenn Gott diese Welt, seine Kirche und uns zur Vollendung führt:

> *„Gott wird bei ihnen wohnen, und sie werden seine Völker sein, und er selbst, Gott mit ihnen, wird ihr Gott sein.“ (Offb 21,3).*

Anmerkungen

[1] Schweyer, Stefan, Freikirchliche Gottesdienste. Empirische Analysen und theologische Reflexionen (APrTh 80), Leipzig: Evangelische Verlagsanstalt, 2020.

[2] WA 49, 588.16-18.

[3] WA 19, 72,3-10.

[4] DBW 5, 21-22.

[5] Vgl. dazu Schweyer, Stefan, Gesunder Glaube. Nahrhafte Impulse zum Apostolischen Glaubensbekenntnis. Norderstedt: BoD, [2]2019.

[6] Apologie 67, 3-5, zitiert nach Michael Meyer-Blanck. Liturgie und Liturgik. Der Evangelische Gottesdienst aus Quellentexten erklärt. UTB 3196. Göttingen: Vandenhoeck & Ruprecht, [2]2009, 94-95.

[7] Reformiertes Gesangbuch, 1998, Nr. 150.

[8] Evangelisches Gottesdienstbuch, 15.

[9] Zum inneren Zusammenhang zwischen Gottesdienst und Gemeindeaufbau vgl. Philipp/Schweyer, Stefan, Gemeinde mit Mission. Damit Menschen von heute leidenschaftlich Christus nachfolgen, Brunnen: Gießen, 2023.

[10] Vgl. dazu auch Bartholomä/Schweyer, Gemeinde mit Mission, v. a. Kap. 10; 14; 15.

[11] In einem 30-minütigen Video-Referat zum „Gottesdienst der Zukunft" habe ich zentrale Gedanken zu diesen Fragestellungen präsentiert: www.schweyer.ch/gd (zuletzt abgerufen am 1.5.2021).

[12] Einen Vorschlag, wie mit Livestream das Abendmahl würdig gefeiert werden kann, findet man unter www.schweyer.ch/abendmahl (zuletzt abgerufen am 1.5.2021).

[13] Sacrosanctum Concilium 10.

[14] Douglass, Klaus, Gottes Liebe feiern. Aufbruch zum neuen Gottesdienst, Emmelsbüll 1998, 11.

[15] Vgl. www.evangeliums.net/lieder/lied_herr_ich_suche_deine_ruhe_du_bist_das_auge_im_sturm.html (zuletzt abgerufen am 09.06.2021).

[16] Bukowski, Peter (Hg.), Reformierte Liturgie. Gebete und Ordnungen für die unter dem Wort versammelte Gemeinde, Wuppertal: Foedus, 3. Aufl. 2010, 353.

[17] Augustinus, Enarrationes in Psalmos 31 II, I.8.

[18] Zitiert nach der Elberfelder Bibel 2006, © 2006 by SCM R.Brockhaus in der SCM Verlagsgruppe GmbH, Witten/Holzgerlingen.

[19] Mehr zum Verhältnis von Lobpreis und Bibel bei Schweyer, Stefan, Lobpreis ohne Bibel ist Quatsch, in: Communicatio (1/2018), 16-21, www.schweyer.ch/lobpreis-ohne-bibel-ist-quatsch (zuletzt abgerufen am 1.5.2021).

[20] Ausführlicher in Schweyer, Stefan, Bewährte Lieder entdecken und pflegen. Religionspädagogische und liturgische Perspektiven, in: Grosse, Sven/Klement, Herbert (Hg.), Für eine reformatorische Kirche mit Biss. Festschrift für Armin Sierszyn zum 70. Geburtstag (STB 9), Wien: LIT, 2013, 111-134.

[21] www.gottesdienst-ref.ch/musik/rg/kernlieder (zuletzt abgerufen am 1.5.2021).

[22] www.kirchenmusik.elk-wue.de/kernlieder (zuletzt abgerufen am 1.5.2021).

[23] www.scm-shop.de/aktuelles/themenwelten/das-liederschatz-projekt (zuletzt abgerufen am 1.5.2021).

[24] Martin Luther, Vorrede zum Babstschen Gesangbuch von 1545, WA 34,477.

[25] Zitiert nach der Einheitsübersetzung der Heiligen Schrift, © 2016 Katholische Bibelanstalt, Stuttgart.

[26] Evangelisches Gottesdienstbuch, S. 80.

[27] www.evangeliums.net/lieder/lied_lamm_gottes_du_nimmst_hinweg_die_suende_der_welt.html (zuletzt abgerufen am 09.06.2021).

[28] www.evangeliums.net/lieder/lied_wuerdig_das_lamm_das_geopfert_ist_kanon.html (zuletzt abgerufen am 09.06.2021).

[29] www.evangeliums.net/lieder/lied_grosser_gott_wir_loben_dich.html (zuletzt abgerufen am 09.06.2021).

[30] www.evangeliums.net/lieder/lied_heilig_heilig_heilig_ist_der_herr_zebaoth.html (zuletzt abgerufen am 09.06.2021).

[31] www.evangeliums.net/lieder/lied_er_ist_der_erloeser_danke_lieber_vater.html (zuletzt abgerufen am 09.06.2021).

[32] www.evangeliums.net/lieder/lied_mittelpunkt_sei_du_der_mittelpunkt_in_meiner_schwaeche.html (zuletzt abgerufen am 09.06.2021).

[33] www.evangeliums.net/lieder/lied_nun_danket_alle_gott.html (zuletzt abgerufen am 09.06.2021).

[34] Hilfreiche Orientierungen zur Kasualpraxis aus freikirchlicher Perspektive findet man unter www.kasualpraxis.ch (zuletzt abgerufen am 1.5.2021). Behandelt werden Kindersegnung, Jugendsegnung, Taufe, Abendmahl, Trauung und Abdankung. Zur Gestaltung von Kasualien vgl. auch Stadelmann, Helge/Schweyer, Stefan, Praktische Theologie. Ein Grundriss für Studium und Gemeinde (TVG), Gießen: Brunnen, 2. überarb. und aktualisierte Aufl. 2020, Kapitel 14: Kasualien, 248-277. Zu Fragen rund um die Bestattung vgl. Schweyer, Stefan & Lea, „Sterben wir, so sterben wir dem Herrn". Bestattung und Trauerfeier aus christlicher Sicht, Riehen: arteMedia, 2. aktualisierte Aufl. 2017.

[35] www.orangeleben.ch/index.php/download/phase (zuletzt abgerufen am 1.5.2021). Die Phasenkarten gibt es für Deutschland und für die Schweiz mit Berücksichtigung der unterschiedlichen Schulsysteme.

[36] www.stundengebet.de (zuletzt abgerufen am 1.5.2021).

[37] www.ekd.de/luthers-morgen-und-abendsegen-35336.htm (zuletzt abgerufen am 1.5.2021).

[38] Exemplarisch: Tickle, Phyllis, The Divine Hours, Oxford: Oxford University Press, Pocket ed. 2007; Shane Claiborne u.a., Common Prayer. A Liturgy for Ordinary Radicals, Grand Rapids, Mich.: Zondervan, 2010 (online: www.commonprayer.net, zuletzt abgerufen am 1. Mai 2021); Peter Scazzero, Mitten am Tag bist du mir nah. Acht Wochen mit dem Tageszeitengebet, Gießen: Brunnen, 2012; Härry, Thomas, ‚Deus Adest: Gott ist da. Das Tageszeitgebet neu entdecken (Edition Aufatmen), Witten: SCM R. Brockhaus, 2. Aufl. 2020.